— 复旦卿云哲学丛书 —

复旦卿云哲学丛书

论中西哲学之根本差别

Philosophia

吴晓明——著

商务印书馆
The Commercial Press
创于1897

图书在版编目(CIP)数据

论中西哲学之根本差别 /吴晓明著.—北京：
商务印书馆,2024
（复旦卿云哲学丛书）
ISBN 978 - 7 - 100 - 23344 - 6

Ⅰ.①论… Ⅱ.①吴… Ⅲ.①比较哲学-研究-
中国、西方国家 Ⅳ.①B1-03

中国国家版本馆 CIP 数据核字(2024)第 012176 号

论中西哲学之根本差别

吴晓明 著

商 务 印 书 馆 出 版
（北京王府井大街36号 邮政编码100710）
商 务 印 书 馆 发 行
山 东 临 沂 新 华 印 刷 物 流
集 团 有 限 责 任 公 司 印 刷
ISBN 978 - 7 - 100 - 23344 - 6

2024 年 5 月第 1 版 开本 640×960 1/16
2024 年 5 月第 1 次印刷 印张 25.5
定价:108.00 元

复旦卿云哲学丛书

本书的出版得到

"复旦大学哲学一流学科培优行动计划"支持

作者简介

　　吴晓明，哲学博士。现任复旦大学文科资深教授、哲学学院教授、当代国外马克思主义研究中心主任。兼任国务院学科评议组（哲学）召集人，上海市哲学学会会长。主要学术研究领域为马克思主义哲学史、中西哲学比较等。著作有《马克思早期思想的逻辑发展》《形而上学的没落》《黑格尔的哲学遗产》《论中国学术的自我主张》等9种，发表学术论文200余篇。

总 序

————◇◆◇◆◇◆◇————

　　哲学是被把握在思想中的时代。当现代化的进程加速展开、现代社会的内在矛盾本性充分显露、现实生活的复杂性远远超越常识式理解框架之时，对哲学的需要就会来得真实而迫切。然而，对哲学的真实需要并不会自动带来深邃的哲学思想和优秀的哲学研究成果。近 200 年前，老年黑格尔在《法哲学原理》的"序言"中就曾经提醒我们，对哲学的时代需要无法直接呼唤出关于时代的哲学思想。放眼当时的德国哲学界，黑格尔明确指出，当宗教世界观已经瓦解，当对充满矛盾和对立的客观精神领域的哲学把握已经成为时代需要的时候，实际出现的往往是各种停留于主观主义立场的学说。这也就是说，如何超越这些主观主义的观点，展开面向"事情本身"的哲学思考，达到对复杂现实的概念把握，是我们必须承担的哲学使命。

　　回顾改革开放之后中国哲学研究的展开历程，我们不难看到，在承担此一艰难哲学使命的过程中，当代中国哲学的学术研究已经完成了两大阶段的重要发展。从研究范式来看，在改革开放之后的前 20 年里，走出苏联教科书体系的框架、迅速完成哲学各主要研究领域的知识学习和系统梳理，是哲学学者们思考和写作的重点；在 20 世纪 90 年代中后期以来的近 20 年里，深入阐释中西思想传统的哲学经典、努力对接和回应各大哲学研究领域的国际学术前沿,是学者们提升哲学研究之学术性的主要用力方向。从问题意识的角度看,前一阶段的哲学研究与我们对现代化过程的肯定和对现代文明之理性根据的信心相呼应,后一阶段的哲学研究则与我们对现代性悖论的体悟和思考相关联。

以前两个阶段的研究为基础,当前我们正面临着新的理论任务。自 2008 年新自由主义资本主义危机爆发以来,在全球范围内资本主义危机的多重内涵已经充分显露,人们对资本主义版本的现代化道路的确信正在被动摇和反思。在此背景之下,如何重新思考现代文明的根本性难题、重新界定学界已有的各种现代性问题解决方案的内在限度、深入阐释中国式现代化道路的普遍性内涵、重新构建切中当代现实的哲学话语,已经成为当代中国哲学研究必须回应的新时代主题。与时代主题的变化相呼应,哲学研究范式也正在经历又一次重要转型。如何超越学术工业所带来的用学术取代思想、用细节性内容遮蔽根本性问题的错误倾向,切实展开以问题为导向的研究,已经成为此轮哲学研究范式转型的主要任务。

在此理论与现实的双重背景之下,为更好传承复旦哲学之"汇通中西、扎根学术、守护思想、引领时代、传承薪火、服务社会"的学术传统,进一步推动当代中国哲学研究的创新发展,复旦大学哲学学院整合全院学者之力,推出"复旦卿云哲学丛书"。该系列丛书以当代中国哲学创新研究为导向,入选其中的每一位作者都是复旦哲学学院各主要研究领域的代表性学者,入选其中的每一本著作都是这些学者近年来在各自研究领域所推出的最新代表性成果,每一本著作的具体研究内容都有明确的问题导向。与复旦大学哲学学院主办的另一系列丛书"日月光华—哲学书系"相比较,此系列具有更加鲜明的时代特征和更加明确的研究导向。2016 年在复旦大学哲学系成立 60 周年之际,复旦大学哲学学院推出"日月光华—哲学书系",入选的作者均为复旦哲学系(学院)的教师或系友,入选的著作多为这些作者的成名作或代表作。如果说"日月光华—哲学书系"的特点在于体现复旦哲学在思想道路上的薪火相传,那么"复旦卿云哲学丛书"的特点则更在于体现复旦哲学的时代担当。我们希望借助该系列丛书,切实推动面向"事情本身"的哲学研究,真实推进当代中国哲学的新一轮发展。

是为序。

张双利

二〇二四年四月于复旦

目　录

自　序

　　本书旨在对中西哲学之根本差别做出深入的理论阐述。这一阐述之所以非常必要，是因为只有当"根本差别"得以被明确识别并且被牢牢把握住时，中西哲学——从而中西文化及其历史——的种种差别才可能得到充分的理解和具有实际效准的论说。然而，虽说长久以来关于中西哲学之"根本差别"的主题时或在相关文献中浮现出来，却往往不是在限于一隅的或未曾深究的理论图式中被匆匆曲解，就是在貌似深湛却缺失尺度的想象式体会中朦胧地闪现，而始终未曾在哲学理论的根基上得到真正的辨明。如果说，我们今天的文明比较已经不再能够满足于断言西方文明是"动的文明"而中国文明是"静的文明"，西方文明是"物质的文明"而中国文明是"精神的文明"，那么，我们的哲学比较是否还能够满足于如下的断言：西方哲学主于"向外觅理"而中国哲学主于"向内觅理"，西方哲学偏于"科学"而中国哲学偏于"道德"，西方哲学侧重于"现象"而中国哲学侧重于"本体"？无论这些说法表面看来还有多少依稀仿佛的样子，也无论这些断言将单纯的数量配比（主于……，偏于……，侧重于……）俨然伪装成真正的性质或特质，它们在今天已经不能不显露出自身在学术理论上的无根状态了。正是这种无根状态，为中西哲学比较中的各种任意和武断——包括轻佻的比附和望文生义的胡作非为——大开方便之门。为了从这种无根状态中摆脱出来，就必须首先对中西哲学之根本差别做出决定性的理论阐明，所谓"先立其大者，则其小者不足以乱也"。

这样一种理论阐明的意义远不止于此。因为"哲学"的形式含义就意味着任何一种民族精神的中心，意味着该民族精神之多方面的表现始终围绕着旋转的枢轴，尽管这一精神整体连同它的哲学都更深刻地植根于特定民族的现实生活过程之中。在这里，我们必须非常严格地将"哲学"的单纯形式的含义和具有实体性内容的含义明确地区分开来（用中国传统的术语来说，前者是"虚位"，后者为"定名"）。在我们已经处身其中的"世界历史"的基本境况中，那尚不涉及实体性内容与差别的"哲学"一词，是与一般所谓文化、思想、精神等领域本质相关的，并因而在这样的意义上被用来表示：文化的主干、思想的母体、精神的核心。也是在这样的意义上，西方的思想家、学者和普通人可以一无障碍地谈论或研究"中国哲学"，就像黑格尔的《哲学史讲演录》在其"东方哲学"一篇下专列"中国哲学"之目一样。然而，即使是"哲学"一词作为虚位即单纯形式的意指，就足以使我们意识到，一般哲学对于任何一种文明（特别是轴心期文明）及其历史来说具有非同寻常的重要性；并且也因为如此，我们将不可避免地意识到，中国哲学对于我们自身来说，同样具有极端重要的意义：它牵涉中华文明的中枢和本质，牵涉中国的思想、文化和精神类型的根基，牵涉中国人安身立命之所在的悠久传统。

但是，当我们从作为虚位的一般哲学进到"中国哲学"时，这里的"哲学"一词就是具有实体性内容的，也就是说，它不再是虚位而是定名了。如果说，在"世界历史"的基本处境中，"中国哲学"的自我理解不能不假途于中西哲学间的各种比照，那么，中

西哲学之根本差别的决定性分辨就会成为首要的和至为关键的
了。在这里，由于不同的哲学是具有实体性内容并因而具有实
体性差别的，所以理解上的真正困难才刚刚开始出现。只有从
根本上牢牢地把握住中西哲学的实体性差别，我们才可能为各
种有差别的内容比照制定方向，并使这样的比照在必要的规定
和尺度中得到切近而充分的展开。就此而言，中西哲学之根本
差别的决定性分辨，对于任何一种中西哲学的比较来说，并因
而对于中国哲学的自我理解来说，可以说是具有奠基性意义的
根本。关于"根本"，马克思的说法是："所谓彻底，就是抓住事
物的根本。"王阳明的说法是："要从根本求生死，莫向支流辩
浊清。"

　　从根本上来说，西方哲学的实质是什么呢？是形而上学，即
柏拉图主义。这一点是被确凿无疑地证明了的——不仅在西方
哲学的整个历史中得到证明，而且尤其在西方哲学已经开展出
来的"自我批判"中得到证明。当怀特海说，两千五百年的西方
哲学只不过是柏拉图哲学的一系列注脚时，他的意思无非是说，
柏拉图主义乃是在西方哲学中贯彻始终的本质的东西。当海德
格尔追问尼采的话"上帝死了"意味着什么时，他的回答是："'上
帝死了'这句话意味着：超感性世界没有作用力了，它没有任何
生命力了。形而上学终结了，对尼采来说，就是被理解为柏拉图
主义的西方哲学终结了。"我们由此能够很明确地把握住的实情
是：对于出自希腊源头的西方思想来说，哲学也就是形而上学，
即柏拉图主义；因为柏拉图主义的决定性原则在整个西方哲学
的展开过程中是作为命运性的本质、作为"常川决定"而起作用
并贯彻始终的。如果说，西方哲学的本质性已然非常确定并因
而能够成为比照有以展开的可靠出发点的话，那么，我们的整个

探讨的引导性问题就是：中国哲学是在形而上学之内还是在形而上学之外？或者，中西哲学的根本差别是在形而上学内部的差别，还是在形而上学之内和之外的差别？

为了从根本上去应答这样的问题，就必须首先深入形而上学的"基本建制"之中，并从而使中国哲学自身的建制能够与之形成决定性的对照。形而上学的基本建制在柏拉图的理念论中得以构成并成为定局：(1)将超感性世界和感性世界分割开来并且对立起来，亦即将形而上的世界和形而下的世界、彼岸的世界和此岸的世界、神圣的世界和世俗的世界分割开来并且对立起来。(2)认"真理"或"实在"仅仅属于超感性世界，而不属于感性世界。(3)如果感性世界中的个别事物在某种程度上可被看作"真的"或"实在的"，那么，这只是因为它们"分有"了超感性世界的理念(存在者"分有"了作为理念的存在)。如果说，形而上学从根本上来说是在如此这般的建制中成其本质的，那么，可以与之形成对照的中国哲学的基本建制又是怎样的呢？

在中国哲学的古老文献中，与该主题最为切近的一个表述是："形而上者谓之道，形而下者谓之器。"这确凿无疑地意味着：中国哲学能够明确地识别形而上者(道)与形而下者(器)，中国哲学要求通达并且能够以自身的方式通达形而上者。但是，中国哲学立足其上的基本建制恰恰在于"道器不割"，在于"体用不二"，在于"大道不离人生日用"。而这一建制更加确凿无疑地意味着：中国哲学在能够区别和分辨道与器、体与用的同时，却绝不许将二者分割开来，尤不许令二者对立起来。因此，在中国哲学的基本建制中，根本就不存在超感性世界和感性世界的分割—对立，不存在依此分割—对立而来的形而上的世界和形而下的世界，而只有一个未曾被分割—对立的整全的世界，一个形而上者与形而下者在其中通同涵泳的世界。照此看来,中国哲学就根本不可能依照形而上学的基本建制来得到恰当的理解和切近的把握,在中国哲学中甚至根本不存在唯依形而上学的建制才得以区划出来并设立起来的形而上学(以及形而下学)的疆界和领地。在这样一种决定性的意义上,就像形而上学的本质乃是中国哲学的非本质一样,中国哲学的可能性在于它成为形而上学——任何一种形而上学——的不可能性。因此,我们的基本结论是:"西方哲学的实质是形而上学,而中国哲学则在形而上学之外,并且依其本质一向就在形而上学之外。"

这一基本结论是足够清晰的,它适合于并服务于有关中西哲学之根本差别的初步提示。但是,如果该结论仅仅停留于简单粗疏的抽象性上,那么,它就是完全不能令人满意的;而且,由于它与长期盛行的流俗理解(特别是无尺度的比附和望文生义的胡闹)非常不同,所以它适足以引起众多轻易而无谓的反驳。黑格尔早就说过:"……一个所谓哲学原理或原则,即使是真的,只要它仅仅是个原理或原则,它就已经也是假的了;要反驳它因此也就很容易。"只有当一个普遍的结论或论断不再满足于并滞留在它的抽象性上,而是能够依对象本身的实体性内容与差别开展出全面的具体化时,它才开始成为有根据的、内在充实的和得到证明的。我们对主题的整个探讨,从而本书所汇集起来的全部论述,就是依循这样的理论方法来实行的,以便由此开展出一种既保持在原则高度上,又能够是内容丰富的具体化(尽管这样的具体化还存在进一步推进的广阔空间)。

在西方哲学径直就是形而上学一事中,问题的实质曾被极大地搅扰并且被极大地遮蔽了。人们对于外来的"哲学"一词高度警觉(有关"中国—哲学"合法性问题的长久争论),而对于"形而上学"却掉以轻心(很少有人真正质疑过"中国—形而上学"的合法性)。这种情形在很大程度上意味着:对于"哲学"之名的表面斟酌并未阻止西方尺度的强制性滥用,相反却悄然以"形而上学"之实为这种滥用提供了理论上的基础定向和全套装备。因为在西方哲学径直就是形而上学一事中,实质地起定向和规范作用的恰恰是形而上学:正是形而上学——首先是形而上学的基本建制——规定了西方哲学的本质性,使之成为形而上学类型的哲学(之一)。就此来说,"哲学"可以作为"虚位"具有单纯形式的意指,用以一般地表示文化的主干、思想的母体和精神的核心;但"形而上学"在这个层面上却不是也不能是形式的,它是表示实质的"定名"——这种实质被称为"柏拉图主义",它是依循形而上学的基本建制来为自己制定方向的。不难理解,作为虚位的"主义"乃是形式的,而作为定名的"柏拉图主义"(或其他什么主义),在这个层面上却不是单纯形式的;就其从特定的建制取得基础定向来说,它是实质的。

然而,要从根本上去追究并把握形而上学的实质,却面临着一种需要克服的基本困难。虽说我们可以在众多词典、教科书或小册子中,现成地找到关于形而上学的明确定义以及由之而来的一切,但对于我们的研究主题来说,形而上学的实质却绝非一个仅仅通过学院定义或形式分类就能处置得了的问题。因为这样的定义或分类已先行置身于形而上学的本质之中,并从而将我们的研究主题先行置放在形而上学已经设定的基础框架之中。如果说,在"世界历史"的基本处境中,中国哲学的自我理解必得借重于对西方哲学之根本的决定性理解,如果说,作为这一根本的形而上学的本质,又不可能在本身基于形而上学的"关于形而上学的定义"中自行显现出来,那么,它将在何处——在何种视域中——才得以真正显现呢？回答是：这样的本质只有在西方哲学—形而上学的"自我批判"已然开展出来的地方才开始绽露出来，也就是说，才开始能够被揭示着前来同我们照面。

马克思曾非常深刻地指出：历史进程在它的实际发展中很少而且只是在特定条件下才能够进行自我批判，因此总是局限于对过去的形式（或他者的形式）做片面的理解；而对过往形式或他者形式的客观而真确的理解，恰恰是以特定的历史进程能够开始自我批判为前提的。"基督教只有在它的自我批判在一定程度上，可说是在可能范围内完成时，才有助于对早期神话作客观的理解。同样，资产阶级经济学只有在资产阶级社会的自我批判已经开始时，才能理解封建的、古代的和东方的经济。"对于经济学、宗教学或神话学来说情形是如此，对于哲学来说情形同样如此而且尤其如此。如果说，在中西哲学的比较中我们不能不实际地进入西方哲学的广大区域之中，而且在"世界历史"的基本处境中我们不能不一般地采用现代的解说方式和论证方式，那么，分辨中西哲学之根本差别的决定性要求就在于：能够抵达并且充分占有西方哲学在其自我批判中方才敞开出来的理解视域。

西方哲学—形而上学的自我批判始于"绝对精神的瓦解过程"，至于其代表人物，这里只需简要地提到马克思、尼采、海德格尔等少数几个名字就够了。这样一种理解视域之所以绝对必要，是因为在关涉理解"陌生者"——例如古代思想或东方思想——的议题上，除非西方哲学的自我批判能够被充分意识到并成为已被廓清的理解基地，否则的话，就像无法真正理解前苏格拉底的哲学（海德格尔称之为"思想的另一度"）一样，我们也无法真正理解东方的哲学(尤其是中国哲学)。这里所说的"真正理解",不仅一般地意指全面而深入的理解,而且尤其是指依对象自身的本质而来的理解。非批判的观点无法充分地辨别与西方哲学——形而上学"有本质区别的形式",无法切近地深入"显明着思想的另一度"的区域,因而对于达成古代思想和东方思想的"客观的理解"来说,归根到底是无能为力的。渊博深刻如黑格尔那样的大哲,尚且无法真正理解中国哲学,不是因为他的孤陋寡闻,而是因为他对于哲学——形而上学本身还是完全非批判的;这种非批判的立场只能把中国哲学看作真正形而上学的无机的片段,看作它的某种幼稚的、冥顽的、不发展的、归根到底是有缺陷的形式。

本书力图从根底上去追究中西哲学的根本差别。作为一种尝试性的探讨,它微不足道地服务于中国哲学之自我理解的思想任务。之所以说这一探讨还微不足道,是因为我们所面临的思想任务实在是太重大了:如果说,中国哲学本质地属于我们悠久传统中安身立命的根本所在,那么,中国哲学的自我理解就不能不最关本质地涉及中华文明和中国文化的根本。在"世界历史"的基本处境中,在中国的现代化进程中,这样的自我理解只有经历"文化结合的艰苦锻炼"并且只有在特定的转折点上才能够重新取得。真正的传统,并不是纯粹的过往,而是依然活在当下并且筹划着未来的过往——它是在当今中国的历史性实践的展开过程中才积极地被开启、被复活并且被重建的。正是这样一种波澜壮阔的历史性实践,将理解和阐扬我们伟大传统的思想任务托付给当今时代的学人。就像海德格尔在讲论希腊传统中巴门尼德和赫拉克利特的渊源时所强调的那样:"我们不得不比以往一切时代以及在我们之前的各次变革时代知道得更多,也就是按方式说来知道得更加严格与更加有把握。只有最极端的历史知识才能使我们无愧于我们的不同凡响的任务,避免再遭单纯的复原与无创造性的模仿之害。"

吴晓明

2023 年初冬于复旦大学

第一部分

预备性探讨

重论"中国哲学"的合法性问题

在中国传统文化、思想、精神的领域中,是否存在着一定意义上——或严格意义上——的"中国哲学",很长时间被称为中国哲学的"合法性问题"。自 19 世纪末叶以来,伴随着"古今、中西"之争在诸多领域的展开,这个所谓的合法性问题困扰了中国学界一百多年,时而引起激烈的争辩,并且直到今天仍然不可避免地被一再重提。①这个问题之所以无可规避,是因为它关乎某种根本性的前提——任何关于中国文化传统的现代言说总与这个前提切近地相关;而这个问题之所以一再重现,是因为它长期滞留于未经深究的徘徊状态之中——问题的基础很少被真正触动,即使是激烈的争辩,最后也往往是以两造间的姑息性妥协或彼此间的漠不相干而告暂歇。基础性的批判工作被匆匆越过了,对于传统文化的不同立场或对立主张成为首要的东西。这样的情形,在学术发展的特定阶段上是不可避免的,并且也契合于我们必然要经历的所谓"文化结合的艰苦锻炼"(黑格尔语)。但是,如果说,中国哲学的合法性问题与在现代语境中把握中国文化传统具有最关本质的联系,那么,使问题在理解上得以深化

---

① 参看丁耘:《道体学引论》,华东师范大学出版社 2019 年,第 3—4 页;郭齐勇主编:《儒家文化研究》第 5 辑,生活·读书·新知三联书店 2012 年,第 243—244 页。

就会成为一项意义重大的学术任务。进而言之,如果说这个问题的真正解决,在很大程度上还取决于当今中国历史性实践本身的发展,那么,我们所面临的学术任务,无非是通过必要的批判性澄清为问题的解决做好某种理论上的准备。本论文尝试服务于这样的准备性工作,同时为我们的后续论文提供所需要的出发点或阐说前提。

一、"中国—哲学"在何种意义上能够成立

(一)

中国哲学的合法性问题,首先牵涉"中国—哲学"一词,牵涉中国传统思想与一般所谓"哲学"之契合的可能性。关于这一点,丁耘教授很正确地指出了需要把握的基础性的两端:"在根本上,这个问题既取决于对中国传统的思想的理解与谋划,也取决于如何看待'哲学'自身。在某种处境下,后一方面也许更为重要。"①

后一方面——如何看待"哲学"自身——之所以特别重要,首先是因为"哲学"具有非常鲜明的西学渊源,而它对于中国传统思想来说又似乎是一个突然降临的外来词。长期以来,中国传统的思想和学术通过"道术""道学""理学",通过经、史、子、集等等来形成它的自我概括和自我理解,而"哲学"一词的袭来改变了这种状况。正是这种变局在要求我们或多或少弄清"哲学"一词含义的同时,去追究它在多大程度上——尤其是在何种意义上——能够契合于并且服务于对中国传统思想的正当理解和积

---

① 丁耘:《道体学引论》,第3页。

极阐释。初始的事情当然首先是去表明"哲学"这个希腊词的本义,它很容易也很正确地被解说为 Philos-Sophia,即"爱-智慧"。尽管这样的解说似乎能提供一条勾连中国传统思想的便利路径,但这种可能性确实太过抽象、太过一般了,以至于它虽然居于"不错"的地位,但停留于此的解说很快便表明它自身所固有的局限性。即使是关于 Philos 和 Sophia 的多重释义,在转而探入中国传统思想时也会成为一个荆棘丛生的领域;如果排除掉那些由附会而来的藻饰和聚讼纷纭的赘说,此间活动的意义只能是相当有限的。

为了要使中国传统思想进入同"哲学"的特定关联之中,合理的做法是设想找到一个固定的和精确的标准;但看来"哲学"尤其无法现成地获得这种标准。"哲学"在西方思想内部不仅存在巨大差异,而且经历了长期的变迁和决定性的转折。就其内部的差异而言,即使仅以近代西欧为例,不同民族对于"哲学"的理解也是大相径庭的。英国人是把一般的科学知识也算作哲学的。除开牛顿的力学体系理所当然地获得了"哲学"的令名,政治经济学的原理和对情感的经验研究等等也被称为哲学。更有甚者,"在英国一个为汤姆生编的'哲学杂志'讨论到化学、农业(肥料)、农业经济、技术知识……并且报导与这些科目有关的许多发明。英国人并称物理学的仪器,如风雨表和寒暑表,为哲学的仪器"[1]。

如果说,就像谢林所观察到的那样,"哲学"在英国人那里主要乃至完全意味着物理学,那么,对于 18 世纪率先获得"哲学民族"荣誉称号的法国人来说,哲学一直以来都是那些作家乃至于

---

[1] 黑格尔:《哲学史讲演录》第 1 卷,商务印书馆 1959 年,第 59 页。并参看黑格尔:《小逻辑》,商务印书馆 1981 年,第 46—47 页。

政治家的"联络口号"。这样两种理解哲学的取向虽说不同,但如果对照德国的类型,那么,它们同"德国哲学"之间的分别无疑会进一步尖锐化。由这种尖锐化而来的分歧几乎可以被看成一种紧张的对立。一方面,"……法国人和英国人根本不承认有一种'德国意义上的哲学'(Philosophie in deutschem Sinn)";另一方面,正是在哲学的德国意义上,"总的说来,只有德国才有哲学,世界上的其他地方没有哲学"。①这样一种对立性的分歧意味着:即使是在同一时代的西方,即近代西方,我们也很难获得一个固定的标准,使之充任依"哲学"定向来描述和解释中国传统思想的现成参照物。

不仅如此,"哲学"的观念在西方还经历了长期的历史演变;而使问题尤其变得困难和复杂化的是,在这一演变过程中曾数度发生了决定性的、影响深远的历史性转折。这样的转折不仅极大地扭转了"哲学"的基本取向,甚至还颠覆性地变换了它的意义领域。我们将在后续论文中详论这种转折的本质重要性,而在这里仅只满足于将之当作一般的历史变迁来加以描述。在讲到希腊七贤时,黑格尔引用了第欧根尼书中的记载:"他们既不是智慧的人(σοφούς),也不是爱智者,而是一些理智的人(σινετούς),一些立法者。"②即有天才的人。至于希腊人第一次用"哲学家"(爱智者)来代替"贤者"(智慧者)之事,黑格尔提到了毕达哥拉斯。在这里,出现了"爱智者"与"智慧者"的区别:"爱智者的意思就是说:他对智慧的关系是把智慧当作对象……并且他还对智慧从事思想的工作。一个爱酒的人,要与一个喝足了酒的人、

---

① 谢林:《近代哲学史》,北京大学出版社 2016 年,第 234—235 页。并参看第 242、236 页。
② 黑格尔:《哲学史讲演录》第 1 卷,第 164 页。

一个醉汉区别开来。"①同样,海德格尔也一再指出,早在柏拉图以前,"哲学"即"爱-智慧"(φιλοσοφία)一词就出现在希腊人的话语中;海德格尔特别地将"智慧"(σοφία)解说为对某事物的"精通"(Sichauskennen)和"熟悉"(Sichverstehen),从而表明希腊人普遍地用"爱智慧"这个词来命名一种"对真正的精通的偏爱"。②

这里的要点并不在于究竟是不是毕达哥拉斯第一个用"爱智者"一词来取代"智慧者",也不在于将"智慧"解释为"精通"或"熟悉"究竟是否具有考据学意义上的准确性。在这里最关重要的是,无论是黑格尔和海德格尔,还是几乎所有的西方哲学家都同意:真正的"哲学"是由柏拉图肇其始端的,是由苏格拉底—柏拉图—亚里士多德所开启的伟大转折来获得决定性奠基并制定出根本方向的。在这个意义上,就像真正的哲学乃是"柏拉图主义"一样,全部西方哲学——如怀特海所说——不过是柏拉图哲学的各种注脚罢了;也是在这个意义上,前苏格拉底的"哲学"云云,大体说来只是预备性的"前史",并且归根到底是与真正的哲学在性质上相当不同的东西。但是,如果说,在对于"哲学"本身的这个基本判断上海德格尔和黑格尔保持一致,那么,两者的立场或取向则毋宁说是道分两途的。在黑格尔通过绝对观念论体系抵达真正的顶峰("不再有更高的立足点")从而最终完成哲学之后,海德格尔则试图开启这样一条道路,它表现为同哲学本身

---

① 黑格尔:《哲学史讲演录》第 1 卷,第 209 页。海德格尔的解说与黑格尔稍有不同,他说:希腊词"哲学"源于"爱智慧的"一词(形容词),而"爱智慧的"一词大约是由赫拉克利特所创造的。这就是说,在赫拉克利特那里还没有"哲学"一词。一个"爱智慧的人"不是一个"哲学的"人。在赫拉克利特的意义上,"热爱"意味着协调、一致,以逻各斯的方式去说话,即应合于逻各斯;而这种应合是与"智慧"相协调。(参看海德格尔:《同一与差异》,商务印书馆 2011 年,第 10—11 页)

② 参看海德格尔:《路标》,商务印书馆 2000 年,第 271—272 页。

的批判性脱离,以便能够深入哲学在本质上始终"不可通达的或漠不相关的基底"①。两者之间的分道扬镳,在这里不必再做展开,而只需提一下作为过渡环节的尼采。因为正是尼采试图清晰地表明,现今的哲学与"爱-智慧"早已没有什么共同之处了:"我们今天所谓的'哲学'真的是对智慧的爱吗?智慧在今天还能找到什么知己吗?如果我们索性就用'智慧之爱'代替'哲学',那么我们就会看清楚它们是否是一回事。"②不仅如此,尼采还把两者意义上的背离一直追究到苏格拉底。当他声言苏格拉底是哲学史上"最深刻的邪恶因素"时,他突出地想要强调的是:自那时起,"智慧之爱"的古义便已决定性地被改窜了,并且在所谓"哲学"中命运般地消失隐遁了。

(二)

以上的简单列举不过是要提示这样一点:即使在西学自身的传统中,"哲学"一词的用法和含义也是相当不确定的,并且是随着历史时代的迁移而经常改变的。在这种情况下,"中国—哲学"间的贸然勾连,就更是可疑的和歧义纷纭的。在 20 世纪初草创"中国哲学史"的努力中,一方面固然需要重新梳理并且贯通中国传统学术—理论的脉络,另一方面,其"哲学"的定向将不可避免地要求从西方——由于"哲学"显而易见的西学来历——去取得必要的衡准,以便使"中国哲学史"的构造借以措其手足。因此,举例来说,胡适在《中国哲学史大纲》的导言中便声

---

① 参看海德格尔:《黑格尔》,南京大学出版社 2017 年,第 4 页。
② 尼采:《哲学与真理》,上海社会科学院出版社 1993 年,第 135 页。在该书另一处,尼采就一个构思这样写道:"什么是智慧?与科学的对立。(前言)今天有谁追求智慧吗?没有。(主要部分)需要追求智慧吗?必须追求智慧吗?不,但它也许很快就会成为一种必需。何时?描述。(结语)"(第 153 页)

言,若要整理疏通中国哲学史的史料,不能不借重别系的哲学来作为一种解释演述的工具;"我所用的比较参证的材料,便是西洋的哲学"①。同样,冯友兰在其《中国哲学史》的绪论中,劈头便写道:"哲学本一西洋名词,今欲讲中国哲学史,其主要工作之一,即就中国历史上各种学问中,将其可以西洋所谓哲学名之者,选出而叙述之。"准此,则"所谓中国哲学者,即中国之某种学问或某种学问之某部分可以西洋所谓哲学名之者也。所谓中国哲学家者,即中国某种学者,可以西洋所谓哲学家名之者也"。②

这样一种直截了当的立论和言说方式,在后人看来可能是过于简单粗率了一些,但胡冯二先生却借此正确地说出了某种确定的和关乎实质的东西,即在"中国—哲学"的关联性构造中,无论采取何种方式,那些由西方哲学而来的某种标准或尺度是必然要在其中起作用的,而且这种作用总体来说是关键性的。然而,这样一种关于"中国—哲学"的断言在它的实际运作中却是面临重重困难的,其中最直接的困难就在于:如果像我们上面所列举的那样,西学渊源的哲学概念本身就是高度不稳定的,那么,我们从何处去取得必要的标准或尺度,以便从中国传统思想或学术中去捕获"可以西洋所谓哲学名之者"呢?是依循近代的英国哲学或法国哲学呢,还是依循最孚盛名的德国哲学?如果说,西方哲学的经典传统是从苏格拉底迄于黑格尔的"柏拉图主义",那么前苏格拉底的"爱智",以及后黑格尔的所谓"哲学之终结",是否就可以弃置不顾呢?

正是由于这一问题——或者明显或者潜在地——滋长出来

---

① 胡适:《中国哲学史大纲》,上海古籍出版社 1997 年,第 22 页。
② 冯友兰:《中国哲学史》上卷,重庆出版社 2009 年,第 3、7 页。

的困难,所以,尽管胡冯二氏于"中国哲学史"有筚路蓝缕之功,但却仍然招致了不少事实上是正当的和有道理的批评。梁启超批评胡适的《大纲》乃以实验主义为基准来阐述中国哲学,故多有强人就我的毛病。金岳霖以为此书不像中国人著的中国哲学史,"有的时候直觉得那本书的作者是一个研究中国思想的美国人"①。而劳思光则评论冯氏的《中国哲学史》说,虽然它不同于胡适"诸子杂考"之类的哲学史,但依然主要是在哲学上大为欠缺:"他对西方哲学理论所能把握的本已不多,对中国哲学的特性更是茫无所知。"②要言之,胡冯二氏的基本缺憾,总是由于未能真正进入"哲学"之堂奥。

这样一种在把握哲学本身方面的不足是确实存在的,它在谋求"中国—哲学"的初始探索中尤其难以避免。但是,这里的问题并不真正在于:例如出自实在论或实用主义的哲学观点便是较为粗陋的,而倚重西方其他大哲——比如康德——的观点就会更加高明更加正确一些(尽管会有差别)。此间问题的关键在于:如果说,"中国哲学史"的构建本质重要地依赖于对"中国—哲学"的先行理解,那么,对于西方哲学之总体上的消化和把握就会成为具有决定性意义的一个方面。不仅如此,所谓总体的消化和把握并不是要求遍及每一个部分并包揽每一个细节,因为"总体"一向就意味着超出部分之和、超出细节之上而立于自身的本质之中。在这个意义上,只有当这样的总体能够进入实际的把握中时,前述所谓"哲学"在西方渊源中的巨大歧义和不确定性才会开始消除;而只有当这样的歧义和不确定性得以消

---

① 冯友兰:《中国哲学史》下卷,重庆出版社 2009 年,第 461 页。
② 劳思光:《新编中国哲学史》第 1 卷,生活·读书·新知三联书店 2015年,第 3 页。

除之际,"中国—哲学"的意义勾连才可能从总体上被建立起来。

毫无疑问,这样一种总体性的把握不可能一蹴而就,毋宁说,借助批判性的通观来获取总体性的道路将会是一个漫长的过程。我们在此是没有理由来苛责前辈的,因为正是他们的不懈努力,开启出一条虽然充满挑战但我们依然行进其上的曲折道路。在批判性的通观和总体性的把握尚未在特定的转折点上出现并巩固起来之前,在这条道路的中间阶段出现各种纷争、困扰、歧见和对立,本来就是这一过程的题中应有之义。如果说,关于"中国—哲学"的纷争和歧见也在学术心态上怂恿了种种任意和武断,鼓动了种种自贬或虚骄,那么,这正是需要通过学术本身的发展——通过抵达对"哲学"之西方传统的总体性通观和把握——来加以克服的。曾有朋友玩笑地说过,20 世纪在中国传统学术上体会较深且阐说甚好的,往往是对西方哲学知之不多的学者。这种或可称为"不相称"的情形,在上述的中间阶段是可能出现并且确实会出现的。但它究竟意味着什么呢?它意味着某种困难,意味着某种由"中国—哲学"的勾连而来的巨大困难。从学理上来说,解决这个困难有两条路径。一条路径如前所说,经历一个大规模的学习过程来获取对"哲学"之西方传统总体的批判性把握,以便通过这种把握建立起对"中国哲学"的自我理解。在这条道路上,困难本身在于中间阶段上无论是学习过程还是自我理解都不够发展①,因而困难的克服就在于使这两方面得到进一步的推进,以便在特定的阶段上能够建立起

---

① 关于这种情形,贺麟先生曾这样描述道:"治中国哲学者尚不能打通西洋哲学,而治西洋哲学者尚不能与中国哲学发生密切关系。""有的人,表面上攻击西洋思想,而不知不觉中却反受西洋思想的影响。也有些人,表面上,虚怀接受西洋思想,而仍然回复到旧的窠臼。"(贺麟:《当代中国哲学》,载《资产阶级学术思想批判参考资料》第 4 集,商务印书馆 1959 年,第 25、6 页)

两者之间的真正统一。

还存在另一条路径。既然此间的全部纷争、困扰、歧见和对立都来自"中国—哲学"的勾连，那么直截了当地废除这一勾连，也就彻底取消了问题本身以及由之而来的基本困境和全部烦难——这样的废除或可简单地标记为"中国—非哲学"。从学理逻辑上来讲，这确实是一条路径，有些学者也确实是在这条路径上来发表意见的。但我们所遭遇的"中国—哲学"问题，恰恰并不仅只是一个单纯学理的，因而可以用单纯学理逻辑的方式来解决的问题。

二、合法性问题与"世界历史"的权力架构

（一）

在我们所面临的"中国—哲学"问题中，某种本质重要的东西通过"合法性"一词被或多或少提示出来。尽管在早期的争论中还不使用这个词，但一段时间以来，关于"中国—哲学"的去取存留问题，便特别紧密地——并且也非常稳定地——同"合法性"这个术语联系起来了。中国传统思想或学术中是否包含"哲学"部分的问题，转变为一个更尖锐也更具表现力的问题：将中国传统思想或学术中的某个部分称为"哲学"并且表述为"哲学"，是合法的还是不合法的？或者较为温和地说来，是正当的还是不正当的？

"合法性"（Legitimitat）一词的使用和用法，特别地来自马克斯·韦伯。在《学术与政治》中，韦伯在原则上将"合法的支配类型"指论为三种：（1）"传统的"类型，出自"永恒的昨日"的权威；（2）"超凡魅力"（chrisma，克利斯玛）的类型，出自超凡魅力型的权威；（3）"法制的"类型，出自以理性方式建立的法律规则。这些内容的具体展开和细节，不是这里所要关注的。对于我们来

说重要的是：在所有这三种类型中，韦伯所论的要点乃是这样一种关系，即支配和统治、权威和服从，也就是说，是一种真正的权力关系。所以，韦伯此论的标题就叫作"支配权的类型"，它是由国家作为"一种人支配人的关系"，以及人们何以"必须服从权力宣称它所具有的权威问题"引申出来的。①在这个意义上，有学者主张将 Legitimitat 译为"正当性"而非"合法性"，就是完全不恰当的了；因为"正当性"这种含混的——大体上属于准道德的——术语，只会极大地远离韦伯所要讨论的权力关系。自从卡尔·马克思将"权利"(right)体系的本质性导回到"社会权力"(social power)之后，法的关系就从根本上被揭示为权力关系(即支配和统治关系)，而所谓合法或不合法的全部言辞，归根到底不过是这种权力关系的法律用语罢了。

难道说"中国哲学"的合法性问题与这里所谓的权力关系有什么相关吗？回答是：确实相关，并且是决定性地相关。这种相关的本质来历是：现代性(modernity)在特定阶段上取得了绝对权力。如果以为关于"中国哲学"的合法性问题与这种权力无关(而不过是一种拟喻性的说法)，那就是把问题想象得太过表面、太过天真了。

现代性的绝对权力首先开辟出"世界历史"，从而结束了以往那种地域性的和民族性的历史。例如在康德的"一个世界公民观点之下的普遍历史观念"中，在赫尔德的"世界通史"和黑格尔的"世界史哲学"等等中，突出地表现出来的正是哲学对于"世界历史"已经获得的明确意识。而对于现代性(以资本和现代形而上学为支柱)的绝对权力开辟出世界历史一事，《共产党宣言》

---

① 参看韦伯：《学术与政治》，生活·读书·新知三联书店 1998 年，第56—57 页。

的经典表述是："过去那种地方的或民族的自给自足的和闭关自守状态,被各民族的各方面的互相往来和各方面的互相依赖所代替了。物质的生产是如此,精神的生产也是如此。各民族的精神产品成了公共的财产。民族的片面性和局限性日益成为不可能,于是由许多种民族的和地方的文学形成了一种世界的文学。"①(在这里,"文学"即 literatur,乃泛指科学、艺术、哲学等"精神产品"。)

然而,"世界历史"并不是一个无规定的空洞场域,仿佛是无论谁都可以在其上自由表演的舞台似的,又仿佛是一切事物都能在其中任意摆置的均质性空间似的。现代性在开辟出"世界历史"的同时,也决定性地——虽然是在特定阶段上——布局了现代世界之基本的权力关系,即基本的支配—从属关系:"正像它[资产阶级]使农村从属于城市一样,它使未开化和半开化的国家从属于文明的国家,使农民的民族从属于资产阶级的民族,使东方从属于西方。"②正是由于世界历史及其本质上的支配—从属关系,使得"现代化"(即进入现代性之中)对世界各民族来说成为普遍的、不可避免的历史性命运了。海德格尔将这种命运叫作"人类和地球的欧洲化"③;而马克思则将之更加明确

---

① 《马克思恩格斯选集》第 1 卷,人民出版社 1995 年,第 276 页。

② 同上书,第 277 页。

③ 参看《海德格尔选集》下卷,上海三联书店 1996 年,第 1019—1020 页。并参看海德格尔另一处的说法:"通过世界的欧洲化,欧洲的某种不可遏制地扩展到全球的东西到了尽头。以'欧洲'这个名称,我们指的是现代西方。现代乃是欧洲以往历史的最后时期。在历史学的考察中,这个时代可以从多重角度得到标识。但只要我们想着眼于其全球统治地位来思量欧洲因素,那么我们就必须追问:这种统治地位来自何处? 它从哪里取得其阴森可怕的权力? 在其中统治者是什么?"(海德格尔:《同一与差异》,第 148—149 页)关于现代性的支配权和统治权,雅斯贝斯写道:"19 世纪末期,欧洲似乎统治着世界,这被认为是最终局面。黑格尔的话看来要被证实:'欧洲人进行了环球航行,对他们来说,世界是一个球体。凡是尚未落入他们控制的,不是不值得费心,就是注定要落入它控制。'"(雅斯贝斯:《历史的起源与目标》,华夏出版社 1989 年,第 90 页)

地表述为：它迫使一切民族——如果它们不想灭亡的话——采用现代的即资本主义的生产方式，从而也在各个方面迫使一切民族进入由现代的即资本主义的文明来制定方向的"世界历史"进程之中。①

（二）

中国哲学的合法性问题难道不是在这样一种意义深远的背景中命运般地现身，从而不可避免地同我们照面的吗？如果没有"世界历史"的决定性开启，中国传统的思想和学术就仍然可以安于自身，并且仅仅同外部世界发生或多或少的但终归是偶然的联系；如果没有现代世界在本质上规定的权力关系，中国传统思想和学术的自我理解，就可以完全无关乎所谓"哲学"，并且尤其不会面临所谓合法性问题。从根本上来说，正是现代性权力的历史性展开使我们遭遇这个问题的。因此，在这里，"合法性"一词是具有提示意义的；如果它使我们要求进入"世界历史"及其权力关系中去理解事情的本质来历，那就尤其具有意义。但是，如果"合法性"或"正当性"仅仅意味着一般地遵循或不遵循某些规则条款（特别是那些纯属学理内部的规则条款），那我们在这里恰恰就错失了问题所在的那个基础性的领域。只有当这个基础性领域被揭示出来时，关于中国哲学的合法性争论才可能摆脱它经常徘徊其上的问题的表面（大多停留于"哲学"概念或定义的适用以及修订之类），并且才可能从中国近代以来的历史性命运中，去寻找通达问题的切近理解和真正应答的路径。

由此我们就会意识到：中国哲学的合法性问题本质上具有

① 参看《马克思恩格斯选集》第 1 卷，第 276 页。

特定的历史性根源,因而并不是用时下流行的所谓"假问题"一词就可以轻易打发的,也不是仅仅局限于"哲学"概念或定义的范围内诉诸正当性与否就可以解决的。事实上,自步入现代性以来,中国传统文化中的几乎每一个思想或学术领域都处在上述历史性根源的统摄之中,因而都不可避免地处在由之而来的困扰和烦难之中。中国哲学的合法性问题之所以首当其冲,不仅因为"哲学"一词不容置疑的西学来历,而且因为中国传统思想或学术中的"哲学"部分,总已被先行领会为其整体的纲领、中枢、安身立命之所在了。中国哲学的合法性问题之所以不断出现,继而隐退,并且又一再不可遏制地重现出来,不过意味着问题本身同强大而持久的历史性根源本质相关,意味着问题的显现伴随着历史性根源领域自身的曲折进展,而问题的解决则有赖于这一根源领域在特定阶段上迎来其时机成熟的转折点。在这个意义上,中国哲学合法性问题的特定经历,不过是一般地反映着近代以来中国学术——无论是传统学术还是新近学术——之普遍的历史性境况罢了。

我们之所以特别地指出并强调问题的历史性根源领域,并不是没有理由的。因为在关于中国哲学的合法性争论中,这一根源及其领域经常是被遮蔽或者被遗忘了的。一个特别能说明问题的例子是:对于"中国—哲学"的特定关联,人们——无论是赞成还是反对——都往往将之径直追究到日本学者西周那里。因为正是西周在 1874 年的《百一新论》中,将 philosophy 译作"哲学",并以此来谈论中国儒学。[1]后来的赞同者和将信将疑者,或者明确或者踌躇地使用"中国哲学"一词,而主张"中国—非哲学"

---

[1] 参看许苏民:《中西哲学比较研究史》下卷,南京大学出版社 2014 年,第 631 页。

的学者则对之大张挞伐,其激进者则以傅斯年先生为最:"……'中国哲学'一个名词本是日本人的贱制品,明季译拉丁文之高贤不曾有此,后来直到严几道、马相伯先生兄弟亦不曾有此,我们为求认识世事之真,能不排斥这个日本贱货吗?"①

但是,这件事情的实质与西周(或其他日本学者)所从事者,实在没有太大的关系。不必追究得太远,17 世纪的耶稣会士柏应理(Philippe Couplet),在 1687 年就出版了《中国哲学家孔子》一书,稍后的哲学家莱布尼兹和沃尔夫则更为广泛地谈论"中国哲学"或"中国人的哲学";至于德国古典哲学的大家,几乎无不置喙"中国哲学"②,而即使是对中国传统思想和学术评价甚低的黑格尔,也在其《哲学史讲演录》中,赫然列入"中国哲学"一目以作详备之论说。西周的功过是非,真正说来,在这里实在只是关乎将 philosophy 译作汉字"哲学"而已。说"中国的 philosophy"和说"中国的哲学"有什么差别吗? 如果 philosophy 不是被译作"哲学",而是像郭嵩焘和西周较早时那样,译作"性理之学",或者译作如"格物穷理之学"(徐光启)、"理学"(艾儒略)、"爱知学"(李之藻)等等,那么,这般译法与事情的本质或大节有什么特别的关碍吗?

如果事情只是关于"一个名词",那么,这里所应追究的不过是:将 philosophy 译作"哲学"是否妥实,是否尽义,是否完美(所谓信、达、雅)。如果"中国—哲学"的勾连一事更加本质地关乎"认识世事之真",那么,需要特别予以追究的东西与"哲学"这个译名几乎没有太大的关系。我们理应承认,西周所译"哲学"一词是相当不错的,就"哲"字古义的训释来说也是非常可取的。

① 《傅斯年文集:战国子家叙论 史学方法导论 史记研究》,上海三联书店 2017 年,第 6 页。
② 参看张汝伦:《德国哲学家与中国哲学》,载《复旦学报》2015 年第 2 期。

所以章太炎先生认为，虽说"哲学"一名确乎难以尽合 philosophy 的词源学意义，但却没有比这一译名更好的了。①我们同时还必须承认，审核"中国哲学"的合法性问题关乎更深的历史性根源，关乎现代性在特定阶段上的权力构架，所以，如果我们只是将事情追究到西周的译名为止，并且仅仅在此周边徘徊流连，那就恰好阻断了我们试图"认识世事之真"的道路。

（三）

一旦问题的根源性领域开始进入视野之中，我们便会意识到：就像中国的历史性实践不可避免地开展出大规模的现代化进程一样，中国传统文化（思想、学术等等）在理论上，在其超出博物馆意义的各种解释学活动（解释、理解、阐述和传达等等）中，也会或早或迟地经历同样的进程，并在整体上使作为其纲领或中枢的部分不可避免地同所谓"哲学"建立起切近的和本质的联系。这样一种来自历史性根源领域的现实进程是如此地强大有力，以至于就整体而言，几乎每一种坚持"中国—非哲学"的主张，也时常身不由己地落入实际上是由"哲学"来制定方向的话语之中。举例来说，无论是对于"中国—哲学"持反对立场还是持保留态度的观点，在试图对中国传统思想或学术有所阐说（特别是意义阐说）的地方，总也十分经常地使用下列相关术语：宇宙论、本体论、形而上学、逻辑学、伦理学、认识论和方法论；自然哲学、人生哲学、道德哲学和政治哲学；自然主义和人本主义、经验主义和理性主义、唯物主义和唯心主义、泛神论和自然神论；理论和实践、意志和自由，以及实体、本体、绝对、内在和超越、主

---

① 参看许苏民：《中西哲学比较研究史》下卷，第 631 页。

体和客体,如此等等(请原谅我们只是如此这般地单纯罗列)。就此而言,前述对"中国—哲学"持激烈反对态度的傅斯年先生,即使在同一部著作中,亦开始将阴阳五行称为"神道学"(Theology,即神学)或"玄学"(Metaphysics,即形而上学),声言像苏格拉底那样的"爱智之学"(即哲学),"诸子以及宋明理学是有的",不过与柏拉图太半不同而与亚里士多德则全然不同;并且还谈到了例如战国晚期齐国的"哲学化的迷信"等等。①

　　类似的情形也出现在对"中国—哲学"颇多疑虑和大体排拒的钱穆先生那里。他一方面说中国并无纯正意义上的哲学,另一方面又用理性主义、经验主义、唯物论、唯心论来谈论中国传统思想,或称道家为自然主义,儒家为人本主义,等等。在《现代中国学术论衡》中,钱氏又专列"略论中国哲学"一章,但该章开头便写道:"哲学一名词,自西方传译而来,中国无之。"②若此说不过关乎名词,则后文所列"中国科学""中国心理学""中国政治学""中国社会学"云云,则并非仅仅关乎名词而已。须知西方所谓"科学",以及近代所出之心理学、政治学、社会学等等,恰恰是先行由哲学—形而上学的本质来为其做出预设并制定方向的。所以,在海德格尔看来,本来的形而上学(meta-physics)也就是物理学(physics),二者在性质上是同一的③;而更加深入的探究则会进一步表明:"'学'(-logie)这个后缀的意思完全是大概的和熟悉的……但在这个'学'中,不仅隐含着在合乎逻辑的和一般地合乎陈述的东西意义上的逻辑上的东西,后者分划并且推动一切科学

----

① 参看《傅斯年文集:战国子家叙论　史学方法导论　史记研究》,第35、5、70页。
② 钱穆:《现代中国学术论衡》,生活·读书·新知三联书店2001年,第20页。并参看钱穆:《中国思想史》,九州出版社2012年,第2、7页。
③ 参看海德格尔:《形而上学导论》,商务印书馆1996年,第19、187页。

知识,保证和传达一切科学知识。'学'(Logia)始终是论证关系的整体,在其中诸科学的对象在它们的根据方面被表象和理解。"①

我们在这里并不是要利用某些表面的矛盾来反驳关于"中国—非哲学"的观点,而是要理解引起其诸般烦难的现实处境;因为相反的观点即"中国—哲学"的观点也居于同样的处境之中,并且遭遇到的烦难看来并不比它的对手要少(只不过情形不同而已)。正是这样的处境以及由之而来的分歧,产生出——并且也长久地保持着——关于中国哲学的合法性问题,以及围绕该问题的种种争论。如果说,这样一种现实处境本身具有其历史性的根源,而这一根源性的整体领域是由现代性在特定阶段上的权力来设置的,那么,我们在这里至少可以明确把握到的是:"中国—哲学"的特定勾连以及随之而来的合法性问题,是深深地植根于我们所处的历史性现实之中,因而是不可能被轻易弃置或简单回避的,并且也不可能通过逃遁到与现代性毫不相干的话语中来使问题自行消失。相反,问题本身不可避免地需要首先在现代话语中得到积极的澄清和批判性的探讨,尽管这样的澄清和探讨绝不意味着——丝毫也不意味着——要将中国传统的思想或学术粗率地纳入现代西方观念的强制之中。

三、"哲学"之单纯形式的含义:文化的主干、思想的母体、精神的核心

(一)

与我们所遭遇的烦难和纠结形成对照的是:西方世界自近

① 海德格尔:《同一与差异》,第62—63页。

代以来对于"中国—哲学"的承认大体说来却并没有太大的障碍,至少要比承认"中国—宗教""中国—史诗""中国—悲剧",乃至于"中国—神话"来得容易。至于"中国哲学"在多大程度上可被看作严格意义上的,虽说未必得到深入的探讨与追究,但在西方学者即使是较为初步也较为一般的比较性斟酌中,也颇有理由地倾向于"中国哲学"一名,并借此来"合法地"谈论或引述中国传统的思想和学术。如果说,这种一般倾向或可算作明显的标志但还缺乏学理上的依据,那么,在这里黑格尔——尽管他对中国哲学甚为轻视——的基本观点就是特别重要的。不仅因为如马克思所说,真正的哲学史一般说来是从黑格尔开始的(卢卡奇和海德格尔持类似的观点),而且因为黑格尔哲学乃是柏拉图主义的完成,特别是近代哲学的完成。"因此,与之相比,将来绝不可能再有某个立足点,还可能比黑格尔的体系的位次更高,之所以如此,是因为黑格尔哲学就其本身而言,肯定事先就已经在立足点上涵盖了所有先前的哲学。"①至于哲学思想后来同黑格尔的批判性脱离,即海德格尔所谓"思想的移居",还不是这里所要讨论的。

我们在前面曾经提到过,黑格尔的《哲学史讲演录》列出了"东方哲学"一篇,其下又分列"中国哲学"和"印度哲学"。如果说这样的篇目或已初始地意味着"中国哲学"在西方主流观念中的某种"合法性",那么,需要进一步追问的是:这样的合法性是在何种意义上被设定的?从而对于我们理解中国哲学的合法性问题具有怎样的提示作用?特别明显并且特别重要的是:当黑格尔谈论东方哲学或中国哲学时,"哲学"一词完全是在形式的

① 海德格尔:《黑格尔》,第3—4页。

方面被规定和使用的,也就是说,这个术语具有单纯形式的意义——它不涉及内容。因此,如果在这里出现比较,那么这种比较只能是关于形式方面的,它们的内容则是很不相同的。"哲学"的这种形式上的意义与下述情形相一致:例如,把中国的政治制度和欧洲的政治制度相比较,把印度的诗歌和欧洲的诗歌相比较,把东方的法律和西方的法律相比较。在这种比较中就会出现关于政治制度、诗歌、法律等等在形式上的"平行并列",但"……内容不同这一点在做这类的比较时,是值得普遍注意的"①。

在展开"世界历史"主题的《历史哲学》中,黑格尔同样也明确指出:在所有世界历史民族中,我们都能发现"诗歌""造型艺术""科学",甚至"哲学"——这些术语只是表示形式上的"等量齐观",一种"抽象的统一";因为各民族的这些成果不仅在风格和方向上大抵不同,而且在内容及题材方面尤为不同,在这里将会出现的乃是"内容上的无限差别"。②形式上的统一是存在的,抽象的范畴就标示形式上的统一;但这种统一又是有限度的,特殊的内容就意味着超出它的限度。因此,比如说,著名的印度史诗有堪比荷马史诗的伟大想象力,但虽说两者对神祇的庄严色相施加了相同的想象力,却并不能由此将印度的神话人物视为希腊神话中的人物。"同样地,因为中国哲学拿一做基础,就有人说是和出现在后的埃里亚派哲学以及斯宾诺莎体系属于一

---

① 黑格尔:《哲学史讲演录》第 1 卷,第 119 页。

② 参看黑格尔:《历史哲学》,上海书店出版社 2006 年,第 64—65 页。并参看第 61 页:"假如在这种[抽象形式的]主张里,存心要把各种区别指斥为不重要的或者非本质的,反省就会停留在各种抽象的范畴内,而将特殊的内容置之不顾,为了这些特殊的内容,在这种范畴之中就没有原则了。采取这种纯属形式上的观点的立场,对于各种尖锐的问题、博学的见解和奇特的比较,提供了一片巨大的活动园地。"

门;又因为中国哲学用了抽象的数和线来表现它自己,就有人说其中可以找出毕达哥拉斯和基督教的原则。"①——这样的说法无疑就是将形式与内容混为一谈了。

黑格尔的这一区分——形式和内容、抽象统一和实体性差别——虽说简单,但却是非常重要的,对于澄清和理解中国哲学的合法性问题来说尤为重要。当我们一般地说起"中国哲学"并使之关联于"合法性"时,这里所谓"哲学"首先是一个纯粹形式上的术语,用来表示某种抽象的形式上的普遍性;它还完全不涉及内容与差别,尤其是不涉及实体性的内容与差别。用中国传统的词语来说,"虚位"和"定名"的分别约略近之。②"虚位"乃指一定范围内形式上的术语,而"定名"则是关涉实体性内容与差别的术语。中国传统的思想或学术,同作为"虚位"或形式术语的"哲学"相关联,不仅在现代西方的主流观念中被视为"合法的",而且事实上也是晚近中国学者在谈论"中国哲学"时一般来说的意义所指。由于这一意义上的"哲学"还无关乎实体性的内容与差别,所以它往往是并不牵涉研究的深浅或评价的高低而被广泛认可和使用的。在"世界历史"的处境中,近代以来的西方学者以各种语言、目的和方式来谈论"中国哲学",无论这样的谈论者是专业的还是非专业的,懂汉语的还是不懂汉语的,泛览的还是精研的,也无论他们在对"中国哲学"的评价方面是高度赞许的还是甚为贬低的。如果说,在西方学者和思想家中间确实也有一些人主张唯一的"希腊—哲学"传统,因而拒绝在西方以外使用"哲学"一词(例如海德格尔),那么这正是因为该词已

---

① 黑格尔:《历史哲学》,第61页。

② 关于这一分别,可参看韩愈的下述说法:"仁与义,为定名;道与德,为虚位。故道有君子小人,而德有凶有吉。"(韩愈:《原道》)

经不是作为"虚位"而是作为"定名"来使用的了,就像人们会称海德格尔为"哲学家"而他本人会明确拒绝一样(我们将在适当的地方详论此点)。

（二）

"哲学"在单纯形式方面亦即作为"虚位"应当怎样来理解呢?虽然可能有不同的理解方案,但是在"世界历史"的基本处境中,那尚不涉及实体性内容与差别的"哲学"一词,是与一般所谓文化、思想、精神等等本质相关的,它可以恰当地用来表示:文化的主干,思想的母体,精神的核心。尽管我们在萨特那里借用了前两个表述[①],而后一个表述亦可在黑格尔哲学中找到依据,但它们的含义,即使作为通常的用语,也足以清晰地传达出此间要说的现象实情了。多少带有拟喻性质的所谓"主干""母体""核心"云云,总是提示着某个整体——作为有机整体——的纲领性的架构,统摄性的源头,以及关乎本质的中枢部门。

就像哲学可以从形式的方面去看待一样,一般所谓"文化",作为抽象的范畴,也是单纯形式的。所以黑格尔说,"'文化'是一种形式上的东西",并且只有在国家生活里,人类才能有"形式的文化"的必要;任何一类能归属于文化领域的东西,都属于"思

[①] 在《辩证理性批判》中,萨特将历史上主要的思想成果分为两类。一类叫"哲学",它是作为"文化的主干"和"思想的母体"起作用的。另一类叫"思想体系",即依附于、寄生于特定"哲学"之上的思想理论。在这样的意义上,"哲学"创造的时代是不多的。近代西方大体说来有三种哲学,即笛卡尔、洛克的哲学,康德、黑格尔的哲学,以及马克思的哲学。在萨特看来,马克思主义是我们这个时代唯一不可超越的哲学,任何超越这种哲学的企图,不是重复马克思已经说过的东西,就是回到马克思以前——这是我们这个时代思想的命运。(参看萨特:《辩证理性批判》,商务印书馆 1963 年,第 5—8、15—24 页)

想的形式",而哲学不外是"这种'形式'自身的意识"。因此,一方面,哲学建筑物所由建造的材料,是已经在普通文化里准备着的;另一方面,哲学这一文化部门构造起来的建筑物,乃成为"一切科学和真理的中心"①。一个民族的文化和精神生活仿佛是有许多厅房、许多部门组成的一个"大教堂",一个具有有机结构的整体。"在这多方面中,哲学是这样一个形式:什么样的形式呢?它是最盛开的花朵。……这多方面的全体都反映在哲学里面,以哲学作为它们单一的焦点,并作为这全体认知其自身的概念。"②

在后来文化主题的理论探讨愈益发展之时,哲学作为文化主干的观念同样是被当作前提来使用的;由于这里仅仅涉及一般文化和哲学的形式关联,而不触及他们的实体性内容与差别,所以并不存在重大的分歧。例如,在尼采看来,文化的重新定义是:许多本来不和谐的力量,组成了"统一的音阶和音调",而哲学则意味着一个带来方向和统一性的中心;在这个意义上,哲学可以用作文化的基础。由之而来的结论是:"哲学不能创造什么文化,但是可以为它开路;或保存它;或调节它。"③同样,在述及当时的"精神科学"和斯宾格勒的文化形态学(Morphologie)时,海德格尔说:"……各种文化形态中,那个最终和独一无二的存在定义是:文化乃一个有机体,一个独立的生命(生长、成熟、衰落)。"④而在解说黑格尔的具体化观念和文化观念时,他又写道:"作为普遍的秩序,哲学包含文化的整体,哲学是文化诸体系

---

① 参看黑格尔:《小逻辑》,第32—33页。并参看黑格尔:《历史哲学》,第62—64页。
② 黑格尔:《哲学史讲演录》第1卷,第56页。
③ 尼采:《哲学与真理》,第98页。并参看第136、15、155页。
④ 海德格尔:《存在论(实际性的解释学)》,商务印书馆2016年,第48页。

的体系。"①

对于近代以来的中国学者和思想家来说,无论他对"中国哲学"的合法性问题采取何种态度,也无论他对中国传统的思想和学术采取何种立场,却总已将中国文化悠久而庞大的系统纳入视野之中,并且在展开各种讨论、阐述、争辩和发挥时,总已渐次将视野的焦点集中到构成这一文化系统的主干方面。"五四"前后,中国学术界对于文化主题的高度关注,特别是关于东西文化问题的论战,非常突出并且也极为多彩地表明了这种情况。而在这里特别值得一提的是梁漱溟先生的《东西文化及其哲学》一书,因为这部著作的主题——即便是书名——也已显现出如下要点:第一,东西文化的"碰撞",从而东西文化在学理上的"比较",在当下的历史境况中已是不可避免的了;第二,文化的主干或"根本",无论对于东方文化还是西方文化来说,乃是可以一般地名之为"哲学"的东西;因此第三,对于中国文化的命运来说,甚至对于世界未来之文化的前景来说,都须从哲学上或根本上通过对不同文化路向(中、西、印)的考究来做出有理据的"推论"。②我们知道,梁先生直到晚年仍对"中国哲学"一词表示怀疑,但他还是姑息性地采用了"哲学"这个形式之名来表示文化的主干,以便能够对不同的文化做出根本上的比较(否则的话,所谓不同的文化"路向"就会成为不伦之比)。

(三)

在同思想的本质关联方面,哲学又被称为"思想的母体"。

---

① 海德格尔:《存在论(实际性的解释学)》,第 72 页。
② 参看梁漱溟:《东西文化及其哲学》,商务印书馆 1999 年,第 12—15 页。

虽说"思想"的含义要更加宽泛,但在黑格尔看来,纯粹的思想,真正普遍的思想却集中地反映在哲学中。苏格拉底之所以被视为哲学精神——"思想"——的一个转折点,正是因为他"提出了认识和普遍概念"①;而在认识和普遍概念中,思想是本质,"自觉的思想扬弃一切特定事物"。尽管在宗教、诗歌等等中也包含有思想,但却尚未取得真正的思想形式;"只有当思想本身被认做基础、绝对、一切其他事物的根本时,才算得有了哲学"②。因此,大体说来,一方面,哲学乃是思想的结果,哲学通过思想并且唯独通过思想得以实现;另一方面,哲学占有了思想的真正本质并使这种本质最为纯粹地展现出来,从而成为"思想的母体",亦即成为对各种思想做出统摄和行使规定——制定方向、提供轨道并且给出意义——的源头。

如果说这一点对于黑格尔来说乃是不言而喻的,那么,在马克思那里,事情部分地说来也是如此:思想根本不是单纯主观性任意活动的领域,哲学作为"意识形态"对这个领域行使整体上的规定,尽管思想以及哲学自身的本质性深深地植根于人们的现实生活过程中。与之相类似,海德格尔特别是在"置入轨道"的意义上,讨论了哲学对于欧洲—西方思想的定向作用:"关于思想的学说被叫作逻辑,因为思想在 λόγos[逻各斯]之 λέγειν[言说、置放]中展开……为了把思想带向 λόγos[逻各斯]进入 λέγειν[言说、置放]的道路,一种指令变成'必需的'了。"③如果说在柏拉图和亚里士多德那里确定了"后世哲学所理解的思想",那么,

① 参看黑格尔:《哲学史讲演录》第 2 卷,商务印书馆 1960 年,第 109、40 页。
② 黑格尔:《哲学史讲演录》第 1 卷,第 89 页。
③ 海德格尔:《什么叫思想?》,商务印书馆 2017 年,第 193 页。

后来欧洲思想也就在"什么是存在者"的追问中"被置于所指定的轨道上了"。①在这个意义上,哲学同样是作为思想的母体起作用的:各种思想成果从中获得基本定向并依这种定向积极地产生出来。②

哲学同思想的形式关联是最为切近并且也是十分明显的,这里同样也还不涉及实体性的内容与差别。中国近代以来的学者多数即依据这种关联来谈论"中国—哲学",但也有不少学者试图拆解这种关联以便保留"中国—思想"的论题领域而排除"哲学"这个外来词。在后一种想法中,采用"中国—思想"是要求确认传统文化的学术领域并从而开展出整理和研究,而排除外来词则是为了使这种整理和研究能够不受外来强制而保持自身的纯正性。钱穆先生的说法很清晰地表明了这一点:"在中国不像有严格纯正的哲学家与哲学思想。但尽可说中国无哲学,中国又何至于无思想呢? 在人类思想中,可以有如西方般的哲学思想,却不能说西方哲学思想乃人类思想之唯一准绳,与唯一规矩!"③

虽然这一说法不无道理,但当我们尚不涉及实体性的内容与差别而仅仅形式地使用"哲学"或"思想"等术语时,是还谈不

---

① 参看海德格尔:《什么叫思想?》,第 251、279 页。

② 关于这一点,张东荪先生曾用过一个颇为切近的术语:"思想轨型"(thinking pattern)。它作为"文化轨型"(cultural pattern)之一,意指"思想格局"或"思想的底格"。他用哲学范畴来指示这种"思想轨型"。虽然这是不恰当的(因为中国哲学不是——用海德格尔的术语来说——"范畴论性质的"),但哲学在整体上确实可以用来表示思想之"轨型"。张先生说:"……我遂主张中国与西洋,思想上学术上的不同必有些是出于思想的底格有不同。思想的底格所以如此则又必是出于民族的心性。中国人所用的范畴便是代表中国人作思想时的布局。就是中国人思想的根底下所伏存的格局。这种格局不是一二个思想家所自由创造的。"(张汝伦编选:《理性与良知——张东荪文选》,上海远东出版社 1995 年,第 297 页。并参看第 294—298 页)

③ 钱穆:《中国思想史》,自序第 8 页。

上用外来的东西做唯一准绳的。进而言之,今人所谓"思想",在多大程度上不是外来词并且不受现代西方思想的沾染呢?确实,孔子就已经用"思"来表示与"学"有区别的活动了("学而不思则罔,思而不学则殆");但是,后来那造成"中国—哲学"勾连的力量,却也以同样的强度施加于"中国—思想"之上。例如,杜亚泉在与蒋梦麟争论("态度"不同于"思想")时写道:"曰思想者,最高尚之知识作用,即理性作用,包含断定推理诸作用而言。外而种种事物,内而种种观念,依吾人之理性,附之以关系,是之为思想。"①如果"思想"也以这种方式被规定,那么,它在何种程度上能够契合于中国传统思想的本质并借此可以开展出对它的整理和研究呢?

因此,用"中国思想史"来代替"中国哲学史"的做法,就事情本身而言,实在只有非常有限的意义(即设定领域大小的意义)。正如有学者很正确地指出的那样,这种替代方案一方面使"思想"变成了漫无边际的一个名词,另一方面又往往只是使"思想史"成为放大了的"哲学史"。②由此能够得到大略提示的是:无论是"哲学"还是"思想",就其单纯的形式方面来说,在合法性问题上看来是难分轩轾的。哲学在形式上不仅最关本质地作为"思想的母体"起作用,而且也是漫无边际的"思想"领域的一个约束条件,就像政治思想、经济思想、法律思想、社会—历史思想等等一样。问题的关键和难点不在于围绕形式之名(它们现在

---

① 陈崧编:《五四前后东西文化问题论战文选》,中国社会科学出版社1985年,第197—198页。并参看第235页蒋梦麟先生对杜氏观点的反批评:"官觉、感情、意志、理性四者,是在思想中各占一部分,官觉是脑和事物相通的路径,感情是脑对于事物的感应,意志是脑的所欲,理性是脑的推测和判断力,这四者合起来,方才成一完全的思想。"如此等等。

② 参看葛兆光:《中国思想史——导论:思想史的写法》,复旦大学出版社2001年,第5—6页。

往往具有近代西方的来历)的一再争论,而在于由之开展出对于实体性内容—差别的决定性分辨和真正把握(这是后话),在于充分意识到问题本身是由特定的历史情势呼唤出来并指派给我们的。

(四)

从形式方面来说,哲学还被看作"精神的核心"。在黑格尔那里,真正的精神领域包括三种主要的部门或形态,即艺术、宗教、哲学。这三者都指向真理("真的东西"),指向神、上帝、绝对者。艺术所表现者,或者是"上帝的形态",或者是使一般神圣的和精神的事物呈现在想象力和直觉面前。至于宗教和哲学的对象,直接就是真理、上帝,只不过宗教采取观念和情感的方式,哲学采取纯正思想的方式。"哲学是最高的、最自由的和最智慧的形态。"哲学之所以居于精神领域的最高端,是因为,"哲学作为把握宗教内容的思维,与宗教的表象比较起来,有一优点,即它能理解双方。哲学能理解宗教,它又能理解理性主义和超自然主义,它又能理解它自己,但反过来,宗教却不能这样。宗教从表象的观点只能理解与它处于同等地位的东西,却不能理解哲学、概念、普遍的思想范畴"①。哲学地位的这种凸显,显然与近代理性主义的发皇密切相关;因为从事理解的理性,在教父神学时代几乎是完全被拒斥和忽略的,而在经院哲学时代也不过是扮演扈从或婢女的角色。正是由于现代—西方的精神转向把通过思想的理解推居高位,哲学才一跃成为精神领域的真正核心。

---

① 黑格尔:《哲学史讲演录》第1卷,第8页。并参看黑格尔:《历史哲学》,第46页。

无论对中国传统文化的整理和研究在采纳"哲学"一词上是表示赞成还是反对,人们极少会否认这一文化的"精神"的一面,就像近代中国学者向来能够颇为从容地述说"中国思想"一样。对于中国传统文化之"精神"的立场和观点可谓纷纭乃至对立,但对"精神"的多方谈论却未曾少歇。在较早的时期,还曾依照某种一般性的区分,即"物质文明"和"精神文明"的区分而做出某种比照——据说西方偏向于物质文明,而东方(特别是中国)更侧重于精神文明。然而,在一般性的用词中,"精神"的含义恐怕尤为含混,就像"思想"所指的领域可以漫无边际一样。辜鸿铭先生 1914 年的一篇论文就叫《中国人的精神》("Spirit of the Chinese People")。他在文中说,"中国人的精神"并不仅指中国人的性格或特征,它牵涉中国人"内在特质的整体面貌",它是中国人"赖以生存之物",并反映在中国人固有的心态、性情和情操之中。

如果说,这里所说的"精神"意味着赖以生存之物,即安身立命的所在,那么,为了把握它就须探入"精神的核心"——也就是我们前此在形式方面称为"哲学"的东西。于是,《中国人的精神》便须得阐说中国人所拥有的"一套儒家的哲学和伦理体系",并从而表明"孔子的哲学体系和道德学说"如何赋予中国人以安全感和永恒感。[1]尽管我们未必完全同意论文的主张和立场,尽管辜先生在谈论儒教时对应当使用"哲学"还是使用"宗教"或有游移(事实上黑格尔在谈到东方哲学时亦曾指出其哲学与宗教的切近),但我们从中可以意识到的是:当关于"精神"的言说试图超出浮泛议论或含糊其词的时候,就不能不要求进入这个领

---

① 参看辜鸿铭:《中国人的精神》,广西师范大学出版社 2001 年,第 25、36、49 页。

域的核心地带——不管它是被叫作哲学,还是给它起一个别的什么名称。无论如何,辜鸿铭先生很正确也很有意义地指出:不少汉学家——即便是著名汉学家——的庸浅浮薄和疏阔散宕,就在于他们根本不懂"哲学",因而无能把握中国人的精神的核心。①

由此可见,在现代性的一般视野中,"哲学"在单纯形式方面说来的意义是:它构成文化的主干,思想的母体,精神的核心。在这样的意义上,"中国哲学"的名目是合法的,是可以在"世界的文学"中通行的。反之,尝试用"西方经学"或"西洋方术"的替代方案则是徒劳无功的。事实上,大多数西方学者和中国学者都自觉不自觉地在这样的意义上——单纯形式的意义上——使用"中国哲学"一词,只是在使用时前者几无障碍,而后者则颇费踌躇。

四、"中国—哲学"对于自身的疑惑

(一)

如果我们在这里只是就单纯形式方面来谈论"哲学",那么,关于"中国—哲学"的勾连就还不涉及实体性的内容,不涉及中西哲学的差别,尤其还不涉及对于中西哲学的意义估量或评价,因为对差别的把握和对意义的估量,总以深入于实体性的内容

---

① 例如:"……在这里,翟理斯博士和在别的场合一样,总表现出一种缺乏哲学头脑,与一个学者不相称的、令人不快的粗率和武断。正是由于这些特点,像翟理斯博士之流的汉学家,恰如霍普金斯先生所说的那样,在实际居住于远东的外国人中,落下了名不符实的笑柄,并遭到了被视为傻瓜的冥落。"在另一论文中,辜氏又写道:"不仅如此,对一个国家政府和政治制度的研究,那种我们认为应当置于一切研究最后阶段的工作——也必须建立在对他们的哲学原理和历史知识的理解之上。"(辜鸿铭:《中国人的精神》,第 107 页。并参看第 105、126 页)

为前提。由于"哲学"的形式之名还无关乎内容与差别,而是一般地意味着文化的主干、思想的母体和精神的核心,所以从一方面来讲,只要认可中国传统具有伟大的——意指规模巨大且足够坚实的——文化构造、思想体系和精神领域,那么,"中国—哲学"的形式关联就是能够被接受并易于得到承认的;但是,从另一方面来讲,既然"主干""母体""核心"等语词总意味着某一系统的中枢、根基、安身立命之所在,那么,"中国—哲学"即使是形式上的关联也会变得令人困惑并引起警觉了。就学理方面而言,中国哲学的合法性问题在很大程度上是从这种困惑和警觉中产生出来的。

对于现代西方人来讲,"中国—哲学"并不会引起真正的困惑(或许只是引起新奇感),只要他或多或少晓得中国在文化、思想和精神方面具有较大且较为广泛的成就即可。所以黑格尔虽然对中国哲学颇为看轻,但在其《哲学史讲演录》"中国哲学"一章的开头就这样说道:"中国人和印度人一样,在文化方面有很高的名声,但无论他们文化上的名声如何大、典籍的数量如何多,在进一步的认识之下,就都大为减低了。这两个民族的广大文化,都是关于宗教,科学,国家的治理、国家的制度,诗歌、技术与艺术和商业等方面的。"①看来,黑格尔正是从中国的广大文化以及文化上很高的名声入手来谈论中国哲学的,而这里关联于中国的"哲学",便是作为文化主干的形式之名。所谓"在进一步的认识之下",无非是说,进入实体性的内容与差别之中以获取具体化的认识;至于由之而来中国文化名声的"大为减低",就其大要来说,一方面是由于在黑格尔的时代,现代性的权力正趋于

———————

① 黑格尔:《哲学史讲演录》第 1 卷,第 118 页。

顶峰，另一方面则是由于西方哲学的自我批判还没有真正开始（事实上我们很少有必要去指责黑格尔在学识方面的欠缺）。

然而，对于近代以来的中国学者和思想家来说，情形就大为不同了。关于"中国哲学"合法性问题的争论，一方面的观点是主张"哲学为中国固有之学"（如王国维、贺麟等），而对立的观点则坚拒这一主张（如傅斯年、张东荪等）。实际上，两造的观点并没有如是之对立，只不过前者大体是就文化、思想、精神领域的形式方面而言，后者则往往是就其实体性内容与差别的方面而言。从学理上的澄清来说，明确区分"哲学"的形式方面和实质方面是非常关键并且大有裨益的；但我们尤需理解的是：这两方面经常不断的纠缠和混同出自怎样的理由并具有怎样的意义。对立见解的根源不是出于书斋，而是来自特定的历史性情势；正是这种情势使得学理上的明确区分不待完成，便有一种瓦解这种区分的追问袭来，以至于中国传统文化、思想和精神领域的实体性内容，总是如影随形般地扰动并且困惑着"哲学"之名的使用。

举例来说，张岱年先生在《中国哲学大纲》中，把"哲学"视为一个"总的类称"，在这个类称之下，可以有西洋哲学，也可以有别的哲学，很明显，这里的"哲学"即是一个形式之名（抽象的范畴）。但张先生立即就特别地强调不同哲学的特殊性（实体性的内容与差别），并非常坚决地表示：最忌以西洋哲学的模式来套中国哲学系统。同样，贺麟先生赞同"哲学为中国固有之学"的观点，但也立即发出警示称，"中国哲学界不是西洋哲学的殖民地"①。这样的述说包括区分开来的两个基本方面，并且一般来

---

① 参看《张岱年学述》，浙江人民出版社1999年，第47页；许苏民：《中西哲学比较研究史》下卷，第1100—1103页。

说是很不错的;但就"中国—哲学"实际上所要求达成的理解和把握来说,这两个方面又无疑在整体上还意味着它们之间存在着一种高度紧张并且彼此搅扰的张力(或曰矛盾),这种张力在整个过程中既支配着对外来哲学的渐次消化,也支配着对中国传统思想文化的重新阐释。在这样的张力未能在特定阶段上得到有效缓解之前,对于"中国—哲学"的巨大困惑就不会被真正消除,而未被消除的困惑就通过所谓"合法性问题"一再显现出来。因此,中国哲学的合法性问题可以说是来自特定的命运性处境所引发的困惑,这种困惑普遍地活动于近代以来中国社会生活和文化生活的几乎每一个领域,只不过关于"中国—哲学"——它牵扯整个文化、思想和精神领域——的困惑更加昭彰显著罢了。

(二)

在这样的意义上可以说,所谓合法性问题乃是"中国—哲学"对于自身的疑惑。这种疑惑一方面是意识到了由差别而来的矛盾,另一方面又意味着它还需要经历一个锻炼过程("文化结合的锻炼"过程)才可能使矛盾得到解决——克服、扬弃。一个或可类比的提示性例子是:在阐述政治经济学史时,马克思指证说,如果李嘉图的学说代表了古典方法的完成,那么,西斯蒙第的学说便反映着古典经济学"对于自身的疑惑"(西斯蒙第确实意识到了现代经济生活的内在矛盾,但还不能批判地克服这种矛盾)。就像政治经济学对于自身的疑惑成为政治经济学批判的先导一样,"中国—哲学"对于自身的疑惑也不是单纯消极的东西,相反,它意味着将自身置于使矛盾得以展开并得以解决的进程之中。

大体说来,这一进程是怎样的呢? 由于现代性在特定阶段上的绝对权力,中国自近代以来的学术——这里主要指人文学术和社会科学——是从总体上进入一种对于外部学术的"学徒状态"中去了。就像中国的历史性实践不可避免地开展出波澜壮阔的现代化进程并取得无数成果一样,中国学术的学徒状态在"世界历史"的处境中不仅是必然的和必要的,而且是积极的和成果丰硕的。这种学徒状态在大规模的、史无前例的对外学习过程中取得的收获和成长是如此巨大,其意义是如此深远,以至于可以说,如果不经历这样一种学徒状态,当今中国学术任何一个领域的现有基础和未来前景都是不可思议的。但是,任何一种学术的真正成熟,总意味着它要在特定的阶段上能够摆脱学徒状态,并开始获得它的"自我主张",从而成为柯林伍德所谓"自律的"或"自我-授权的"学术。近代西方哲学的前身曾长期处于理性神学的学徒状态,而笛卡尔关于"我思"的命题则标志着从这种状态的脱离并赢得它的自我主张。同样,现代历史科学是通过对历史理性的批判意识才摆脱了它对于自然科学的学徒性依赖,从而根据它的自我主张方始成为自律的科学。与这样的情形相类似,近代以来中国学术的发展也必然要经历一种学徒状态,然后才可能在特定的阶段上通过其自我主张来达成它的历史性成熟。"中国—哲学"对于自身的疑惑便活动于这一进程之中,并且一般来说是和学术整体上的学徒状态相一致的。

然而,中国学术经历它的学徒状态并成就其自我主张的进程,并不是一条直截轻易的坦途,恰恰相反,它必然要长久地经历"文化结合的艰苦锻炼"——不同民族间大规模的、意义深远的文化"碰撞"大抵如此。黑格尔在谈到古希腊文化的铸造时曾这样说过:彼时的希腊人既有自己的传统,又面临着当时地位更高也更强势的东方文化;正是由于经历了文化结合的艰苦锻炼,希腊人才获得了应有的活力,并开创出他们胜利和繁荣的时代。①关于这一进程,尼采讲述得更加清晰,他写道:在很长的时间内,希腊人似乎要被外来的东西压垮了,他们的文化是一大堆外来形式和观念的混杂——包括闪族的、巴比伦的、吕底亚的、埃及的等等,而他们的宗教则仿佛是东方诸神的一场混战。但希腊文化并没有因此而成为一种"机械的统一体"或一种"装饰性文化",因为希腊人听从了德尔斐神庙"认识你自己"这个箴言的指引,坚定而诚实地反省了自己真实的需要——这意味着,希腊人终于从这种真实的需要中锻造出文化上的自我主张。"由此他们逐渐学会了整理好这堆杂物,这样,他们又重新把握了自己,而没有长时间地背负着自己的遗产做整个东方的追随者。"②对于当今中国的整个历史性实践来说,特别是对于当今中国正在经历的文化结合的锻炼来说,没有什么比这个故事(尼采还将之称为"寓言"③)更具启发性的了。我们必须经历的学徒状态如何开始发育出它的自我主张,我们还在经历的文化锻炼如何避免其结果沦为机械性的或装饰性的文化,这是当今中国思想界和学术界已然面临的决定性任务,尽管这一任务的本质深深地植根于现实的历史进程中。

对于我们来说,经历文化结合之艰苦锻炼的明显标志是:举

---

① 参看黑格尔:《历史哲学》,第 210、214、222 页。

② 尼采:《历史的用途与滥用》,上海人民出版社 2005 年,第 98 页。

③ 关于这个"寓言",尼采写道:"我们每个人都应该听听这个寓言。一个人必须通过'反思'自己真正的需要来整理好自己内心的那堆杂物,他需要用自己性格中所有的诚实、所有的坚定和真诚来帮助自己对付那些二手的思想,二手的知识,二手的行动,然后,他才会明白,文化不仅仅是'生活的装饰'——也就是对生活的掩藏和扭曲,因为所有的装饰都会掩盖被装饰的东西。""这个寓言能使他们[怀疑者]再次恢复健康,并足以重新研究历史,且在生活的指导下用这个三重的方式——纪念的、怀古的和批判的方式来利用过去。"(同上书,第 98、97 页)

凡一切重大问题,无论是事关社会、经济、政治、文化、制度等问题,还是涉及观念、思想、精神、学术等问题,无不被置入一个极具争议的领域之中;而在这个领域中,各种争议围绕着旋转的那个枢轴,便是"古今、中西"问题。这样的争议有多么激烈,多么广泛,多么复杂,多么持久,总是意味着我们在"古今、中西"的主题上所要经历的锻炼有多么艰难,所面临的疑惑有多么巨大,所具有的意义有多么深远。就此而言,中国哲学的合法性问题属于这个总进程的一部分,只是由于它独特的中枢地位,其所历之考验更甚而疑惑尤深罢了。当这样一个进程的性质显现出来时,我们也就不难理解,为什么"中国哲学"对于自身的疑惑会长期存在并且不绝如缕,为什么中国哲学的合法性问题会一再现身并且反复不已。

(三)

"中国哲学"对于自身的疑惑,最为突出地表现在金岳霖先生 1930 年对"中国哲学的史"和"在中国的哲学史"的分别中。这样一种分别是基于对冯友兰(也包括胡适)先生所撰中国哲学史著述的反思做出的,它直到今天还经常被提及,并且时而被标识为"金岳霖问题"。问题及其根本性的困难被表述为:"如果一种思想的实质与形式均与普遍哲学的实质与形式相同,那种思想当然是哲学。如果一种思想的实质与形式都异于普遍哲学,那种思想是否是一种哲学颇是一问题。……'中国哲学',这个名称就有这个困难问题。所谓中国哲学史是中国哲学的史呢?还是在中国的哲学史?"[1]如果暂且撇开"史",这里形成对照的

---

[1]　冯友兰:《中国哲学史》下卷,第461页。

关键词就更加明晰了:"中国哲学"和"在中国的哲学"。后来引用这个对照的谈论往往将之当作一种已然分明的界说或结论,仿佛"中国哲学"一词常属误会,而实际上言说的不过是"在中国的哲学";或者反之,仿佛必先严防"在中国的哲学",以便遏阻其遮蔽从而捍卫纯正的"中国哲学"。

但是,这样来理解问题恐怕是过于简单了。因为:(1)困难是来自"中国哲学"这个名称。如果能轻易地认定"中国—非哲学",那么困难当然就不存在了——但看来事情并非如此。(2)此间用作衡准的东西叫"普遍哲学",但普遍哲学是一个"总的类称"即一个"虚位"呢,还是外来哲学特别是西方哲学呢?如果是前者,"中国哲学"似乎问题不大;如果是后者,就易于用他者的"成见"来强制"中国哲学"了。(3)因此,金先生是充分意识到了这里的困难并表达了他的疑惑:"中国哲学"和"在中国的哲学"大体被看作当下写中国哲学史的两种根本"态度",但这两种态度皆存固有之困难——前者因时代与西学的影响,"恐怕不容易办到";后者则或因近代哲学的成见而"不免牵强附会",或因"同情"的偏向"遂致无形地发生长短轻重的情形"。①由此可见,所谓"金岳霖问题",与其说是一种明确的分辨性结论,毋宁说是借某种分辨指示出我们所遭遇的困难之所在。这种困难的本质来历使我们不能不面对"中国哲学"的合法性问题,并且在问题进展的中间阶段不能不时常表现出"中国—哲学"对于自身的疑惑。一般抽象意义上的"普遍哲学"并不会引起真正的烦难,问题在于西方哲学在特定阶段上——由于现代性在这一阶段上的权力——获得了"普遍哲学"的外观。如果说,黑格尔通过绝对

_____

① 参看冯友兰:《中国哲学史》下卷,第461—462页。

观念论似乎已经绝对地建立起了"普遍哲学",那么,这样一个海市蜃楼很快就訇然坍塌了。即使是晚年谢林也已清晰地意识到:"……如果说迄今为止,哲学里面确实存在着民族的对立,那么这个分裂情况只不过表明,那种可以促使人类本身达到自我认识的哲学,那种真正普遍的哲学,迄今都还不存在。"①

如果说"中国哲学"对于自身的疑惑在特定的学徒状态中是不可避免的,如果说,从学徒状态通达自我主张的道路必经文化结合的艰苦锻炼,那么,中国哲学的合法性问题就须在这一进程中去索取使问题得到解答的钥匙。对于中国来说,经历大规模文化结合的锻炼并不是第一次,我们可以从佛教的中国化(虽然性质和情形有所不同)进程中去获得多重的积极启示。进而言之,由于学术的发展进程又与历史性的现实本质相关,所以,当我们的历史性实践抵达特定的转折点时,我们的学术也将——或早或迟——迎来它获得自我主张的根本性转变。中国哲学合法性问题的解决将从这种转变中取得最具决定性意义的强大动力。因此,本文在理论上开展出来的初步探讨,只不过是为这样的转变做某种准备罢了。

另一方面,我们由此也意识到,本文试图进入的那个问题领域,却是题材重大和意义深远的。如果说"哲学"在形式方面意味着文化的主干、思想的母体和精神的核心,如果像海德格尔所说的那样,一切本质的和伟大的东西都从人有个家并且在传统中生了根这一点产生出来,那么,理解中国传统文化、思想、精神的本质,亦即在这个主题上去把握"中国哲学"的基础定向和根本特征,对于我们必经现代化洗礼的传统重建和未来筹划而言,

_____

① 谢林:《近代哲学史》,第 241 页。

将具有至关重要的意义。本文还只是从单纯形式的方面以及指认基础性领域的方面来涉及主题，还完全未曾去触动实体性的内容与差别，也就是说，还只是从最抽象的起点开始。我们的下一篇论文将试图探入差别，以便从抽象的开端渐次进入具体化研究的行程之中。

论不同的文明类型及其哲学定向

    任何一种文化或文明,都包含着可以被区分开来的诸多方面,以及按一定方式来加以区别的各个部分,而所谓文化或文明,就意指所有这些方面或这些部分的"总体"。在这样的总体中,那历史性地成熟起来并具有基本定向作用的东西,就是最广义的"哲学"(就像我们时常会把某人的所思所想、所作所为的特定取向称之为"某人的哲学"一样)。在《重论"中国哲学"的合法性问题》一文中,我们把"中国—哲学"的特定勾连置于"世界历史"的基本处境中,并将哲学之单纯形式的——因而是抽象的——含义表述为:文化的主干、思想的母体、精神的核心。

    由于这样的表述尚不涉及哲学的实体性内容与差别,也不涉及它的历史性起源与生成,所以不过是一个完全抽象的起点;而任何一种试图通达内容与差别的思想行程,都不能不要求超出这种抽象的起点,也就是说,不能不要求由之而来的具体化。没有这样的具体化,就根本不可能真正触动中国传统文化、思想、精神的实体性内容,就根本不可能估量这种内容在"世界历史"处境下的地位,更遑论在决定性差别的意义上去把握中国哲学的本质特征了。因此,本文的任务是:揭示出"哲学一般"向着具体化理解的初始过渡,以便使特定的哲学——在诸文明体系中发育起来并成为其本质定向的哲学——被置于必要的规定之中,使这些特定哲学的真实内容与差别能够映入我们的眼帘,并开始进入理论把握的视域中。

一、"世界精神"的具体化:民族精神

(一)

为了在思想的行程中开始一个从抽象到具体的步伐,以便能够深入中国哲学的实体性内容并把握这一哲学与其他哲学的实体性差别,就需要先行具有某种哲学—理论的准备。就我们探讨的主题来说,这种理论准备的阐述从黑格尔开始是颇为适宜的:不仅因为黑格尔哲学在原则高度上决定性地论述了思辨具体化的整个纲领,而且因为文化理论或历史理论的当代演进都和黑格尔哲学——无论是与之接近还是与之分离——有着关乎本质的联系。

在"世界历史"的主题上,黑格尔特别通过"民族精神"的概念,来展开其普遍者的具体化。作为普遍者的"世界精神"不仅是自我活动的,而且这种自我活动同时就是"差别的内在发生";也就是说,世界精神在它的活动中自身差别化为特定的民族精神,并通过特定的民族精神来体现、展示和实现世界历史的普遍性。在这个意义上,抽象的普遍性是必须被扬弃的,世界精神除非在特定的民族精神中被具体化,它才是真正的(作为真理的)普遍性,亦即深入特殊之中,把握住特殊并且由特殊来供养的普遍性。只有在这样的具体化行程中,特殊才作为普遍性的一个"原则",作为对普遍性来说是肯定的东西积极地显现出来。"在历史当中,这种原则便是精神的特性——一种特别的'民族精神'。民族精神便是在这种特性的限度内,具体地现出来,表示

它的意识和意志的每一个方面——它整个的现实。……所谓一种肯定的特殊性,在事实上构成了一个民族特殊的原则,就是我们必须从经验上去体会、从历史上去证明决定的一方面。"①正是通过由"民族精神"而来的具体化,黑格尔不仅指证了世界历史进程不同阶段的本质来历(不同阶段所具有的特殊原则是由特定的民族精神来提供、来承担的),而且揭示出民族精神的实体性内容与差别对于世界历史的普遍者来说是本质重要的和不可或缺的:不同民族精神的实体性内容与差别,构成世界精神展开其活动的基础性实存领域。

虽然以"民族精神"为取向的思辨具体化一度决定性地提供了把握不同文化或文明的思想动力,但是,就像这一具体化纲领在一般理论活动中还较少被真正消化一样,它所具有的深远意义在流俗的学术中远未得到恰当的理解。这当然不是说,离开了思辨哲学的具体化,我们就无从知晓不同的文化或文明了——人们固然知道存在着不同的文化或文明,并且也经常不断地谈论诸如此类的事物;但全部问题的焦点在于:抽象普遍性在学术—理论中占据了统治地位(这就是在现代成为"绝对势力"的知识样式,即知性知识),而只要抽象的普遍性不被超越或扬弃,那么,不同的文化或文明(更加广泛地说来,作为"事物自身"的一切)就根本不可能在学术—理论中呈现出来并同我们照面,也就是说,根本不可能得到学术—理论上的切近把握。

之所以如此,是因为知性的知识停留于抽象的普遍性之中(认这种普遍性为"绝对"),并且仅仅知道将这种普遍性运用到——先验地强加到——任何对象、任何内容之上("外在反思"

---

① 黑格尔:《历史哲学》,第 59 页。

或"知性反思")。这样一来,抽象的普遍性就褫夺了"事物自身"的实体性内容以及它们之间的实体性差别,从而使特殊与个别消失得无影无踪。于是,满足于抽象普遍性的学术—理论便沦落为同一公式或同一教条之"千篇一律地重复出现"。正如黑格尔所说:"如果认知主体只把唯一的静止的形式引用到现成存在物上来,而材料只是从外面投入于这个静止的要素里,那么这就像对内容所做的那些任意的想象一样不能算是对于上述要求的满足,即是说,这样做出来的不是从自身发生出来的丰富内容,也不是各个形态给自身规定出来的差别,而勿宁是一种单调的形式主义。"①

很明显,由于抽象的普遍性被当作"唯一静止的形式",并且被强加到"现成存在物"上去,所以这里就不再有事物的"自身",不再有事物的自我活动,不再有真正的实体性内容,而仅剩下作为单纯质料的"杂多",以便来展现并印证那唯一静止的形式(即同一公式)在杂多表面上所实行的征服和凯旋。同样明显的是,当满足于知性(即满足于抽象普遍性及其外在反思)的学术将同一公式任意强加给不同材料时,虽然只是获得了一种"无聊的外表上的差别性",但却误以为自己已经占有了实体性的内容与差别,就像今天依然占据主导地位的知性知识似乎认为自己真能触到并能把握住事物自身一样。在这里,思辨的具体化(即思辨的辩证法)意味着什么呢?它首先意味着超出知性知识的有限性,意味着扬弃抽象的普遍性,意味着克服知性知识的主观主义和形式主义,从而使事物自身——它们的实体性内容与差别——成为可通达的。

---

① 黑格尔:《精神现象学》上卷,商务印书馆1979年,第9页。

只有在这样一种哲学变革的背景中，我们所谈论的"不同的文化或文明"才得以依其自身而具有实体性的内容，它们之间的不同才开始成为实体性的，并因而才可能在学术—理论中真正持立并得到积极的把握。与此相反，如果说，局限于外在反思的学术—理论只是把抽象的范畴、原则、知性规律等"形式"先验地强加到任何"内容"之上，那么，这里的内容实际上是无内容的内容，亦即与抽象形式同样抽象的单纯"杂多"，而这样的杂多是全然没有也不可能有任何真正区别的。"假如在这种主张里，存心要把各种区别指斥为不重要的或者非本质的，反思就会停留在各种抽象的范畴内，而将特殊的内容置之不顾，为了这些特殊的内容，在这种范畴之中就没有原则了。"①黑格尔称这种学术理论的方式只是采取"纯属形式上的观点和立场"，其实质不过是"诡辩论的现代形式"；因此，真正的哲学乃是"与知性反思的持久战"。②

（二）

只有在具体化开始实行的地方，不同的文化或文明才不再是由抽象范畴或知性规律所宰制的杂多材料，因而也不再是在学术—理论中不具有自身之积极生存的东西了。在思辨的具体化中，就像特殊与个别必须能够全面渗入并被整合进普遍性一样，世界精神是为特定的民族精神所鼓舞、所充实，并由之开展出所谓"世界历史"进程的。在这样的范围内，"民族精神"便构成诸文化或文明的实体，从而赋予不同的文化或文明在世界历史的展开过程中具有自身之独特的生存地位、活动性质和意义领域。也是在这样的范围内，黑格尔哲学卓有成效地指示出不

---

① 黑格尔：《历史哲学》，第61页。
② 参看海德格尔：《路标》，第519页。

同的民族精神——从而不同的文化或文明——在普遍的世界历史行程中所具有的、由自身而来的历史性生存。在这样的意义上,思辨的具体化最坚决地要求终止抽象普遍性对于诸文化或文明之本质特征的阉割或抹杀,从而要求学术—理论在如此这般的主题上能够积极有效地超出无头脑的外在反思。

此间的要义包括以下诸项。(1)特定的民族精神乃是一个汇聚其各个方面的整体,一个具有内在统一的有机体。每个民族都有其宗教、政体、民俗,有其科学、艺术、机械技术等等,而所有这一切都具有民族精神的标记,具有统一所有诸特质的"共同的特质",而这种共同的特质要被当作"一个民族特殊的原则"来理解和把握。[1]不仅如此,那"大于部分之和"的总体是一个具有内在统一结构的有机体:"精神对它所达到的自我意识每一特定阶段的原则,每一次都把它多方面的全部丰富内容发挥出来,宣扬出来。一个民族丰富的精神是一个有机的结构——一个大教堂,这教堂有它的拱门、走道、多排圆柱和多间厅房以及许多部门,这一切都出于一个整体、一个目的。"[2]当这一观点深刻地维护着特定文化或文明作为整体—有机体的存在时,它力图要加以遏止的正是抽象理智(形式的知性)对于有机整体的任意肢解和机械论丑化。

因此,(2)特定的民族精神有它的本质特性,而如此这般的特性之为本质的,正就意味着由特定的民族精神所贯彻的文化或文明根本不能被溶解到抽象的普遍性之中,因为只要这样的本质特性被祛除、被剥夺,特定的文化或文明就不再能够作为自身而持存。在黑格尔看来,精神的主要特质便是活动,以实现它

---

[1] 参看黑格尔:《历史哲学》,第 59 页。
[2] 黑格尔:《哲学史讲演录》第 1 卷,第 55—56 页。

自身的东西："一个民族的'精神'便是如此,它是具有严格规定的一种特殊的精神,它把自己建筑在一个客观的世界里,它生存和持续在一种特殊方式的信仰、风俗、宪法和政治法律里——它的全部制度的范围里——和作成它的历史的许多事变和行动里。这就是它的工作——这就是这个民族。"①在这种特性的范围内,一个民族具体的精神即特定的民族精神是自我活动的,它客观地规定并展开由之而来的各种事物的性质与意义。因此,举例来说,如果试图撇开民族精神的本质特性,仅仅根据抽象的普遍性而将一种国家制度先验地指派给某个民族,那么,在这里出现的就不过是单纯的主观想法而已——即使是拿破仑那般伟大的政治天才和军事天才,也无法把法国的自由制度先验地强加给西班牙人;"所以每一个民族都有适合于它本身而属于它的国家制度"②。

不仅如此,(3)作为有机的整体,特定的民族精神,从而特定的文化或文明,就像一个人那样(黑格尔经常运用这个比拟),是某种具有其生命节奏的生命体,确切些说,这样的生命体具有其自身的历史性命运。如果说,思辨的具体化要求将实体性的内容与差别本质重要地归属于特定的对象或事物自身,那么这种具体化就尤其史无前例地将历史性置入哲学之中,置入对特定对象、特定事物的哲学把握之中。因此,诸文化或文明不仅是实质地不同的,而且其自身是历史性的,也就是说,有它们的出生和成长,有它们的鼎盛时期和独特贡献,也有它们的衰老和死亡(黑格尔同样经常使用这类比拟)。在此意义上,那由民族精神而来的具体化,同时也就是由时代精神而来的具体化;就像不同

---

① 黑格尔:《历史哲学》,第 68 页。
② 黑格尔:《法哲学原理》,商务印书馆 1961 年,第 291 页。

的民族精神显现为并且标识着世界历史普遍行程的诸环节一样,这一普遍行程的不同阶段,便依其时代的性质来加以规定,并将特定的时代任务托付给特定的"世界历史民族"。于是,世界历史中的诸民族精神,便成为世界精神之诸阶段的各种形态。"一个民族的这种精神乃是一种决定的精神,而且,如前所述,也依照它历史发展的阶段来决定。因此,这种精神便构成了一个民族意识的其他种种形式的基础和内容……"①

对此我们想特别强调的一点是:就把握不同的文化或文明来说,思辨的具体化方案决定性地打击了局限于抽象普遍性的外在反思,摧毁了它的哲学根基并使之从此成为时代错误。抽象的普遍性自诩它能够全面地掌控整个"六合之内"和"古往今来"(亦即可以被先验地强加到任何对象、任何内容之上),但这种使得外在反思可以在其中恣意横行的全面掌控又意味着什么呢? 就像它对"六合之内"的权力来自弃绝事物本身——这里是诸文化或文明——的实体性内容与差别一样,它对"古往今来"的统治乃在于彻底湮灭诸文化或文明的历史性本质。一句话,抽象普遍性本身既是无内容的又是非历史的,而立足其上的流俗学术便自以为得计地沉湎于这样一种幻觉中:仿佛正因为这样的普遍性是无内容的和非历史的,所以它才能够高居于一切特定的内容和历史进展之上,并形成对它们的无限宰制和全面支配。

(三)

然而,当黑格尔辩证法的具体化纲领为理解和把握不同文

---

① 黑格尔:《历史哲学》,第48页。

化或文明提供出强大而具有决定性意义的基本思想时,这一哲学也同时暴露出它所固有的局限性。问题特别地关乎其思辨观念论的本体论(ontology)基础。在黑格尔哲学中,客观精神扬弃主观精神(主观思想或主观意识)并成为后者的真理。就此而言,抽象普遍性及其外在反思特别地属于主观意识的观点;而客观精神的真理性,只有在扬弃(超越、克服)这样的观点时才得以展开和实现。客观精神意味着:"……这是一种围绕着我们所有人,但谁对它都不具有一种反思自由的精神。这个概念的含义对黑格尔具有根本的意义。道德精神、民族精神的概念、黑格尔的整个法哲学——所有这一切都依赖存在于人类共同体秩序中的对主观精神的超越性。"①如果说,客观精神的概念在这里标示着哲学思想的重大变革,并对学术—理论形成了无与伦比的推动力,那么,思辨观念论却并不止步于此:在客观精神之上还有绝对精神。绝对精神乃是客观精神的真理,也就是说,客观精神本身被绝对精神所扬弃、所超越,并且只有在这样的扬弃或超越中才使自己获得真正的哲学证明。如此设定的"哲学证明"清楚不过地表明:思辨观念论在本体论上乃是绝对的观念论——绝对知识、绝对理念、绝对精神等等,而所有这一切的本体论根基乃是绝对者(唯一的实体),是绝对者的自我活动(作为实体的主体)。②

这样一种绝对的哲学立场是在现代形而上学的建制中最终达成的。虽然它在这一建制中使思想通达事物自身成为可能,使超出抽象普遍性的思辨具体化成为可能,但绝对者本身的根基却很快动摇起来并岌岌可危了。借用黑格尔的表达方式来

① 加达默尔:《哲学解释学》,上海译文出版社 1994 年,第 112—113 页。
② 参看黑格尔:《精神现象学》上卷,第 10 页。

说，"时代精神"已经从它那里扭头而去并且远离它了。于是，思辨哲学的本体论基础便在以下两个方面遭遇了特别的追究和尖锐的抨击。第一，由于所谓的绝对者无非就是"上帝"——基督教神学的上帝，所以正像费尔巴哈和马克思将思辨哲学批判地把握为"思辨神学"一样，几乎所有后来的哲学家都清楚地意识到并且指证了黑格尔哲学的神学性质（包括客观精神的概念与《新约》中"圣灵"概念的联系等等）。第二，由于思辨哲学将本质性置入《逻辑学》，亦即将绝对精神之最纯粹的展开形式确立在"逻辑学的天国"中，所以就像马克思把从《逻辑学》向《自然哲学》的过渡称为"思辨创世"、把《法哲学》和《历史哲学》叫作"应用的逻辑学"一样，另一些重要的思想家在黑格尔哲学的本质中明确地识别出"神—逻辑学"（Theo-Logik）或"存在—神—逻辑学"（Onto-Theo-Logik）。

上述两个方面确实构成黑格尔哲学本体论基础的决定性特征。以《历史哲学》为例，一方面，整个世界历史，作为精神的发展及其实现过程，乃是真正的"辨神论"（或"神正论"），亦即在历史上对上帝的证实。①另一方面，世界历史表现为"自由"意识在精神中的展开过程和依次实现，而作为概念的"自由"实具有一般逻辑的本性，亦即具有特别显著的辩证法的本性："……它本性的这种必然性，以及那一连串必然的纯粹抽象的概念决定——在逻辑中被认识出来。"②因此，当"神学精神"丧失其基本的统治力时，以绝对者—上帝为立足点的思辨哲学就不再能够真正持立了。黑格尔去世后不久，在青年马克思面前便展现出

---

① 参看黑格尔：《历史哲学》，第 426 页；《马克思恩格斯选集》第 1 卷，第 101 页。

② 黑格尔：《历史哲学》，第 59 页。

这样一个意义深远的历史性事件:"绝对精神的瓦解过程。"①在经历了这一瓦解过程之后,须得怎样来估价黑格尔哲学的庞大遗产呢? 在这里,海德格尔的一个极简的评论看来是很得要领的:"黑格尔的立足点和原则非同寻常之丰硕及其同时彻头彻尾的枯燥乏味——这种情况不再会发生也不再可能发生。"②

思辨观念论的立足点或原则之所以"非同寻常之丰硕",是因为它要求扬弃抽象的普遍性,要求克服知性的有限性,从而要求一种以社会—历史为基本取向的全面的具体化。而这样的立足点或原则之所以"同时彻头彻尾的枯燥乏味",是因为全部内容和差别归根结底乃是绝对者—上帝的自我活动,是因为一切事物及其展开过程的本质性最终被锁闭在逻辑学的天国中。如果说,思辨辩证法"……为了它自己的可能性而要求如其预先规定的那样来看待所有的存在者,在意义上将一切预先框在一个次序化的范围内"③,那么,在这里出现的正是似乎扬弃了一切抽象者的最抽象者(最枯燥乏味者)。最后,这种情况之所以"不再会发生也不再可能发生",是因为如尼采所说,"上帝死了";这意味着超感性世界——包括在绝对观念论中达于顶点的对这一世界的理性辩护——已经腐烂了,坍塌了,不再具有约束力了。④因此,对于我们的主题来说,亦即对于诸文化或文明实体的理论把握来说,那具有复杂面相的思辨观念论,特别地具有双重的——几乎是背道而驰的——意义指向:它既可以引导并推动深入于社会—历史之现实的"历史科学"(如马克思)或"精神科学"(如

① 参看《马克思恩格斯选集》第 1 卷,第 63 页。
② 海德格尔:《黑格尔》,第 49 页。
③ 海德格尔:《存在论(实际性的解释学)》,第 54 页。
④ 参看《海德格尔选集》下卷,第 770—771 页。

狄尔泰），也可能支持并怂恿各种形式的逻辑图式主义或超历史的"历史哲学"架构。无论如何，当黑格尔之后的思想大师尝试在新的时代精神中（亦即在神秘的绝对者已经"不在场"的时代处境中）来拯救并占有思辨观念论的伟大遗产时，流俗的学术倒是可以心安理得地返回抽象普遍性—知性反思的故居中，并开始弹冠相庆地将黑格尔"当死狗来打了"。

二、关于"文化"或"文明"的独特性和多样性意识

（一）

虽然在西方学术理论的谱系中，"文化"（culture）和"文明"（civilization）概念的出现前后参差，并且其含义也或有不同，但它们自近代以来却得到了日益广泛的运用与关注。布罗代尔在《文明史纲》中颇为精审地梳理了这两个术语的衍变。他指出，"文化"是一个古老的词，西塞罗就曾使用过该词的拉丁文形式，其含义与"教化"相一致，例如，"哲学是对心灵的教化"（Cultura animi philosophia）。而"文明"则是一个新词，由 civilise（开化的）和 civiliser（使开化）构成；它出现得比较晚，直到 18 世纪在法国也还并不引人注意。按荷兰历史学家赫伊津哈（J. Huizinga）的说法，是伏尔泰构想出了这个概念，并且第一次概述了"文明的普遍历史"。①就此我们可以顺便说说，或许也是伏尔泰首先提出了"历史哲学"的概念，它的对象领域是普遍的人类历史或世界通史；而"文明的普遍历史"以及"历史哲学"等观念的出现，无疑都与现代性的权力在特定阶段上开辟出"世界历史"一事具有最

_____

① 参看布罗代尔：《文明史纲》，广西师范大学出版社 2003 年，第 23—25 页。

关本质的联系。

按照布罗代尔的概述,大体说来,"文明"这个新词和"文化"这个老词在整个欧洲几乎形影不离,因此它们在很长的时间里一直是同义词。"文明"一词很容易地在德国扎根并风行起来,因为它同 Bildung(文化)的含义并行不悖;而黑格尔 1830 年在柏林大学就是交替地使用"文化"和"文明"这两个术语的。因此,虽说在欧美的不同民族和不同学术圈子中,对这两个术语的采纳或有轻重偏仄,但其基本含义并无太大轩轾,就像文化和文明都能既表示物质价值又表示精神价值(道德价值)一样。德语形容词 culturel 意指一种文明的全部内容——其文化财富(biens culturel)的总和。但值得注意的是,在这两个术语的特定比照中,"文明"这个新词具有一种晚出的含义:"就其新义而言,civilization 一般指与野蛮状态相对立的状态。一方面是开化的人,另一方面是原始的野蛮人或蛮族。即使为卢梭及其原则所钟爱的'高贵的野蛮人',也不能被视为开化的。"[1]就此可以补充的是:如果说文明一词的新义在某种程度上使得后来的人类学家倾向于用"文化"描述原始社会,而用"文明"表示现代社会,那么,这种新义的本质来历则在于现代性的权力所布局的基本的支配一从属关系:"正像它[资产阶级]使农村从属于城市一样,它使未开化和半开化的国家从属于文明的国家,使农民的民族从属于资产阶级的民族,使东方从属于西方。"[2]

然而,尤其值得注意的是,布罗代尔特别谈到了"文明"一词之单数形式和复数形式的不同意义。按照他的说法,"文明"一词是在 1819 年前后开始用作复数形式的,而在此之前一直是单

---

① 参看布罗代尔:《文明史纲》,第 24 页。
② 《马克思恩格斯选集》第 1 卷,第 277 页。

数形式。这个在历史学上被指出的年份也许并不特别重要也无须特别准确,它可以被提前,甚至被提前到非常久远——但即使那时早已在复数形式上使用"文明"一词,也不过是在"博物馆陈列"的意义上说的,而不是真正历史性的。具有决定性意义的转变是:在一个特定的时刻,"文明"一词的复数形式突破了我们通常的"旅行感受"而具有了本质的重要性。"今天,如果有人要求我们以单数形式定义文明,我们理所当然地很不情愿。事实上,使用复数形式意味着一种观念的逐渐式微——这个观念是一个典型的 18 世纪的观念,它主张存在文明这样一种东西,这种东西与进步的信念相关,仅为少数特权民族或特权集团(也就是人类的'精英')所拥有。庆幸的是,20 世纪在某种程度上已经摒弃了诸如此类的价值判断,人们难以确定——以什么标准——哪种文明最好。"①确实,这样一种意义深远的转变是实际地发生了,它使 20 世纪的主导性观念同前两个世纪明显地区别开来;这种转变突出地反映在所谓历史哲学(历史理论)和文化哲学的进展中,尽管这一进展的内部依然保持着多重张力,并且在意识形态方面和学术—理论方面的表现也并不是步调一致的。

(二)

在这样一种历史性的转变中,观念领域中尤为引人注目的事件是:"特殊主义"和"多元主义"的复活。我们说它是尤为引人注目的事件,是因为这样的观念自 20 世纪初以来几乎决定着整个历史—文化的哲学视野,并且也在很大程度上进入一般人的观念中;我们说特殊主义和多元主义的兴起乃是一种"复活",

---

① 布罗代尔:《文明史纲》,第 27 页。

是因为这样的观念早在例如维柯和赫尔德那里就已经得到了重要的(但却久已被遗忘的)阐述。在维柯看来,17世纪的新奇事物主要是自然科学,而他本人的目标则是创建一种人类社会的科学,即"新科学"。这种科学的对象是一个各民族组成的世界,即所谓"各民族世界"(il mondo delle nazioni),它是由所有的异教民族摆在一起来构成的世界。①在这里出现的是"民族精神""文化类型""发展模式"等观念:早期人类意识是通过民族精神产生的,特定的语言类型模铸人们活动的各个方面,并在总体上构成一种特定的发展模式。因此,如以赛亚·伯林的评论所说:"对人的正确研究需要关注人不断演进的特点以及他在其中得以具体化的模式。""每一种类型或者文化的必要特点不一定可以在其他的类型或者文化中找到,所以开始出现了有关人类经历和活动的'现象学'概念……"②

在这一主题上,赫尔德的影响和意义也许更为深远。因为他不仅赓续并且推进了维柯的基本观点,而且将之深深地植入德国思想界,从而使长期无人问津的"新科学"在德国观念论哲学中迎来它的繁花盛开。赫尔德指证说,人作为自然的生命,分为各种不同的种族;每一个种族是真正的有机体,它同其地理环境密切相关,并由这种环境塑造其原来的体质和精神特征;但这样的种族有机体一旦形成,便成为一种具有自己恒久特征的"人性类型"。柯林伍德就此评论道:"据我所知,赫尔德是第一个思想家,以系统的方式承认在不同人种之间存在着差别,而且承认人性并不是一致的而是分歧的。举例来说,他指出使中国文明

————————

① 参看维柯:《新科学》,人民文学出版社1986年,第135页;序言第13—16页。

② 伯林:《启蒙的三个批评者》,译林出版社2014年,第76、56页。

成之为中国文明的,不可能是中国的地理和气候,而仅仅是中国人的特性。……因此在历史中起决定作用的事实,并不是一般人的特点,而是这种人或那种人的特点。"①这一意义深远的变革思想在使赫尔德成为"人类学之父"的同时,有力地抨击了启蒙运动之单一固定的人性概念(赫尔德因此被称为"法国的启蒙哲学家及其德国门徒的对手中最令人生畏的人"),从而试图将抽象普遍的观念和知性反思一举逐出文化—历史领域。他不仅指认一切抽象观念对于历史来说都是危险的和误入歧途的,而且据此来拒绝将单一理想模型强加给现实多样性的狂妄企图。就像维柯反对笛卡尔派的知识论(数理物理类型的自然科学知识论)一样,赫尔德攻击休谟、伏尔泰和罗伯逊,因为他们仅仅以现代—欧洲的尺度来谈论并估价一切文明。

从一个方面来说,维柯和赫尔德的这些重要思想是被黑格尔积极地吸收了,并且还通过其庞大而严整的哲学体系影响、传播到学术—理论的几乎每一个领域。黑格尔的弟子甘斯博士在主编老师《历史哲学》讲演录时特别提到了维柯和赫尔德,绝不是偶然的,他们是作为这个领域的真正先驱者和贡献者而得到表彰与赞誉的。②如果说思辨辩证法包含着最高原则的具体化纲领,而这个纲领从根本上要求并指向一切事物的实体性内容与差别,那么,文明的特殊性和多样性,它们之间由此而来的生动联系和活跃过程,就不仅在哲学上得到了充分的承认和容受,而且实际地构成思辨普遍性——完全不同于抽象普遍性——得以展开自身的真正基础。

在这个意义上,在对立于抽象普遍性和"先天方法"的意义

---

① 柯林武德:《历史的观念》,中国社会科学出版社1986年,第103—104页。
② 参看黑格尔:《历史哲学》,序言第9—11页。

上,黑格尔是理所当然地赞同并捍卫诸文明之特殊与多元性质的:没有人比黑格尔更坚决地反对无内容的抽象和远离具体的普遍性了。因此,当黑格尔在历史哲学中通过"民族精神"开展出世界历史的具体化行程时,我们看到,诸文化或文明不仅被把握为特定的生命—有机体,亦即具有其生命节奏的诸"形态",而且被理解为由本质差别所设定的、作为不同环节的诸"类型"。例如,"如果说希腊人是友好地联合起来的,罗马人是作为盗匪抽象地联合起来的,那么在日耳曼人这里就绝对地存在两种不同的原则,存在一种双重的东西——这是绝对不同的、类型不同的形成过程——整体必须从这种双重东西中统一起来。在这里,类型不同的非等同性构成开端。在这方面表现出三个主要形态,其一是世俗形态,[其二]是德意志形态,其三是东方形态,即斯拉夫形态"①。由此可见,"民族精神""有机体""形态""类型"等术语,构成黑格尔具体地把握和描述特定文明的基本概念。

然而,从另一方面来说,尽管黑格尔哲学将诸文明之特殊与多元接纳到思辨体系之中,并将内容与差别的具体化提升到绝对者自我活动和思辨逻辑的高度(按海德格尔的说法,提升到一个不可能更高的立足点),但绝对形而上学的体系本身却在使普遍者—无限者神秘化的同时,最终压杀了在绝对的体系中被规定为纯全有限性的经验领域(被流放到注脚中去的阴影领域),并且用体系的绝对性——绝对的源头和目的、预先规定的次序化——最终窒息了有限性领域的特殊与多元,使其意义消失在不断将其克服(扬弃)的无限者的无限活动中。正是在这个意义

① 黑格尔:《世界史哲学讲演录》,商务印书馆 2015 年,第 380—381 页。

上,海德格尔说,黑格尔归根到底恰恰是将有限性从哲学中驱逐出去了;"我们必须追问,难道不正是黑格尔的无限性本身产生出了这种顺带的有限性,以便回头将之消灭殆尽"①。这样的追问,当然只有在"绝对精神"已然解体之际才会发生。如果说,19世纪末20世纪初在文明或文化主题上再度出现了特殊主义和多元主义意识的普遍抬头,那么,它们就整体而言总意味着在哲学上同绝对观念论的脱离。这样的脱离往往倾向于将黑格尔视为特殊主义和多元主义的反面——这无疑是有道理的,并且无疑在哲学上既可以是较为深刻的(对思辨辩证法的批判性占有),也可以是非常肤浅的(外在反思的退行性复辟)。

（三）

由于从绝对观念论的体系中摆脱出来,所以20世纪的特殊主义和多元主义(如果可以这样称呼的话)在某种意义上似乎更加接近于维柯和赫尔德的观点。看来以赛亚·伯林正是在当代的背景中来解说那些久被遗忘的观点,以至于它们在今天听起来仍能激起许多共鸣。赫尔德对后世构成积极动力("爆炸性潜能")的东西,首先在于他对18世纪理性神话的激进攻击。其中的一个神话是:某个特定部落的文化具有优越性——上帝选民(Favoritvolk),我们今天会称之为欧洲中心主义。另一个神话是平稳进步的神话,适合于今天的称呼或许是:抽象普遍的、单线的、无限制进步的神话。关于前者,赫尔德的说法是:每一种文明,全部的人与社会,只有作为其本身时才是好的;对于文明来说,个性和多样性才是一切;所有文明——无论是历史上所呈现

———————
① 海德格尔:《黑格尔的精神现象学》,南京大学出版社2018年,第50页。

的,还是今世所并存的——都是不可通约的。"……人类文明不是欧洲人的文明,它按照时间和空间在各个民族中显现自己。"①关于后者,赫尔德坚信,进步是存在的,但每一种文化,每个社会,都以其自身的方式来取得发展。"我们这个时代一般、哲学、慈善的倾向,试图把关于美德和幸福的'我们自己的理想'扩展到每个偏远的民族,甚至扩展到历史上最遥远的时代……并从而虚构了'世界的普遍进步'这个臆想之物。"②从理论上来说,这个纯全抽象的臆想之物,一方面把各种不可通约的文明强行摆置到"某个单一的进步或倒退的天平"上(甚至可以据此来为它们精确打分),使它们刚好被塞进一个公式或一个体系中,从而剪除并夷平其所有本质的差别和独特性;另一方面则支撑着现代—欧洲文明无限优越和无限发展的意识形态幻觉,这种幻觉设想单线的进步最终将剿灭全部文明的特殊性和多样性,并从而唯一地造就出一种无差别的、齐一的文明(仿佛这个世界上最终只会剩下唯一的一个物种似的)。

那沉重地打击了这种幻觉并广泛复活了文明之多样性意识的历史性事件,是第一次世界大战。尽管这一事件在人们的视野中似乎已渐行渐远,但正如伽达默尔将之把握为 20 世纪的真正开端一样,它标志着一种划时代的历史性转变。20 世纪固然继续着 19 世纪已经建立起来的东西,"然而,伴随着第一次世界大战,也出现了一种真正的划时代意识,它把 19 世纪牢牢地归入过去的范围之中。这种说法不仅在以下意义上说是正确的,即资产阶级时代把对技术进步的信仰同对有保证的自由、至善

---

① 转引自伯林:《启蒙的三个批评者》,第 240 页。
② 转引自同上书,第 232 页。

至美的文明的满怀信心的期待统一起来,但这个时代已经终结"①。由这一历史性转折而来的深刻变化,可以从下述事实中观察到:前此被置于沉默包围之中而完全不被理解的"尼采的呼声",在大战之后几乎是一夜之间就被人们听明白了。而这一历史性转折在多大程度上波及并刺激到中国,不仅可以从当时知识分子的思想震惊和观念激荡中领略到(参看梁启超先生的《欧游心影录》),而且尤其展现在巴黎和会的后果中——这一后果强有力地影响到近代中国的历史性进程(五四运动以及由之作为开端的新民主主义革命)。

无论如何,在这样一种时代处境中,文明的独特性和多样性意识是普遍地觉醒了:它既表现在 20 世纪广泛的民族独立运动中,也表现在人们的一般观念中。尽管现代性的意识形态和占主导地位的知识样式(知性知识)依然统治着流俗的学术,并且其实质总是明目反对或暗中扼杀文明的独特性和多样性意识,但这样的意识已经不可遏制地在任何可能的地方涌现出来——或者在博物馆观点的意义上,或者作为学术理论的新趋势。而导致这一广大转变之最关本质的根据是:现代性本身的历史限度正在不可避免地显现出来,或如马克斯·舍勒所说,所谓"资本主义在全世界的胜利进军"已开始触到自己的"内在边界"。这种情形甚至使得落后国家中的先进分子也开始意识到,"……西欧作为信使把资本主义'精神'作为自己最后的光束带给这些国家,而这一精神之根,就是说,在西欧的中心本身,这一'精神'正在慢慢衰亡"②。

---

① 加达默尔:《哲学解释学》,第 109 页。
② 《舍勒选集》下卷,上海三联书店 1999 年,第 1261 页。并参看第 1260 页。

　　如果说,这样一种历史性转变确实沉重地打击了欧洲中心主义,那么,文明的独特性和多样性意识的广泛兴起也就变得容易理解了。而且,确实如伯林(或许还有《东方学》的作者萨伊德)所观察到的那样,"一切反对欧洲中心主义的源头都是欧洲本身"[1];但这种观察的正确性与其说在于诸多思想资源(伏尔泰、温克尔曼、布兰维利耶等)的开启,毋宁说尤其在于世界历史正在发生的重大变局。但这里仍应充分注意到的本质差别是:如果说,欧洲的佼佼者由于能够更加切近地感受这种历史性变局的意义,因而得以充任"反对欧洲中心主义的源头",那么,对于欧洲以外的先进分子来说,即便他们同样把握到了这种转折的重大意义,但他们同时还面临着——并且要承担起——自身之未竟的现代化任务呢!

三、哲学之为"文明的心脏"

(一)

　　虽说关于文明的独特性和多样性意识一般地构成基础性的背景,但本文则更加关注这种意识的学术—理论表现。与以往的情形非常不同,20世纪众多学科的出发点直接就是文化或文明,而且是诸多独立的、自成一体的、赋有本质特征的文化或文明。举例来说,汤因比的大著《历史研究》开宗明义就指出:历史的主题乃是人类的某些基本单元——诸"文明"或诸"社会":西方基督教文明、东正教文明、伊斯兰文明、印度文明、远东文明(还有两个现已灭亡、看似化石碎块的文明)。这样的文明或社

---

① 参看伯林:《启蒙的三个批评者》,第183页。

会自身构成一个整体—有机体，从而并列地——共时地和等值地——形成一些"共同体类型"。它们绝不对应于现代民族国家，相反，它们的规模要大得多，数量要少得多，而性质要恒久坚固得多，也就是说，文明所形成的统一性乃是"品种"或"类型"的统一性。

这样一种历史哲学的出发点，本身就意味着同西方中心主义立场的分道扬镳，所以汤因比立即就指证了这种错谬立场的三个来源：（1）自我中心的错觉；（2）"东方不变"的错觉；（3）直线进步的错觉。正是这种对文明统一性的错觉，在意识形态上把非西方的文明视为"土著"（natives，这个英语单词在其他西语中也有其对应词），似乎是某些真正的"人类"偶然碰到了当地的野兽种群或动植物一样，并且因此意味着可以"消灭"它们，可以"驯化"它们，或者可以真诚地希望对它们"改良品种"。①但是，汤因比指出，我们现在意识到的是：这样的立场是全然没有任何根据的。迄今历史观察始终显示着文明类型或社会单元的坚韧性、统摄力和中心作用。"尽管在为生存进行的斗争中，西方把与之同时代的各个社会驱至墙角，并把它们束缚在西方经济和政治发展的蛛网当中，但它还没有解除它们各自特色鲜明的文化的武装，尽管它们受到沉重的压迫，但它们仍然可以称它们的灵魂是属于自己的。"②因此，历史研究的"基本单位"既不是民族国家，也不是人类整体，而是若干个不同的——有其自身本质特征和生命活动的——文明类型或社会类型。

与《历史研究》的出发点颇为类似但影响更大、在哲学上也

① 参看汤因比：《历史研究》，上海人民出版社 2010 年，第 39 页。
② 参看同上书，第 10 页。

更深入的另一个例证,见之于斯宾格勒的《西方的没落》。这部著作的核心观点是:(1)人类历史乃是一些强有力的生命历程的总和,而展现这些生命历程的承担者,则是若干个被称为高级实体的文化或文明(如"古典文明""中国文化""现代文明"等等)。它们是一些有机的生命体,因而有其诞生和死亡,有其青春和老大,有其自身的生命周期。为了突出地强调它们的生命周期,斯宾格勒独特地定义了"文化"和"文明",前者乃是周期性有机过程的早期阶段、青春期(原始的"母土"),而后者则是这一过程之不可避免的终局、僵化形式(石化的"世界都市")。①这样的分别使我们想起尼采的格言:"生命终结处,必有规则堆积。"(2)文化—文明的这种生命性质,使得所有的历史都基于一般"传记性的原型"(biographic archetypes)之上。认识死板形式的方法是数学定律,而认识活生生形式的方法,则是相似的类比或拟喻(Analogy)。以往对历史的处理,完全出于自然科学(物理学)的方法,因而不过是一种变形的自然科学而已。但这里必须分辨的是,除了因果的必然,生命拥有另一种必然——有机的必然,即命运的必然;数学及因果原理适合于现象世界的自然秩序,而编年学及命运的观念则导致生命图像中的历史秩序。②由之而来的是,这种"新的哲学"将扩展为一种世界历史的"形态学"(Morphology)——通过类比或拟喻展现世界历史的有机结构。(3)按照这样一种形态学,诸文化是一些独立并存的、由其"种类特性"所决定的有机体,并从而展现其自身的生命韵律、形式、持续和所有表现细节,就像尼采要求把一个民族的文化描述为"一个真

---

① 参看斯宾格勒:《西方的没落》,黑龙江教育出版社 1988 年,第 1—2、28—30 页。

② 参看同上书,第 2、4—5、93—94 页。

正意义上的有生命的统一体"一样。每一文化有各自的自我发展形式,有各自的自我发展的可能性——它的兴起、成熟、衰老和败亡。"我把世界历史,视作一幅漫无终止的形成与转变的图像,一幅有机生物的奇妙的成长与萎缩的图像,而一般职业历史学家,却相反地,把它视作一种不断地在每一时代里,增加自己长度的涤虫一般。"①(4)因此,世界历史的形态学便在"直线进化"和"西欧中心"的观念中看到自己的对立面,因为这样的观念所构造出来的历史空壳夺去了全部文化生命体的"自给自足的现象":"为了维持此一苍白无力的架构,我们不是已以窘涩的态度,把巨大而复杂的印度及中国文化,全部放进了历史书的注脚之中?"②这是一种荒谬的关于世界历史的"托勒密系统",而在与之相反的"哥白尼系统"中,亦即在形态学的系统中,西方古典文化相对于其他文化来说没有任何特殊地位,它不过是并列存在于印度、巴比伦、中国、埃及、阿拉伯及墨西哥文化之旁;而每一高级文化的个体,都各是一个"独立而自足的历史"——各自展开其盛衰的周期,各自经历其历史性的命运。③

斯宾格勒的文化—历史哲学确实存在明显的缺陷,历史被看作诸文化完全自给自足的个体单位的一一相续,"一种文化和另一种文化之间没有任何积极的关系"④。这就会错失或淡忘现代性在特定阶段上的绝对权力,正是这种权力开辟出普遍的世界历史,并从而导致"地球和人类的欧洲化"。但斯宾格勒的哲学同时也强有力地揭破了现代西方文明具有超历史的普遍性外

---

① 斯宾格勒:《西方的没落》,第20页。
② 同上书,第14页。
③ 同上书,第14—15、25页。
④ 柯林武德:《历史的观念》,第208页。

观,正是由这种外观引起的幻觉,将特定阶段上的权力伪造成抽象的普遍性,仿佛它是一种可以统治"古往今来"和"六合之内"的自然规律似的(参看马克思)。因此,从理论上来说,非但那仅仅适合于外在反思的抽象普遍性必须从文化—历史的领域中驱逐出去,而且黑格尔式的、最终被神秘化和绝对化的思辨普遍性——"绝对精神"的高头大马在它的旅途中征服一切,并在"辩神论"的凯旋中将一切作为自己的俘获物——也是没有根据的。而从理论的展开方式来说,诸文化或文明(同样经常的用法是:诸社会)作为整体的有机性质、它们的实体性内容与差别,以及它们自身的历史性活动的展开,理所当然地要求被综合到把握"世界历史"的理论视域之中。

(二)

因此,在 1923 年的讲座中,海德格尔对当时的历史意识状况做了如下概括:虽说尼采、狄尔泰、柏格森和维也纳艺术史学派已经做了先行的准备,但正是斯宾格勒在这个领域中做出了真正的推进,即提供了一种看待过去或解释历史的前后一致的表达方式。由于文化的各个部分都是通过作为主体的"文化精神"的对象化存在来显示的,所以,文化就在这种对象化存在中被铸成"形态"(Gestalt)。各种文化形态的表现,于是取得了这样一个最终的"存在定义":文化是一个有机体,一个展示自身生长、成熟、衰落的独立的生命。因此,"作为一个与自己的生命相关的完整的有机体,一种文化(这种文化的多样性)基于它自身。在这种来自传统并且处于某种解释中的文化多元性里,每个人都根据他最本己的存在特征与所有其他人(像植物一样)同等,根据它的存在,没有任何过去的此在在存在方面优于其他此在,正如一种文化一样,其他文化也会出现"①。

这样一来,历史研究就会被赋予另一种普遍性,一种完全不同于知性反思和思辨反思立足其上的普遍性:文化的多样性——这些文化本身在存在者层次上(ontisch)的相互等同——在形态学上的普遍性,或"普遍的比较形态的方法",而在这种方法中起主导作用的是"同源""相似""同时""对照"等关系范畴。②海德格尔显然还不能满足于这样一种哲学的普遍性,因为贯穿其中的历史意识确实有理由被指责为历史主义的相对主义。但这种指责在"今日哲学"中立足于何处呢?它立足于"野蛮人的柏拉图主义",即一种缺乏柏拉图思想的真正根基,却将秩序关系置入一种一维的、平面的和静态的柏拉图主义的框架之中③(这可以看作流俗学术的基本特征)。在这样的对立中,海德格尔坚决地维护了历史意识,但此种维护正在于要求赢得一种占有了历史意识的客观性,一种既超越"野蛮人的柏拉图主义"又超越思辨辩证法的普遍性。在某种意义上可以说,海德格尔"实际性的解释学"以及由之而来的思想探索,正是在这条道路上行进的。

在这里还可以简要提一下的是,与斯宾格勒的形态学几乎同时的类型学(Typology),其主要代表是韦伯、特洛尔奇、松巴特和舍勒。尽管形态学的方法和类型学的方法甚为不同(在这里尤其令我们想起1920年斯宾格勒同韦伯在慕尼黑的那场著名争论),但两者在体现时代精神的转变方面却是颇多一致的。就类型学的方面来说,(1)历史文化的主体(特定的文化单位)被

① 海德格尔:《存在论(实际性的解释学)》,第49页。
② 参看同上书,第50—51页。
③ 参看同上书,第54—56页。

把握在具有本质差别和本质特征的不同"类型"中，无论是同时代的不同主体，还是古代和现代的不同主体，都应当而且能够通过全面的类型学分析而得到深入的本质透视和整体理解。"不论我探究个人、历史时代、家庭、民族、国家或任一社会历史群体的内在本质，唯有当我把握其具体的价值评估、价值选取的系统，我才算深入地了解它。我称这一系统为这些主体的精神气质（或性格）。"①

不仅如此，（2）类型学中被称为精神气质、心态或性格（也更经常地叫作"精神"）的东西，意指遍及该文化单位之整体并主导其各个方面的内在本质；而心态的类型，特别是通过"体验结构"（价值偏爱系统［Wertvorzugssystem］）来规定的，例如古希腊型、古印度型、基督教型和现代型等等，它们之间——特别是现代类型与古代诸类型之间——有根本结构上的、决定性的差异。在某种意义上，心态类型接近于形态学所谓"……精神"，即在独特的整体或生命形态中作为灵魂起作用的东西，也接近于布罗代尔所谓"持续存在于一系列经济或社会之中、不易发生渐变的某种东西"（世界观、心态、精神氛围之类）②；或者也在较为一般的意义上，类似于马克思所说的"犹太精神"（Judentum，或译"犹太本质"）③，类似于黑格尔所谈论的"希腊精神"和"埃及精神"，以及希腊世界中的"雅典精神"和"斯巴达精神"。

最后，（3）特定的文化主体乃是一个"完整的生命"，或一系列"更加漫长的年轮和事件"，它所反映的乃是其自身的独特"命

① 《舍勒选集》下卷，第 739 页。
② 参看布罗代尔：《文明史纲》，第 54 页。
③ 参看《马克思恩格斯全集》第 3 卷，人民出版社 2002 年，第 191—193、198 页。

运"。命运与所谓知性规律全然不同，因为正是该主体的"性格"（精神气质）支配着它的整个命运内涵的进程；如果说个人的生命大多由命运构成，那么民族的生命则完全由命运构成。①于是，这样的主体—性格类型便时常被称为"……精神"。韦伯将如此这般的"精神"称之为"历史实体"（historisches Individuum），"……也就是说那必定是个在历史真实当中的各种关联的复合体，是我们就其文化意义的观点在概念上总缩成一个整体的那种实体"②。而韦伯、松巴特、舍勒等人在这方面最为闻名且成绩卓著的研究主题，则是"资本主义精神"，或"精神气质的现代类型"。

（三）

如果说，不同的文化、文明或社会——它们是作为独特的有机体表现为不同的生命形态或精神类型——要成为文化—历史研究的基本立足点，那么，不同文化、文明或社会的中枢就必须被捕捉到并被揭示出来，就像不同的生命形态或精神类型的原则要得到明确的把握和整全的阐述一样。这样的中枢或原则大体就如布罗代尔所说是作为深层结构的"文明的心脏"，并因之赋予特定文明以"基本轮廓和典型特征"。③在最为一般的意义上，尽管存在着相当不同的观点、主张和立场，但那作为"文明的心脏"——供养其每个器官并从而获得其整体生存——的东西，确实可以被大致概括为最广义的"哲学"；就像人们的日常言说那样，"哲学"可以被用来表示一个人、一个民族、一种文明的内

---

① 参看《舍勒选集》下卷，第 743、746 页。
② 韦伯：《新教伦理与资本主义精神》，广西师范大学出版社 2010 年，第 23 页。
③ 参看布罗代尔：《文明史纲》，第 48—49 页。

在性质和总体取向,也就是说,被用来表示其全部特征从中获得滋长的持久源泉,以及所有行为围绕着旋转的隐秘中心。如果像我们在前面提到的论文中已阐述的那样,哲学之单纯形式的含义是指文化的主干、思想的母体和精神的核心,那么,这种含义基本上是可以和此间讨论的主题相契合的。只不过当特定的文化或文明要被当作研究的基地或立脚点时,它们的实体性内容和差别就是本质重要的、不可予夺的;"哲学"之单纯形式的理解来自抽象化,而这里要展开的工作则是具体化,尽管这样的具体化在本体论的立脚点上已经疏离了思辨体系的具体化方式。

因此,在较为一般的意义上,特定的哲学要求被理解为特定的民族精神——从而特定的文化或文明——的主脑、心脏。正是黑格尔突出地并且有力地指证了这一点。黑格尔的儿子查理在《历史哲学》的二版序言中说,这部讲演录的基本思想是:哲学的观念乃是历史的真实的"核心",是世界历史民族的"灵魂";而在讲到中国和印度时,黑格尔想要借此表明的是,哲学何以能有助于理解"一个民族的性格"。①同样,在《哲学史讲演录》中,黑格尔指出,不是一般的哲学,而是某一特定的哲学出现在某一特定的民族里面;而这种哲学思想所具有的特性便是贯穿在"民族精神"一切其他方面的同一特性。一个民族的丰富的精神是一个"有机的结构",具有许多的方面和形式,"这多方面的全体都反映在哲学里面,以哲学作为它们单一的焦点,并作为这全体认知其自身的概念"②。

因此,在解释黑格尔的具体化观念和文化观念时,海德格尔写道:"作为普遍的秩序,哲学包含文化的整体,哲学是文化诸体

① 参看黑格尔:《历史哲学》,序言第 17 页。
② 黑格尔:《哲学史讲演录》第 1 卷,第 56 页。

系的体系。"①这个简要的评论或许可以从两方面来理解。一方面,黑格尔的具体性观念得到了高度肯定——特定的哲学包含并且反映特定文化的整体("黑格尔对他所谈的具体事情比其身后所有建构体系的哲学家有一个更具体的观念"②)。另一方面,由于哲学在黑格尔那里乃是绝对体系,所以这样的体系便最终霸占了"文化诸体系"的全部本质性,也就是说,绝对的体系最终泯灭了感性具体的、有限的、在特定时空中活动的"文化诸体系"。

因此,对于目前的主题来说,当绝对者的绝对体系不再具有实际的效准时,我们的出发点和立脚点便是不同的文化、文明、社会,是它们作为特定形态、特定类型的具体的主体单位。(马克思曾非常明确地将"既定社会"把握为"实在主体",并以此构成其辩证法的本体论基础。③)它们是实体性的,并有特定的"哲学"来反映和表现其整体的面貌与特性。它们不是绝对者自我活动、自相差别的产物,也不是绝对体系的俘获物或阴影领域,而是——用马克思的话来说——"实在主体",亦即立足于自身之上的生存者、活动者,尽管这样的生存—活动有其所处的"环境"(或用舍勒的话来说,有其"周遭")。在这样的理解基础上,须得进一步来探讨不同的文明与其哲学所具有的基本关系。因为还存在这样的问题:较为严格意义的哲学是在历史的特定阶段上和特定空间中产生的,这样的哲学对于其所属的文明类型来说具有怎样的意义?对于这个问题,我们可以通过所谓"轴心时代"理论来做一番探讨。

---

① 海德格尔:《存在论(实际性的解释学)》,第 72 页。
② 参看同上书,第 71 页。
③ 参看《马克思恩格斯选集》第 2 卷,人民出版社 1995 年,第 19、24 页;并参看拙文《论马克思辩证法的"实在主体"》,载《哲学研究》2020 年第 8 期。

四、"轴心时代"的精神突破及其哲学创制

（一）

"轴心时代"理论突出地展现在雅斯贝斯 1949 年的著作《历史的起源与目标》中，尽管这部著作也提到了这一理论的某些先驱者：拉索尔克斯、维克多·冯·施特劳斯以及阿尔弗雷德·韦伯（张汝伦教授在他的论文中还补充提到了法国的伊朗学家安格提勒-杜佩龙[①]）。雅斯贝斯的轴心时代概念，首先是明确针对着"基督教轴心理论"而来的。自圣·奥古斯丁以来的历史观念，一向将基督教上帝的启示活动理解为决定性的分界线，"因此，黑格尔仍能说，全部历史都来自耶稣基督，走向耶稣基督，上帝之子的降临是世界历史的轴心"[②]。如果说，德国观念论哲学家费希特、谢林和黑格尔还在"基督教轴心理论"的基础上，把他们的时代解释成世界历史达到其完美的顶峰（确实，他们大体正处在现代性权力趋于顶峰的时代），那么，在雅斯贝斯看来，这样的观念立场不过是"极其鲁莽自负的精神自我欺骗"[③]。

由于同"基督教轴心理论"的决定性脱离，"轴心时代"的概念便表明自身立足于另一种相当不同的历史哲学理论之上。张汝伦教授很恰当地将这一概念系统指证为"理论假设"（这里的"假设"即指"理论"），尽管这样的理论假设也包含并容受其特定的事实方面。"假若存在这种世界历史轴心的话，它就必须在经

[①] 参看张汝伦：《"轴心时代"的概念与中国哲学的诞生》，载《哲学动态》2017 年第 5 期。

[②] 雅斯贝斯：《历史的起源与目标》，第 7 页。

[③] 参看同上书，第 112 页。

验上得到发现,也必须是包括基督徒在内的所有人都能接受的那种事实。这个轴心要位于对于人性的形成最卓有成效的历史之点。"①就此而言,轴心时代理论对于我们的主题来说,具有哪样一些启发性的要义呢?

(1) 被称作"世界历史轴心"的不是某个单一的(无论怎样的)实体,而是一个非同寻常的特定时代。这个时代的中线大致在公元前500年左右(横跨公元前800年至前200年的精神过程)。由于这个时期标志着最深刻的历史分界线,所以被称为"轴心时代"或"轴心期"(Axial Period)。这是一个怎样的时代呢? 在中国,这是一个孔子、老子和墨子(只是用作提示性的标记,以下同)的时代;在印度,这是一个《奥义书》和佛陀的时代;在希腊,这是一个巴门尼德、赫拉克利特和柏拉图的时代;而在巴勒斯坦,这是一个犹太先知纷纷出现的时代。就此概括说来(合并希腊与希伯来),人类的精神突破"……几乎同时在中国、印度和西方这三个互不知晓的地区发展起来"②。它们的最初发展完全是彼此独立的,肯定不存在真正的交流和相互刺激,而它们后来的发展路线并不是趋向平行,而是分叉、岔开,即三条路线的分道扬镳。在这里,无论是抽象的普遍性还是思辨的普遍性试图将其强行纳入某种系列或体系的做法,都是不真实的。"真实状况倒是它们是同时代的、毫无联系地并列存在着的一个整体。起先几条道路似乎从毫无联系的起源通向共同的目标。三种形态中都存在多样性,一部历史有三个独立的起源。……最后仅在几百年前,确切地说是直至我们今天,历史才成为唯一

---

① 雅斯贝斯:《历史的起源与目标》,第7页。并参看第17、21页。
② 同上书,第8页。

的统一体。"①因此,世界历史可以识别出来的(未曾消失在远古黑暗之中的)、具有决定性意义的、包罗万象并且辐射至今的"轴心",不是单一实体或单一模式(例如,思辨体系的模式主张"一切多样性在此中都有其命定的地位[黑格尔]"②),而是一个无与伦比的历史时代,在这个时代中,若干个文明同时独立地开展出它们非同寻常的"轴心期突破"。由此得以绽露的世界历史的统一性在于:伴随着这样的突破,"人类都已迈出了走向普遍性的步伐"。

(2)这样的轴心期突破之所以非同寻常并且无与伦比,是因为人类历史此后展开出来的一切,都最关本质和不可动摇地奠立在轴心时代所开辟出来的恒久基石之上:"轴心期同化了存留的一切。从轴心期起,世界历史获得了唯一的结构和至少持续到我们时代的统一。"③看来以下说法用在这里是颇为合适的:黑格尔引格言道,太阳底下没有新东西;海德格尔说,如何开端便如何终结;而怀特海则宣称,全部西方哲学乃是柏拉图的注脚。这些说法道出了一般古典学立足其上的概念和本质。因为,轴心期的思想洞见不仅提供了往后全部发展的问题和标准,而且每一次新的跃迁都在很大程度上意味着轴心期潜力的苏醒、回顾或复兴;甚至当某一文明面临最严峻的挑战和危机时,也总会促使思想者重返其轴心期的源头,并从中去获取复兴或拯救的可能性路径④(例如尼采和海德格就试图返回希腊思想的源头)。正如阿姆斯特朗所说:"而事实上,我们从未超越轴心时代的洞

① 雅斯贝斯:《历史的起源与目标》,第 18 页。并参看第 20、23 页。
② 同上书,第 4 页。
③ 同上书,第 15 页。
④ 参看同上书,第 244 页。

见。当人们经历精神和社会危机之时,往往回溯那段历史,以寻求引导,他们或许以种种不同的方式诠释了轴心时代的发现,却从未更胜一筹。"①

(3)依照是否决定性地实现轴心期突破,可以区分诸"轴心民族"和无突破的诸民族。轴心民族便是上面所提及的中国、印度和西方这三个"精神辐射中心",它们几乎同时通过突破性的飞跃奠定了精神存在的基础,并成为真正历史性的。至于无突破的诸民族,雅斯贝斯说,它们或者同轴心民族保持隔绝,而持存于先前的原始状态,或者同其中的一个开始接触而进入历史性的发展过程。在同轴心民族的交往中,有些原始民族灭绝了,有些则成为新的历史民族。"各新民族进入了这三大文化区域:在西方是日耳曼人和斯拉夫人,在东亚是日本人、马来亚人和暹罗人,对于这些民族来说,它们都通过改变和占用传播给它们的文明,才在与这些文明妥协的过程中创造了新的文化形态。"②(值得一提的是,早在1910年,章太炎的《原学》就说出了几乎一模一样的观点。③)关于存在着某些颇孚盛名但并无突破的诸民族,雅斯贝斯就此特别提到了埃及和巴比伦,它们是古代文明的伟大民族,它们早于或并存于轴心民族,甚至可以说是"轴心期的前辈"(创立西方世界基础的犹太人和希腊人曾看到过它们的灿烂文化,并向它们学习);但无论是埃

① 阿姆斯特朗:《轴心时代》,海南出版社2010年,第2—3页。

② 雅斯贝斯:《历史的起源与目标》,第65页。并参看第14—15页。

③ 章太炎《原学》:"世之言学,有仪刑他国者,有因仍旧贯得之者。……通达之国,中国、印度、希腊,皆能自恢弬者也。其余因旧而亦短拙,故走他国以求仪刑。仪刑之,与之为进,罗甸、日耳曼是矣。仪刑之,不能与之为进,大食、日本是矣。仪刑之,犹半不成,吐蕃、东胡是矣。夫为学者,非徒博识成法,挟前人所故有也。"(姜义华编:《中国近代思想家文库·章太炎卷》,中国人民大学出版社2015年,第207页)

及还是巴比伦都没有参与"突破",也没有在轴心民族的影响下经历质变。结果,伴随着它们在外部隶属于新兴强国,在内部丧失自己的古老文化,这两个伟大的古代文明便慢慢走到了尽头。①

（4）所谓轴心期突破是指怎样一种突破并意味着怎样一种决定性转折呢？在雅斯贝斯看来,它是一种人类精神的突破,凭借这一突破,人性整体获得了一次"飞跃",并形成一个"新的精神世界";这个包容了所有精神现象的世界是通过反思的意识和思想建立起来并得以通达的,它造就出至今仍在推动我们思考的基本范畴,创立了人类至今仍赖以生活的"世界宗教"的源头——"这一人性的全盘改变可称为精神化"②。不仅如此,轴心期突破的精神特征尤其是哲学性质的,它甚至直接就是诸轴心民族所拥有的哲学之诞生。因为这一突破意味着神话时代在本质上的终结和远去,意味着理性反对神话的斗争,意味着由这一斗争而来的极其深远的种种后果。"哲学家首次出现了。人敢于依靠个人自身。中国的隐士和云游思想家,印度的苦行者,希腊的哲学家和以色列的先知,尽管其信仰、思想内容和内在气质迥然不同,但都统统属于哲学家之列。人证明自己有能力,从精神上将自己和整个宇宙进行对比。他在自身内部发现了将他提高到自身和世界之上的本源。"③在这个意义上,雅斯贝斯不仅认为,轴心期为我们研究哲学史提供了最富成果和最有收益的领域,而且指出,"中国哲学史"或"印度哲学史"不只是西方哲学史的多余重复,也不只是一个颇为有趣的社会学效果的题材,相

---

① 参看雅斯贝斯:《历史的起源与目标》,第62—64页。
② 参看同上书,第8—11页。
③ 同上书,第10页。

反,它同"另一种人性的真实起源"相联系,并且属于"不可替代
的历史统一体"。①

（二）

这里不是来追究轴心期理论的某些粗疏或缺陷的地方(尽
管它们确实存在)。对于我们的主题来说,这一理论的重要性在
于:它将不同的轴心民族置于历史性发皇的开端,用它们不同的
哲学来标识其精神特质的主导取向,并从而以一种多重的、有差
别的和具体的方式来揭示并描画普遍的历史性整体。这样一种
普遍的整体完全不同于抽象的普遍性,也在最终的根据上完全
不同于思辨的普遍性——其要点已如前述。这意味着:历史性
的整体发端于一个非同寻常的历史时刻,在这个特定的时刻,是
若干个不同的轴心民族,在彼此分立的地域空间中为历史性整
体进行了决定性的奠基。因此,直接参与这一奠基事业的,乃是
一些不同的文明:就像这些文明的类型在整体上由其特定的哲
学来标识一样,它们之间的类型差别——不可通约的本质差
别——便最为集中也最为深刻地反映在它们所特有的哲学中,
反映在这些哲学之独特的基本定向中。很显然,这一启发性立
场对于理解"中国哲学"来说,特别是对于理解中国哲学的实体
性内容及其与其他哲学的实体性差别来说,是至关重要的。

此间存在着一个或有争议的问题是:作为"人类精神的重大
突破",轴心期突破是(或主要是)哲学性质的还是宗教性质的?
阿尔弗雷德·韦伯认为两者兼有,所以他主张在公元前 9 世纪
至前 6 世纪,已经成型的三个文化区各自独立地"开始从宗教和
哲学的角度全面探求解释人类命运的关键",并对世界"进行宗

① 参看雅斯贝斯:《历史的起源与目标》,第 62、81—82 页。

教性的和哲学性的解释"。①而英国宗教学家阿姆斯特朗看来更
倾向于宗教方面:宗教是"金规则";而她那本中译书名为《轴心时
代》的著作,原名是"伟大的转变:人类宗教传统的开端"(The
Great Transformation:The Beginning of Our Religious Traditions)。
如果能够恰当地区分"原始宗教"(以及民间信仰)和"世界宗
教",并意识到具有同一内容的宗教和哲学只是形式的不同(黑
格尔)②,那么,我们就更加认同雅斯贝斯的观点,即轴心期突破
乃是哲学性质的:对于中国来说尤其如此——中国的轴心期突
破无疑意味着同原始宗教的决定性脱离,而这一脱离的持续后
果亦并未导致"世界宗教"(作为高阶宗教)在中国的出现。

确实,即使是黑格尔也认为东方的宗教和哲学是很难分辨
的,所以他把东方哲学叫作"宗教哲学",即一种"宗教的世界
观",但这种世界观倒是"很可以被认作哲学的"。之所以如此,
是因为希腊的宗教、罗马的宗教、基督教等,与哲学并没有什么
相似的地方;而"在东方的宗教里,却正好相反,我们非常直接地
感觉到哲学的概念,它是与哲学很接近的。……[东方]宗教的
观念并没有个体化,而是具有普遍观念的性格,因而这种普遍的
观念就表现为哲学的观念,哲学的思想"③。在这样的意义上,理
应把中国的轴心期突破以及由之而来的定向恰当地理解为哲学
性质的。康有为说,中国数千年文明,冠冕大地,实于道德哲学
为重;华夏文明无神人之别,向来称"教"(教化之义),而绝非"神
教"("厘离尽",即 Religion)。④章太炎亦坚称"中国果未有宗教

---

① 参看阿尔弗雷德·韦伯:《文化社会学视域中的文化史》,上海人民出版
社 2006 年,第 9—10 页。
② 参看黑格尔:《哲学史讲演录》第 1 卷,第 78—79 页。
③ 同上书,第 115—116 页。
④ 参看谢遐龄编选:《变法以致升平——康有为文选》,上海远东出版社
1997 年,第 454、494 页。

也"（并据此力辟康氏"建立孔教议"），以为华夏之民，所以为达，在于"志尽于有生，语绝于无验。人思自尊，而不欲守死事神，以为真宰"。孔子老子，皆以哲学而为宗教之代起者，与苏格拉底、柏拉图辈并无二致。执此以谈，则华夏文明实以哲学而尊："中国科学不兴，唯有哲学，就不能甘居人下。"①

因此，大体说来，轴心期突破乃是不同文明之精神塑形的决定性开启。这种塑形的本质性集中地体现在它们所创制的哲学中，体现在这些哲学开端本身所规模的基础架构和基础定向中——不同文明的轴心期类型便由此而得到根本的规定。就像萨特说"哲学"在近代西方的创造是不多的（笛卡尔、康德和黑格尔、马克思）一样，标志轴心期突破的哲学——应被理解为真正的"开端性哲学"——同样是为数不多的。如果说，中国、印度、希腊（时而还被提到的有伊朗和巴勒斯坦）在彼时实现了决定性的精神突破，那么这种突破就意味着创造出它们各自的"开端性哲学"。开端性哲学是作为恒久的故土、作为基础的定向、作为始终未被耗尽的源头起作用的，而与我们通常所说的种种"哲学"大相径庭。为了突出地强调两者之间的不同，雅斯贝斯在他的《大哲学家》一书中，把"四大思想范式的创造者"——苏格拉底、佛陀、孔子、耶稣同其他哲学家明确区分开来，甚至宣称"这四位大师不是哲学家"——他们对知识漠不关心，他们并未写出任何著作；毋宁说，他们共同具有的是"根源性特征"，并因而成为"哲学思考的源泉"。②

不仅如此，既然开端性哲学是如此这般地起作用的，那它们

---

① 姜义华编：《中国近代思想家文库·章太炎卷》，第236、169、142页。
② 参看雅斯贝尔斯：《大哲学家》，社会科学文献出版社2009年，第198—200页。

就必定要被持久地保存下来,并令后世始终能够经常地与之照面——这就是所谓"典籍",真正意义上的"经书"或"经典"。因此,轴心民族的显著特点,不仅是构造出它们的开端性哲学,而且是这样的哲学能够被珍藏在它们的经书中(这实际上当然只是一回事)。如果像雅斯贝斯所说的那样,曾经是无比灿烂的埃及文化终于未能通过创制开端性的哲学而赢得突破,那么经书典籍在埃及的阙如,看来也是与这种情形相关联的。"史学家们没有提到埃及的荷马,没有提到剧作家。虽然希罗多德和狄奥多罗斯曾经到过埃及,但他们没有介绍过任何书籍。……由此可见,埃及没有一部能表达出其精神的固有语文作品,毋宁说只有外文作品……"①

(三)

如果说,轴心期突破所造就的诸文明类型,是以保持在经典中的"开端性哲学"来标识的,那么,这样的哲学与其说是坚实的成果,毋宁说是一系列成果的滥觞,是在此滥觞中被植入的根本定向,就像一般来说不同的文明类型皆依其哲学定向而在精神特质上得到总体的表现一样。这里所说的"哲学定向"是指什么呢?是指总体的精神特质为特定文明的展开过程所制定的基本

---

① 黑格尔:《世界史哲学讲演录》,第 231 页。对于轴心民族来讲,真正的"经书"或"经典"的极端重要性,在出自希伯来箴言的一段话中得到了准确而深刻的反映:"书中的一切正是与至高的上帝订立的誓约。也就是摩西命令雅各家作为珍宝的戒律。智慧从那里流出来,就象那涨水的比逊河,又象那春汛期间的底格里斯河。理智从那里流出来,象那涨水的幼发拉底河,又象那收获期间的约旦河。从这部书中迸发出象光明,又象秋天尼罗河水那样的化育之恩。没有任何人曾经把这部书学尽:而且永远不可能有人把它彻底学透。因为它的意义比任何海洋更为丰富,它的劝导比任何深渊更深。"(引自海涅:《论德国宗教和哲学的历史》,商务印书馆 1974 年,第 10 页)

方向,它意味着一般所谓"道路",或"导向"(斯宾格勒)、"轨道"(海德格尔)、"轨型"(张东荪)、"路向"(梁漱溟),如此等等。在讨论欧洲思想的历史性进程时,海德格尔始终将这种哲学定向把握为置入轨道者和给出意义者;并且正是由于这种哲学定向之恒久的支配作用,使得思想的"返回步伐"(即面向伟大传统)成为必要:"过去之物"离我们而去,而"曾在之物"则走向我们。"……'如果太阳下没有新东西'这个句子讲的是:只存在着开端之物的无可穷尽的变化力量中的古老之物,那么,这个句子就触着了历史的本质。历史乃是曾在之物(das Gewesene)的到达。"①

上述讨论大体言明了"不同文明类型之哲学定向"的主题性质和意义领域,从而为更加深入地理解"中国哲学"——探讨其实体性内容、把握不同哲学间的实体性差别——提供了理论上的某种准备。人们或许会问,这种看起来颇为繁复的理论准备是必要的吗?难道不是谁都知道存在着不同的文明并且它们都装备着不同的哲学吗?难道我们的许多前辈学者不是早已说出过和轴心期理论非常相近的话语(如梁启超、梁漱溟、胡适、冯友兰等)吗?是的,确实如此;但相似的话语在不同的理论背景中却可以有很大的意义差别。举例来说,胡适先生和冯友兰先生都曾列举述说过三大文化区的三种哲学,并意识到它们有特性上的不同,但却仍然主张仅就中国历史上各学问中"可以西洋哲学名之者"选出而叙述之;如此则实体性差别就会被舍弃或遗忘——须知此间即便有依西方尺度而仿佛相近者,亦全由不同文明之整体的性质来主导并取得基本规定。进而言之,若在观念形态和理论方法上将"中西之别"直接变换为(还原为)"古今

———————

① 海德格尔:《同一与差异》,第124页。

之别"，则尤使中国文化的有机性质灭裂瓦解，使其实体性内容分崩离析，并令其抽象的碎片最终全部跌落到"直线进化"的单一线索中，仿佛中国有朝一日会在此线索中成为1640年的英国似的（为什么不是1789年的法国呢），又仿佛中国哲学有朝一日会在此线索中成为康德哲学似的（为什么不是笛卡尔哲学或斯宾诺莎哲学呢）。

诚然，我们这里的讨论并不涉足于特定的主题，而是针对着一般的理论架构及其性质来说的：只要那仅仅适合于外在反思的抽象普遍性占据主导地位，中国作为一种特定文明的有机整体，它同其他文明类型的实体性差别，从而它本身的实体性内容，就不可能被揭示着前来同我们照面。因为抽象普遍性的外在反思对于特定的文化、文明、社会等"实在主体"是完全无能为力的，它只能在众多的无类比附中纠缠挣扎：或者莫名地惊诧于中国文化为何缺乏形式逻辑和自然科学（以及其他种种），或者又反过来虚骄地声言诸如此类的东西中国早已有之；就好像人们或者惊诧于鲸的嘴里为何没有长出鲨鱼的牙齿，或者宣称马匹的身体里早已装进了柴油发动机。凡此种种，都不过意味着理论准备的不足或缺失罢了。

因此，全部问题的关键首先在于寻求并开展出一条思想理论道路，在这条道路上，特定的文化或文明不再沉沦于抽象普遍性的禁锢之中，而是使具体的文明本身——这里是中国文明——作为"实在主体"的历史性进程能够显现出来，并从而把握立足于这一文明之上并构成其基本定向的"中国哲学"。就这一理论道路的要求而言，比较起来，梁漱溟先生是前进了一步的：他的《东西文化及其哲学》是把不同的文化作为特定的形态或类型来看待的，并以它们的哲学来标识特定文化精神的基本定向（"路向"），这就意味着诉诸实体性内容与差别的要求是本质重要地出现了。但梁先生关于文化路向的谈论大体还滞留在纯全表象的说法中——西方的"意欲向前要求"，印度的"意欲反身向后要求"，中国的"意欲自为调和持中"等，这便妨碍了此种体会或洞见在理论上的进一步深入（我们将在后续的论文中阐述此点）。如果说梁、胡、冯诸先生在理论上的某些不足是同当时的理论条件和历史情势密切相关的，那么，时代指派给我们的任务难道不是真正地占有其遗产，并在理论深化的同时把对中国哲学的自我理解更加积极地向前推进吗？

总而言之，本文试图阐说的基本观点是：为了能够真正把握中国哲学的实体性内容以及它同其他哲学的根本差别，就需要一个超越"哲学一般"的具体化行程。在"世界历史"的主题上，黑格尔特别地通过"民族精神"来展开普遍者的具体化。思辨观念论虽然在此范围内维护了诸文明的独特性和具体性，并摧毁了抽象普遍性的外在统治，但绝对的体系本身最终却成为对"最抽象者"的哲学辩护。伴随着"绝对精神的瓦解过程"，出现了文明或文化主题上的特殊主义和多元主义意识的广泛复活，而在这种划时代意识基础上的哲学—理论的进展，使我们能够在积极占有"思辨具体化"遗产的同时，把不同的文化、文明、社会把握为"实在主体"（参看马克思），把反映其整体精神特性的"哲学"理解为它的主导定向，从而为更深入地研究中国哲学提供必要的理论基地。

中西哲学比较的前提反思

　　自从现代性在特定阶段上的权力开辟出"世界历史"以来，就像物质的生产和消费成为世界性的一样，各民族的精神产品——广义的"文学"（Literature）——也随之成为一种世界性的"公共的财产"。①这样一种"世界的文学"当然绝不像无头脑的外在反思所设想的那样，可以归结为人类精神在性质、类型和内容上的齐一化，而毋宁说，它首先意味着不同民族、不同地域、不同类型的精神产品进行普遍交往的可能性（或可用"公共图书馆"来做拟喻）。至于这种可能性的展开与实现，它的性质与取向，则取决于不同民族本身的特性及其在现代化命运中由社会—历史条件而来的具体化。然而无论如何，自20世纪初叶以来，现代世界所敞开的普遍精神交往的可能性，已在中国被利用为一个非常巨大的思想活动空间：它被极为广泛地拓展开来并在几乎每一个重大议题上开始了这种交往的初始实行（"中西、古今"之争）。

　　如果说，精神交往就像个人交往一样，总是开始于某种形式的"比较"以形成判断和斟酌取舍的基础，那么，我们也就容易理解早已出现并且延续至今的各种比较（经济、政治、社会制度的

────────

① 参看《马克思恩格斯选集》第1卷，第276页。

比较，以及文化、思想理论、精神类型的比较等等）所具有的意义了。不仅如此。如果说，就像我们在前此的论文中已经表明的那样，一般而言（即仅就形式而言）的"哲学"意味着文化的主干、思想的母体和精神的核心，那么，对于由普遍交往而来的各种比较而言，"哲学比较"便会居于枢纽地位并具有特别重要的意义，就像我们在同他人交往时终于能够依其"哲学"来同他打交道一样。因此，本文的目的是对"哲学比较"——尤其是中西哲学比较——开展出理论上进一步深入的前提反思。这项工作之所以非常必要，不仅是因为这样的前提反思被长久地耽搁了，而且是因为具有原则高度的"哲学比较"只有在其理论前提被批判地澄清并被牢牢地把握住时，才可能得到富于成果的展开和积极有效的推进。

一、前提反思在根本上的必要性

（一）

虽说在各种一般的翻译或介绍中就已经包含着两造之间诸多方面的"比较"，并且这样的"比较"总以某种方式依赖于更大范围之整体的比较，但真正说来，中西哲学的比较本质地关联于文化（或文明）总体之比较，就像中西文化（或文明）的比较不可避免地趋向于它们之间的哲学比较一样。在这里需要立即指明的一点是：对于中国当时的思想界和学术界来说，这样的比较，无论是文化比较还是哲学比较（以及其他方面的比较），都绝不仅仅是作为单纯学术—学理的议题出现的；毋宁说，它们从根本上起源于一种真正命运性的困境，起源于一种关乎民族精神、文化传统何去何从乃至生死存亡的困境，一句话，它们是作为一个悠久文明身处"急难"之中亟待追究的议题而呈现出来的。因此,当我们来回顾中西文化比较以及哲学比较的初始阶段时,现实中的"急难"处境必须时时作为问题的背景出现在意识中,以便通过这种意识去把握问题本身的来历与性质,并从而去理解问题之应答过程中所出现的种种繁难、纠结、矛盾和冲突。

自这样一种命运性的困境在中国出现之后,初始的"比较"一开始是散布在各各不同的领域:武备、实业、教育,以及政治制度等等。但不久以后,不同领域的比较便汇聚到文化(或文明)比较这一焦点之上了。至少在"五四"前后,文化或文明的整体就被理解为各领域的"根本",从而使以往的诸多比较成为文化比较的"前史"。关于中西比较的这一重要转折,梁漱溟先生曾这样描述道:不少开明的人士对西方的器物、制度等等发生兴趣,"……都想将西洋这种东西搬到中国来,这时候全然没有留意西洋这些东西并非凭空来的,却有它们的来源。它们的来源,就是西方的根本文化。……此种觉悟的时期很难显明的划分出来,而稍微显著的一点,不能不算《新青年》陈独秀他们几位先生,他们的意思想要将种种枝叶抛开,直截了当去求最后的根本。所谓根本就是整个的西方文化——是整个文化不相同的问题"①。这种"觉悟"确实是一个非常重要的进展:作为诸领域的局部被追究到文化的整体或文明的整体。这样的整体被了解为"来源""根本",或可称之为"本质来历",而由之达成并得到体现的乃是一种总体的观点(整体对于部分无所不在的优先地位)。因此,有待考察和把握的乃是文化或文明,是作为整体的东方文化(特别是中国文化)和西方文化,是这样的整体之间"不相同的

①　梁漱溟:《东西文化及其哲学》,第13—14页。

问题"。

由于文明间的不相同——即差别、差异——已被先行领会为"本质来历"上的,所以,这里的"不相同"便意味着来源上的差别或根本上的差异。"五四"前后文化问题的论战,首先是围绕着这样的差别或差异展开的,因而其理论表现便是所谓"文化比较"或"文明比较",尽管这种理论表现的根源深藏于特定时代的历史现实中。1915 年陈独秀先生有《东西民族根本思想之差异》一文,胪列其间差异有如下三项:(1)西洋民族以战争为本位,东洋民族以安息为本位。(2)西洋民族以个人为本位,东洋民族以家族为本位。(3)西洋民族以法治、以实力为本位,东洋民族以感情、以虚文为本位。① 次年即 1916 年,杜亚泉先生发表《静的文明与动的文明》,区分差别之大者为以下数端:(1)西洋重人为,中国重自然。(2)西洋人生活为向外的,中国人生活为向内的。(3)西洋社会内有种种团体,中国社会内则无所谓团体。(4)西洋崇尚竞争取胜,中国崇尚与世无争。(5)西洋以战争为常态,中国以和平为常态。总括以上数端,则根本差别被归结为:西洋为动的社会从而产生动的文明,中国为静的社会从而产生静的文明。② 如果我们留意当时的各种见解和争论,那么这样的文献可以说是多到不计其数,而国外的(特别是日本的)类似观察或比较,也在大量地援引转述之列。因此很明显,在思想理论领域,一种文化比较或文明比较正在大规模地开展出来,而这样的比较首先是同现代世界中诸文明不可避免地产生的理解要求——对他者(或陌生者)的理解以及相应的自我理解——最为切近地联系在一起的。同样明显的是,无论人们在立场、观

---

① 参看陈崧编:《五四前后东西文化问题论战文选》,第 12—15 页。
② 参看同上书,第 18—20 页。

点、价值取向上有多么大的分歧、冲突乃至对立（例如上引陈独秀、杜亚泉二先生的取向就大相径庭），但都采取着文明比较的步骤或方式，并假这一基本的学理方式来申说自己的见解和主张。之所以如此，是因为一种突如其来的命运性遭遇总是不可避免地导致两造间的"比较"，无论这样的比较一开始是怎样的疏阔和散宕。

在这样一种关乎整体特性的急迫比较中，不同文化或文明间的差别究竟是怎样的差别，从而是在何种差别的意义上来形成诸如此类的比较或对照？尽管这个问题很少得到明确的追问，但具有不同特性的诸文化或诸文明却总是被先行意识到并且被预设了的。较为明白又较为直率地谈论这种比较之预设的（或可称之为比较观），可见之于杜亚泉先生的下述说法：西洋文明与中国固有之文明"乃性质之异，而非程度之差"①。又可见之于 1921 年冯友兰先生同泰戈尔的访谈。冯氏问，我近来心中常有一问题，就是：东西洋文明的差异是等级的差异（Difference of Degree）？是种类的差异（Difference of Kind）？泰氏回应说："此问题我能答之，他是种类的差异。西方人生目的是'活动'（Activity），东方人生目的是'实现'（Realization）。"②虽说有这样的问答，但看来问题并没有真正弄清楚。冯氏引申推阐泰氏的观点说：西方文明为"日益"，故主"动"；东方文明为"日损"，故主"静"；而静就是所谓"体"（Capacity），动就是所谓"用"（Action）。因此，"泰谷尔先生的意思，是说：真理只有一个，不过他有两个方面，东方讲静的方面多一点，西方讲动的方面多一点，就是

---

① 陈崧编：《五四前后东西文化问题论战文选》，第 17 页。
② 同上书，第 387 页。

了"①。但是,如果事情只是按"动、静"配置的多少来衡量并按此等方式来设定差异的话,那么,在这里出现的就不会是性质的差异(种类的差异),而至多不过是诸文明程度上或等级上的差异了。

(二)

尽管如此,尽管存在着内部的含混和龃龉,但中西文明或中西文化的比较却颇为广泛地开展出来了。这种初始阶段的文明比较,一方面是因为尖锐意识到了文明间实际存在的巨大差异——我们正在经历一种仿佛是突如其来并且十分切近地从外部袭来的"他者"或"陌生者",另一方面则是由于突出感受到了由现代性权力造成的普遍的历史性命运,而这样一种普遍的命运不是任何文明间的差异——无论差异有多大——所能规避或幸免的。这两方面的张力导致了某种纠结游移和不确定性。因此,就像在文明比较中人们会站在古今、中西不同的立场上一样,这种比较本身也时常会将性质(或类型)上的差异,同程度(或等级)上的差异混淆起来。举例来说,在比较或对照中西文明时,几乎所有学者都一般地采取性质或类型差异的观点,以至于他们在描述主要文明体的基本差别时,一如雅斯贝尔式"轴心期理论"的口吻:严复和梁启超是如此,陈独秀和李大钊是如此,胡适、张东荪、冯友兰等也是如此。但这样的比较一旦进入意义领域以形成判断和估量时,情形就会有很大的不同,并且往往会或多或少、或明或暗地转而采取某种"程度"(或"等级")差异的观点。这样一种纠结游移非常突出地表现在例如常乃惪和冯

---

① 陈崧编:《五四前后东西文化问题论战文选》,第390页。

友兰二先生的观点中：他们一方面颇为认真努力地开展着中西文化在性质上或类型上的比较，另一方面又很明确地将"中西之别"还原为"古今之别"。但是，这样一种还原将不可避免地（至少在理论逻辑上不可避免地）将中西文化的差别最终归结为程度上或等级上的差别，仿佛中国文化乃是程度上不够发越的西方文化，因而在等级上是处于较低阶段的西方文化似的。

事实上，当这样的文化比较广泛地开展出来时，它们也已经是"哲学比较"了。因为这样的比较不仅诉诸文化或文明的"整体"，而且力图探入并把捉此等整体的"精神"。作为诸文化或文明之整体的基本精神，难道不就是广义的——一般的、形式意义上的——"哲学"吗？虽说这样的比较或者涉及或者不涉及专门的、学科的或学院意义上的哲学，但其原初的基本取向倒是颇为"哲学的"，也就是说，它们有理由被当作"哲学比较"来看待。如果说这样的"哲学比较"一开始还处于较为粗疏、较为淳朴的状态，那么，其发展的一般趋势就会是更加密切地联系到并进入到专业哲学的领域中，从而逐渐摆脱其粗疏状态并获得愈益增长的确定性。只是在这里须得时常警惕并防止的是，专业哲学的强化和确定性的增长掉过头来遮蔽或阻断哲学比较的原初取向——即揭示性地把握诸文明实体的基本精神。

因此，中西之间的文明比较—哲学比较在初始阶段上便大体采用如下的方式：(1)在差别或基本差别方面做了一些分解性的"列举"工作；(2)用"表象"的方式来谈论或指示诸文明实体的基本精神；(3)这样的列举和表象方式伴随着或多或少有价值的"体会"，而其中的有些体会应该说是颇有洞见的。举例来说，李大钊先生在1918年《东西文明根本之异点》一文中写道：若比较对照东西文明，则"一为自然的，一为人为的；一为安息的，一为战争的；一为消极的，一为积极的；一为依赖的，一为独立的；一为苟安的，一为突进的；一为因袭的，一为创造的；一为保守的，一为进步的；一为直觉的，一为理智的；一为空想的，一为体验的；一为艺术的，一为科学的；一为精神的，一为物质的；一为灵的，一为肉的；一为向天的，一为立地的；一为自然支配人间的，一为人间征服自然的"①。很明显，这是一些关于东西文明差别的单纯列举的工作；而东西文明"根本之异点"，即两者在基本精神上的差异则被总括为"静的文明"和"动的文明"。同样很明显，这是一种关于根本差别之表象的说法。可做参证的是，常乃惠先生在《东方文明与西方文明》（1920 年）中提到了当时流行的许多东西文明比较论，它们都采取着列举差别的方式（甚至可用对照式的图表来展示），并且将基本精神的差别或者概括为"静的文明"和"动的文明"，或者概括为"精神的文明"和"物质的文明"，如此等等；而常先生对之提出的批评，则试图将两者的根本差别转换为"古代文明"和"现代文明"的差别。②

较早意识到此种"比较"之局限性的，是梁漱溟先生。他一方面很推崇陈独秀、李大钊等人把比较提升为文明整体之基本精神的比较，另一方面又批评单纯列举的方式乃是一种"平列的开示"，而关于基本精神的指点"看上去未免太浑括了"③；单纯列举不是一种"因果相属的讲明"，而表象式的概括却难免于浑沦浮泛。因此，梁先生一再要求触及根本，深入于根本，并且把握住根本（这根本又被称为"根原""最初本因""贯串统率的共同

① 陈崧编：《五四前后东西文化问题论战文选》，第 57 页。
② 参看同上书，第 266—278 页。
③ 梁漱溟：《东西文化及其哲学》，第 11 页。

源泉"①等等）。虽说他很赞成将西方精神概括为"德先生"和"赛先生"，但却犹以为尚未及于一本之源头："究竟这两种东西有他那共同一本的源泉可得没有呢？必要得着他那共同的源泉作一个更深澈更明醒的答案，方始满意。"②这确实是一种很可以称为"哲学的"姿态，也是梁先生高明的地方。所以他不仅欣赏陈独秀（以及蒋梦麟等）将根本集中于伦理思想——"人生哲学"，而且以《东西文化及其哲学》作为自己著作的标题。这部著作的主要结论是我们大家很熟悉的。中、西、印三种文化的根本在于其不同的哲学（精神），而不同的哲学则标示着不同的文化"路向"：（1）西方文化是以意欲向前要求为根本精神的；（2）中国文化是以意欲自为调和、持中为其根本精神的；（3）印度文化是以意欲反身向后要求为其根本精神的。③

　　具体的内容及阐述这里不必展开，梁先生对这三种根本精神的概括虽说不失洞见式的"体会"，但却依然是表象的说法，所以很容易也很快便招致多方面的批评。除开文化立场上的分歧不论，学理上的缺陷就在于表象式的把捉不免于缺乏确定性的"浑括"。正如贺麟先生所说，这只是观察三方面文化的"色彩""风气""趋向"所得的大概印象，虽有其优点和长处，却缺乏对事例的哲学说明，"缺乏文化哲学的坚实基础"④。这个批评显然是颇中肯綮的，因为停留于表象中的总括大体对应着观感式的"体会"，无论其精粗深浅，毕竟还只是体会而已。但是这一时期文化比较—哲学比较的初衷和努力——立足于文化或文明之整体

---

① 参看梁漱溟：《东西文化及其哲学》，第 15、32 页。
② 同上书，第 31 页。
③ 参看同上书，第 62—63 页。
④ 贺麟：《五十年来的中国哲学》，上海人民出版社 2012 年，第 23—24 页。

并深入作为其"根本"的精神中去——却是一笔宝贵的财富,并且尤其是值得今日从事哲学比较者深深记取的。之所以要特别强调这一点,是因为后来的"哲学比较"虽说取得了一些积极的成绩,例如更多地进入专业的、学院哲学的领域之中并在中西哲学家之间开展出特定的、较为具体的对照或比较,但在整体上却并未得到具有实际效准的提升和别开生面的推进。或许我们可以将之看作转进专业哲学、特定主题及对象细节所必要的停顿和代价罢。

(三)

然而,今天尤须意识到的是:长期以来的哲学比较依然滞留于粗疏的和未经反思的前提之上,并且由于淡忘了据其整体(文化或文明)而握其枢机(根本精神)的本旨,所谓的哲学比较也就变得越来越缺失原则且轻率浮泛起来。举例来说,张君劢先生的晚年著作《新儒家思想史》自有其学术成绩,但其中的哲学比较——毋宁说相提并论——却往往散漫而无稽,如杨简与谢林、王阳明与斯宾诺莎、顾炎武与培根、黄宗羲与卢梭、颜元与实用主义、戴震与苏格拉底、陆象山与康德、孟子与康德、孟子与斯密、王船山与柏格森、王船山与工具主义,如此种种。①如果说以上的对照有些还算不得比较的话,那么,下述说法却无疑是实质性的:"我们曾经讨论过朱熹能不能说是柏拉图主义或亚里士多德主义者,最后我们认为他既是柏拉图主义者,又是亚里士多德主义者。"②

---

① 参看张君劢:《新儒家思想史》,中国人民大学出版社2006年,第229、331—332、394、413、436—437、475、201—202、146、430、549、416页。

② 同上书,第194页。

此外,为了简要地提示海外汉学的类似情形,我们可以举出列文森(J. R. Levenson)大体同一时期的著作《儒教中国及其现代命运》。全书开头便问道:"在宋明时期的知识界,唯心主义的哲学成了显学,然而到了十七八世纪,先前占统治地位的唯心主义哲学,则被大多数中国思想家抛弃了。那些早期的唯物主义思想家的出现究竟意味着什么?"后面的讨论中涉及哲学比较的一则说:依据康德关于人类理性的标准,黄宗羲的"理是名,而非实"、李塨的"无事何有理"等说法,"都可以包含在任何纯粹科学精神的表述之中"。另一则说:朱熹哲学申言体用不二,是说体与用乃是同一事物的两个方面;"当阿奎那写到'无物不具有其相应的功用'时,他的意思与朱熹的意思已十分相近"①。

不必举出更多例证了,因为后来的各种"哲学比较"大体上都是以这样的方式并在这样的区域中活动的——它们是不及根本的,也就是说,是缺乏根基的,因而很难说是错的或者不错的(用黑格尔的术语来说,即使"不错"与"真"也大为不同)。最为通常地说来,哲学的方式总以通达整体之根本为鹄的,而真正的哲学比较当然不能与之相失,亦即必得采取哲学的方式。如果说先前的比较虽较为天真粗疏却不失本旨,那么现今作为末流出现并散布开来的"哲学比较"则到处充斥着无主脑的任意和武断;它们是如此地随心所欲,又是如此地杂沓纷纭,以至于再没有什么可得依凭的原则和尺度了。看来张汝伦教授 20 多年前的批评依然有效:"……直到现在,中西比较的主要方法仍然只是比附。"②

---

① 列文森:《儒教中国及其现代命运》,中国社会科学出版社 2000 年,第6—7、54 页。

② 参看张汝伦编选:《理性与良知——张东荪文选》,序言第 20 页。

所谓"比附"，也就是无原则无尺度的比较（如果还可称之为比较的话），其结果就是大量产出那些望文生义的似是而非。这样的似是而非还找到了一个长期不受挑战的安居之所，那就是将差别置放并固定在一种单纯数量或比例关系的程度上面——其基本公式是："偏向于……"，"侧重于……"，"主于……"。如果我们在各种哲学比较中到处见到这样的公式在运行，那么，这只不过表明其固有的无原则和无尺度罢了。我们既不知道不同的哲学在特定的主题上究竟"偏向""侧重"到什么程度，也不知道某种哲学"偏向""侧重"在何种程度上就会变成另一种哲学，我们尤其不知道究竟是什么造成并制约着这样的"偏向"或"侧重"。如果说，某种层面或意义上的偏向或侧重是确实存在的，那么，单纯数量或比例关系的表象在这里就是完全无济于事的；而当这样的偏向或侧重要能够被用来说明什么之前，它们必须首先在源头上得到说明。

马克思在考察现代经济生活时说，资本是资产阶级社会的支配一切的经济权力，因而资本主义生产方式便是这一社会整体之具有决定性意义的根本。"这是一种普照的光，它掩盖了一切其他色彩，改变着它们的特点。这是一种特殊的以太，它决定着它里面显露出来的一切存在的比重。"[1]如果我们的哲学比较要能够摆脱长期以来踯躅不前的局面，那么，我们从马克思的方法中理应得到的启发是：除非一个有机整体的根本——"普照的光"或"特殊的以太"——能够被牢牢地把握住，否则的话，这个机体的基本"特点"以及其中一切存在的"比重"就无法得到真确的理解和说明，因而就不得不徘徊于缺失原则和尺度的游移状

---

[1] 《马克思恩格斯选集》第 2 卷，第 24 页。

态中。对于我们今天的理论处境来说,首先面临的任务就是对
"哲学比较"的前提做出必要的澄清或反思;前提的未经审视只
会为任意和武断大开方便之门,从而使通达特定整体的"根本"
不再成为可能。

二、原始的本性和开端性指令

(一)

既然哲学比较的本旨乃是通达特定文明整体的根本,并从
而开展出对不同民族的哲学——这里是中西哲学——由其根本
而来并立于其根本之上的比较,那么,从理论方面来说,这种比
较的前提反思就意味着要去追问:(1)哲学比较将从何处起步才
开始具有真实的效准? (2)这样的比较将进入怎样的理论视域
才开始具有真实的效准? (3)这样的哲学比较将采取何种基本
的理解方式才开始具有真实的效准? 这里所说的"真实效准"指
的是:依循必要的原则和尺度,以不断增益确定性的方式,来使
哲学比较的各方面和各层级始终有效地保持在同整体之根本的
相应联系中。

我们先来讨论第一个议题。就理论的基本前提而言,哲学
比较的起步之处并不像人们想象的那样可以是任意的。反映在
特定哲学中的特定的民族精神,乃是一个有机的整体,一个生命
体,因而也是这种意义上的个体。黑格尔在《精神现象学》中讨
论"自在自为地实在的个体性"时,对之做出了如下阐述:(1)实
在的个体性首先被直接地建立为"简单的自在存在",因而就出
现为一种"原始地规定了的本性"(原始的本性);这样的原始规
定性还只是一种简单的原则或空洞的普遍原素(个体性在这种

原素里发展它的差别并保持其自身的同一），所以它作为"直接的本质"就被称为特殊的"能力""才能""品质"等等。①(2)这种个体的原始规定性不仅是直接的本质，而且潜在地也是"实现"，换句话说，它们还要被设定为"发生行动的东西"。为了使个体自身的潜在性成为现实性，意识就必须行动起来并开展出"作为意识的精神的生成过程"，而它的原始本性就表现为行为的目的。这一行动的过程展开为"环境""兴趣"和"手段"三个环节（在"手段"中，"环境"和"兴趣"这两个对立面得以结合并被扬弃）；而行动的完成，则体现在"作品"或"事业"中。"这样，这整个的行动，无论作为环境，或作为目的，或作为手段，或作为所完成的作品或事业，始终没超出它自身以外。"②(3)于是，那完成了的事业或作品，就是意识为它自己所创造的实在，先前作为普遍原素的"原始的本性"，现在变成了客观存在，换句话说，原始的本性通过行动赋予它以现实性。由于原始的本性既是个体性本身的存在又是作为作品的个体性的存在，所以作品乃是"自在地真实的个体性的真理性"。因此，真正的作品或事业乃是作为个体—统一体的"事情自身"。所谓事情自身，意味着它在一切情况下都是独立不改地坚持其自身的、持存的东西。它既是诸环节的统一体，又是特殊个体的行动，并且最后又成为一个现存于意识面前的现实。只是在"事情自身"中，亦即在已经对象化了的个体性与对象性的统一中，自我意识才意识到它对它自身

---

① 参看黑格尔：《精神现象学》上卷，第262—264页。并参看第201页的下述说法："在对这各种能力的叙述中，观察是站在普遍性的一边的；而这各种能力的统一体则是这个普遍性的对面，是现实的个体性。——然而现在在理解各个现实的个体时，重新采取叙述的办法，说某人比较爱好这样东西，另外某人比较喜欢那样东西，某人的理解力比别人强，另外某人的情感比别人丰富等等，这实在是一种比列举昆虫苔藓的种类科属还更为无关重要的事情。"

② 同上书，第266页。

的真正概念,或者说,才意识到了它的实体。①

　　如果就此论到特定的民族精神及其哲学,那么可以说,它作为实在的个体首先是单纯的自在存在并呈现为一种原始的本性;这样的原始本性一开始只是一些空洞的普遍原素,或可称之为某个民族在哲学上的能力、才能或品质,就像我们可以说某人具有哲学的(或文学的、技艺的)才能一样。但是,除非这样的能力、才能或品质能够在该民族的活动中、在其展开过程中得到真正的实现,否则的话,它们就不存在,就是"乌有的无"。因此,该民族的哲学能力或品质便完成在(实现在)其哲学的"作品"或"事业"中,就像某位哲学家的才能完成在他的作品和事业中一样。不仅如此,当特定民族的哲学能力或品质在其作品或事业中变成了客观存在时,亦即当该民族在哲学上的原始本性既是其个体性本身的存在,又是其作为作品的个体性的存在时,这个民族的哲学就是"已经对象化了的个体性与对象性的统一",就像我们可以在特定的哲学家——例如孔子或老子,柏拉图或亚里士多德——那里识别出并且把握住这样的统一一样。

　　然而,对于我们的主题来说重要的是:"比较"只能在不同的个体之间发生,因此需要确定的是,具有真实效准的"哲学比较"将在何处起步,以及什么东西才是可以互相比较的。在黑格尔看来,随同着事业或作品,似乎就出现了"原始本性"的差别;于是意识就能将作品以及由之得到表现的原始本性看作一种"特定的东西",从而得以将一个作品与另外的作品进行比较,并从而认识到"诸个体性自身是不同的个体性"。然而,如果比较对照撇过作品的本质,即撇过个体性的这种"自身表示",那么,

―――――――

　　① 参看黑格尔:《精神现象学》上卷,第 268、270、272—273 页。

比较的思想就会是一种完全空洞的东西。在这样的情况下,差别就或者表现为分量与数量上的差别(这是一种非本质的差别),或者表现为好与坏这样一种绝对差别(但绝对差别在这里并不发生)。①因此,真正本质的并具有实体性内容的差别,不仅出自原始的本性,而且出自作为"事情自身"的作品,出自这两者共同构成个体性的彼此渗透或内在统一。黑格尔就此指出:"只有原始的本性,才是自在的东西或可以被当作判断作品之尺度的东西,反过来说,只有作品才是判断原始本性的尺度。但两者互相配应:没有哪一种为个体性而存在的东西而不是通过个体性的,或没有哪一种现实不是个体性的本性和行动,同时反过来说,也没有哪一个个体的本性和行动不是现实的。只有这些环节可以互相比较。"②我们由此可以获得的重要提示是:只有本质的并具有实体性内容的差别,才是适合于比较的,因为只有反映在作品或事业中的、作为原始本性之实现(或展开)过程的诸环节,才可以互相比较。对于不同的人物比较来说是如此,对于不同的民族精神及其哲学的比较来说也是如此。

确实,正如我们看到的那样,流俗的"哲学比较"经常陷入大小、分量或程度关系的表象(偏向于……,侧重于……,主于……)之中,因而局限于并且滞留于非本质的差别;同样,好与坏,以及不同程度的好与坏,也时常或者公开或者隐蔽地在比较中独断地起作用,从而阻止或匆匆越过作为"个体性自身表示"的作品的本质。在这样的情形下,比较就不仅是缺失原则和尺度的,而且是空洞的即避开了实体性内容的。这样的比较还总是徜徉于一种纯全主观的幻觉之中。紧接着上引黑格尔指明"只有这些

①　参看黑格尔:《精神现象学》上卷,第266—267页。
②　同上书,第267页。

环节可以互相比较"之后,他立即写道:"因此,在这里根本既没有发生激怒,也没有发生抱怨,也没有发生悔恨的余地;因为这类不愉快的情感都出自这样的一种思想,即总以为在个体的原始本性及其在现实中的表现以外,还有另外一种内容和另外一种自在。"①在流俗的中西哲学比较中,我们不是经常遇到抱怨(或者悔恨)中国传统思想之缺乏形式逻辑,并且终于没有产生近代科学(以及诸如此类的其他东西)吗?我们不是也经常见到由于被激怒而到处去搜寻各种依稀仿佛的替代品,并将之强行纳入被虚构出来的我们自身的"本性"之中吗?这样的主观想象是同比较的空洞和无尺度相联系的,以至于它可以随意假设在个体的原始本性及其现实表现之外的另一种内容和自在。殊不知这另一种内容和自在都是在特定的个体性之外撂拾或偷运得来的,殊不知任何一种行动方式,只要是一个个体性的"自身呈现和自身表现","⋯⋯总是好的;而且真正说来,也许根本就不能说什么是'坏'"。②

(二)

在这里立即就显示出"开端"的极端重要性。不仅因为"原始的本性"最直接地置身于开端之中,而且因为开端处的事业或作品最切近地实现原始的本性并从而将"事情自身"的意义呈放出来。就此而言,开端(或起源、源头等等)的性质,不是历史学的,而是历史性的。例如,黑格尔在讲述世界历史之"日耳曼世界"时指出:我们在考察整体的计划前,需要考察"开端的本性";而这一开端既涉及罗马世界,又涉及日耳曼世界。"如果说希腊

---

①② 黑格尔:《精神现象学》上卷,第267页。

人是友好地联合起来的,罗马人是作为盗匪抽象地联合起来的,那么在日耳曼人这里就绝对地存在这两种不同的原则,存在一种双重的东西——这是绝对不同的、类型不同的形成过程——整体必须从这种双重东西中统一起来。在这里,类型不同的非等同性构成开端。"①虽说这一开端较为复杂,并且包含类型不同的非等同性,但这一"开端的本性"在理解日耳曼世界时直接就是"其原始的本性",它在日耳曼世界的作品或事业中得以实现并取得其客观的表现。

与此相类似,亨利希·海涅在1833年的著作中向法国人介绍讲述德国哲学时,同样试图从这一哲学的"开端的本性"入手,而这一开端涉及三个方面:(1)基督教。就此需要阐述的是:"……什么是基督教,它怎样变成罗马天主教,又怎样从罗马天主教中出现新教,并从新教中出现了德国哲学。"②(2)北部欧洲(北方日耳曼语系)的民间信仰。它完全不同于南方罗马语系民族在精神上的明朗多彩,而是表现为一种忧郁阴暗的"北方精神",并更多地具有泛神论的倾向;这种在民族性中甚至比基督教更为根深蒂固的倾向,使得德国反对天主教的斗争——与法国相反——首先成为由唯灵主义发动的一场战争,从而以宗教改革的方式为德国哲学做好了准备。③(3)由笛卡尔肇其始端的近代哲学。这个开端首先在于"我思故我在"所确认的"自我意识",并且很快发展为洛克和莱布尼兹的不同取向(经验主义和唯理主义,法国人会称之为感觉主义和唯灵主义),以及斯宾诺莎的伟大综

① 黑格尔:《世界史哲学讲演录》,第380—381页。
② 海涅:《论德国的宗教和哲学的历史》,第12页。
③ 参看同上书,第21—35页。

合:绝对实体的泛神主义。①对于德国哲学来说,这样的开端还包含其他一些远非不重要的基本因素,特别是莱布尼兹试图调解新的科学思想与传统形而上学的努力,以及沃尔夫等人开始用德文来写作哲学——用黑格尔的话来说,沃尔夫应当被称为"德国人的教师",因为他第一个使哲学成了德国本地的东西。"只有当一个民族用自己的语言掌握了一门科学的时候,我们才能说这门科学属于这个民族了;这一点,对于哲学来说最有必要。"②

　　对于中西(或中国、印度、希腊、希伯来)哲学的比较来说,其开端不像日耳曼世界的历史或德国哲学那样是复合的和错综的,因而其"开端的本性"要直截纯净得多(这绝不意味着它们更易于了解和把握),其意义要辽阔深远得多。就像海涅在阐述德国哲学时也要追踪到柏拉图和亚里士多德的开端一样,我们对中国思想或精神之较后形态的诠解,也不能不回溯到孔孟老庄所代表的那个奠基性的开端。如果"轴心期"一线意味着诸轴心民族普遍的精神"突破",而伴随着这样的突破其精神的核心得以稳固而持久地建立起来,那么,当这样的核心决定性地形成文化的主干和思想的母体时,我们便可以从"开端"处来分辨诸种不同的哲学(广义的哲学),并且可以在开端的"近处"来识别不同的原始本性了。在这样的意义上,轴心期突破乃是一个真正的转折点;因为正是经历这一转折点,诸轴心民族的原始本性才获得了对于"哲学"来说必要的确定性,并且将这样的原始本性——才能、能力、品质——最初实现在它们那些可以被称为"哲

---

①　参看海涅:《论德国的宗教和哲学的历史》,第 55—79 页。
②　黑格尔:《哲学史讲演录》第 4 卷,商务印书馆 1978 年,第 187 页。

学"(而不是民间信仰、神话或史诗等等)的事业或作品中。

可以断言,在哲学的事业或作品中得到反映的"原始本性"必定有其洪水期前的存在,但"哲学"之广义的形式特征以及它作为精神枢轴的坚固性质,却使我们能够在特定的转折及其标志处"截断众流",并将其把握为真正的"开端"。这样的转折一标志可以用不同的方式来表示,但它总意味着特定民族的原始本性在其哲学的事业或作品中得到最初的、奠基性的和决定性的实现。海德格尔将西方哲学的"第一开端"划定在苏格拉底—柏拉图—亚里士多德一线,我们同样有理由将"开端"范围在先秦诸子(特别是孔孟老庄)的事业或作品中。事实上,这里无须借助轴心期理论的"假设",因为在这里被视为"开端"的区域及其标志物是早已在不同民族的历史性进程中被证明了的和考验过的,以至于毋宁说,轴心期理论的假设倒是由于这样一些作为基本事实的开端才得以如此这般地建立起来的。

如果说,在黑格尔看来,由于只有原始本性之实现的诸环节才可以互相比较,因而"开端"的重要性便表现为原始本性在展开过程中的必然性,那么,在尼采和海德格尔那里,"开端"的重要性还由于西方哲学的开端本身要受到批判性的追究而被进一步尖锐化了。就像尼采把希腊智慧最深刻改变的开端性源头追究到苏格拉底一样,海德格尔则试图深入由苏格拉底—柏拉图—亚里士多德所建构的"第一开端",以便使把握西方形而上学历史之天命的整个行程成为可能。然而,这里还不是要讨论对于开端之不同立场(例如海德格尔同黑格尔的长久"争辩")的地方;只要真正的历史性意识进入哲学对于自身的理解之中,"开端"所具有的决定性意义就必然会一般地得到认可,就必然要参与到"哲学比较"之中并作为尺度来起作用。只有在"开端"

能够明晰地呈现自身并稳固地建立起来的地方,历史性的事物才开辟和展示为一条"道路",并且在这条道路上才积极地构筑其所谓"传统"。正如黑格尔所说,构成我们现在的那种有共同性和永久性的成分,是与我们的历史性不可分割地联系着的。"……所以同样在科学里,特别在哲学里,我们必须感谢过去的传统,这传统有如赫尔德所说,通过一切变化因而过去了的东西,结成一条神圣的链子,把前代的创获给我们保存下来,并传给我们。……这种传统并不是一尊不动的石像,而是生命洋溢的,犹如一道洪流,离开它的源头愈远,它就膨胀得愈大。"①

(三)

虽然在基本的哲学立场上相当不同,但海德格尔却表明自己是黑格尔历史性原理的伟大批判者和继承者(他把试图重新泯灭历史意识的哲学称为"野蛮人的柏拉图主义")。因此,在严格地审视"西方—欧洲思想"的进程时,他突出地将之把握为一条"道路"——"思想本身乃是一条道路"。由于道路的展现取决于行走(运思的追问),所以,这一展现乃是"运-动""开-路",亦即"让道路出现",或通常所说的开辟道路。思想之道路的这一特征属于思想的先-行性(否则它就无法让道路出现),而这种先行性本身基于一种神秘的"独一性"(Einsamkeit)。由此独一性而来的便是独特的思想道路,在此道路上我们可以从源头去追踪一个"指令",即"把西方—欧洲思想召唤和指引入被当作思想

---

① 黑格尔:《哲学史讲演录》第 1 卷,第 8 页。并可参看海德格尔的下述说法:"因此,对黑格尔来说,作为精神向着绝对知识的自我发展,哲学与哲学史是同一的。在黑格尔之前,没有一种哲学获得过这样一种对哲学的基本态度,这种基本态度使得下面这回事情成为可能并且要求着下面这回事情,即:哲学思考同时在其历史中活动,并且这种活动就是哲学本身。"(海德格尔:《路标》,第 508 页)

来完成的东西之中的指令"①。这是真正意义上的"开端"：它既是一个本己的肇始，又是一个决定性的指令——整个西方的和欧洲现代的思想所服从的指令。这一开端不是通过对西方哲学之肇始的"历史学描述"可以把握的，因为它是"西方思想的命运性的肇始"。我们正是在这样的意义上来谈论诸轴心民族的哲学之开端、开端之本性以及开端性指令的。

从开端处获得指令并由之来定向的道路，时而被海德格尔称之为"轨道"，后来的欧洲思想乃是"被置于所指定的轨道上了"。于是需要追问的是："把我们的西方思想托付给它本己的肇始，并且由此而来还把我们时代的思想指引到它的道路上去的指令是什么呢？"②为此海德格尔试图通过解说巴门尼德的一个箴言（它通常被译为"必须去道说和思考存在者存在"），来表明一种指令如何把思想带向"逻各斯"进入"言说"的道路，从而关于思想的学说乃被叫作"逻辑"。正是通过这一指令的定向，巴门尼德箴言中的"言说"（λέγειν）和"思想"（νοεῖν）这两个词语，在柏拉图和亚里士多德那里，"各自独立地标识着后世哲学所理解的思想"③。

这里不是详论西方思想命运性肇始的地方。对于中西哲学比较的前提反思来说，从中可以获得的关键启示有二。第一，是

---

① 海德格尔：《什么叫思想？》，第 251 页。并参看第 192—195 页。还可参看海德格尔的下述说法："以这种方式，我们把讨论带入某个确定的方向之中。由此，讨论便被带上一条道路。我说：带上一条道路。借此我们承认，这条道路诚然不是唯一的道路。""但我们这个问题的目标乃是进入哲学中，逗留于哲学中，以哲学的方式来活动，也就是'进行哲思'（philosophieren）。因此，我们的讨论的道路不仅必须具有一个清晰的方向，而且这一方向还必须保证我们在哲学范围内活动，而不是在哲学之外围着哲学转。"（海德格尔：《同一与差异》，第 3—4 页）

② 同上书，第 192 页。并参看第 196、279 页。

③ 参看同上书，第 193、251 页。

对传统的积极把握。由于明确地区分"过去之物"(离我们远去者)和"曾在之物"(das Gewesene),海德格尔得以把后者揭示为"已经现身并且成其本质的东西",因而是属于向我们走来并接近我们的东西。①"真正的传统并不是载有过去的重负的拖船队,毋宁说,它把我们释放到当前呈现的东西(das Gegenwartende)中,并因而成为对思想之实事的基本指引。"②第二,是"开端"对于理解整个哲学思想传统来说——因而对于比较不同哲学思想之传统来说——的极端重要性。如果说,特定的哲学"开端"意味着特定的指令或定向,那么这样的命运性肇始便引领着并且规模着特定哲学的整个历史性进程。它的意义是如此地深沉辽远,以至于可以说,如果不曾确立起这样的开端,那就谈不上真正的传统;如果不曾把握住这样的开端,那就不可能对传统形成透彻的理解。

黑格尔的历史性原理(通过"扬弃"的前进运动)使得传统及其开端的重要性在哲学上史无前例地突现出来,而海德格尔对整个西方哲学一形而上学的批判任务(通过"返回步伐")则使他更加深入地进入这一传统之中,并且更加透彻地去追究其"开端的本性"。对于具有尺度和效准的哲学比较来说,那"道路"由之开辟、"传统"由之而来的决定性开端(也往往被称为"源始""基源""本源"等等)具有举足轻重的意义,因为所有这些词语无非指示着并且要求着:及于根本,亦即通达那作为源始、基源或本源的"开端之本性"。这倒并不是说,所有的哲学比较都要小心翼翼地一路追溯到开端上去(例如追溯到苏格拉底和柏拉图,或者追溯到孔子和老子等等),而是意味着开端之本性必须作为经

① 参看海德格尔:《同一与差异》,第124页。
② 海德格尔:《路标》,第507页。

由反思而被牢牢把握住了的前提,时时呈现在哲学比较由之开展出来的活动中,并在这样的活动中实际地作为"基本指引"来起作用。

丁耘教授在《道体学引论》中颇为清晰地表明了这一点。他指出,为了避免对传统思想的粗率解释,需要有前提性的反思;这种反思在把"中国思想"问题化之前,还须将"哲学"问题化。而在特定哲学的"开端"处出现的乃是"基源性哲学家"(我们在前此的论文中或称之为"开端性哲学家")。"不加解释地提出基本问题,是基源性哲学家的特权。"①对于他们来说,发现与提出问题是不需要论证的(之所以如此,是因为如前面已提到的那样,这样的问题毋宁说是出自命运性的"决断"并成为一种开端性"指令")。因此,"非本源而拥有本源是后人的本质处境。所谓传统就是基源性的哲人存在、呈现与隐蔽的方式。传统非但是丰富的,而且具有无穷的创造力,所有的开新,都是传统自身的开新"②。对于传统及其开端的这种由前提性反思而来的理解方式,对于任何一种试图及于根本的中西哲学比较来说都是意义深远的。我们在此可以就基源性问题无须论证这一点附加以下简短的说明——它出自海德格尔。在 1919 年《论哲学的规定》中,海德格尔将哲学一般地(固然也依循西方的传统)把握为"原始科学"(Urwissenschaft)。原始科学的方法不可能从派生的、本身非原始的科学中推演出来,相反,每一种真正科学的方法都起源于原始科学(即"哲学")的观念。终极的起源在本质上只能从自身中并且在自身中得到把握,这意味着在原始科学的观念中包含着不可摆脱的"循环",而且我们暂时也没有手段在

---

① 丁耘:《道体学引论》,序言第 3 页。并参看第 3—4 页。

② 同上书,序言第 3 页。

方法上冲破这种循环性。"在一种原始科学的观念中一道给出的循环性,即自身预设、自身论证的循环性……并不是什么强制的、聪明地假装出来的困难,相反,它已经是哲学的本质特征以及哲学方法本性的表达……它[扬弃循环性的途径]要使这种循环性直接地被看作必然的和归属于哲学之本质的。"①

三、哲学之"自我批判"的决定性意义

(一)

如果说,"哲学比较"只有在具备了原则和尺度的情况下才能及于根本,而及于根本的哲学比较又以把握整个传统之"开端的本性"为前提,那么,进一步的问题是,这样的比较在何种理论视域中才是可能的?——这是需要反思的另一个前提。对问题的简要回答是:它只有在哲学能够"自我问题化"或"自我批判"(我们在后面将更多地使用"自我批判"一词)的立场上才真正成为可能。

这一回答立即使哲学的西方传统在开端的本性上要求得到先行的澄清。之所以如此,不仅因为"哲学"一词毋庸置疑地出自西方,而且因为在"世界的文学"中诸文明体之间的哲学比较成为不可避免(它甚至在关于东方或中国文化、思想、精神的任何一种言谈语境中都是不可避免的)的情况下,初始的比较不能不以西方哲学为基准或标杆,亦即以其基本的话语、观念、范畴、方法等形式作为使各种比较得以开展的"坐标系"或"参照系"。正如蔡元培先生在为胡适《中国哲学史大纲》撰写的序言中所

---

① 海德格尔:《论哲学的规定》,商务印书馆 2015 年,第 20—21 页。

说，就中国古代哲学史的形式（方式或方法）而言，"……中国古代学术从没有编成系统的记载。《庄子》的《天下篇》，《汉书艺文志》的《六艺略》《诸子略》均是平行的记述。我们要编成系统，古人的著作没有可依傍的，不能不依傍西洋人的哲学史。所以非研究过西洋哲学史的人，不能构成适当的形式"①。编撰哲学史的"形式"尚且如此，阐述哲学之内容并判断其性质的"形式"就更是如此了。

这当然绝不意味着在西方的"形式"出现之前中国的古人就根本无法理解自身的传统，相反，他们向来能够准确地把握住这一传统的整体并知晓其开端，只不过是采取着全然不同的方式或方法罢了。然而，随着现代性的权力开展出"世界历史"，随着占统治地位的世界性交往一般地采取现代西方的主导标准，哲学的比较就像其他方面的比较一样，不能不一般地使用现代西方的话语—形式。这样的学术处境就像麦克斯·缪勒在谈到比较宗教学的宗旨时所说的那样，"只知其一，一无所知"。这对于中国学术界来说尤其如此：除非它能够现成地采用现代西方的诸"形式"，并且除非它能够借此现成地把捉西方哲学的传统，否则的话，任何一种哲学的比较都是不可能的。因此，从一个方面来说，在特定阶段上对于西方哲学史形式（真正说来乃是对于西方哲学）的"依傍"，不仅是必然的和必要的，而且也可以是具有积极的探索性意义的。

但是，从另一个方面来说，由此种依傍而来的比较，并没有使"哲学"本身问题化，因而还谈不上真正的"比较"。就像哲学的各种形式（范畴、方式、方法、话语等）现成地储藏在西方哲学

———————
① 胡适：《中国哲学史大纲》，序言第 1 页。

的武库中一样,它的各种内容可以从西方哲学史中随处找到,并且现成地——理所当然地——构成比较由以开展的立脚点。在这样的情况下,特定传统之"开端的本性"是完全被匆匆越过了:如果说中国哲学的本质性阐述现在要被归结到西方哲学,那么,西方哲学的本质性对于我们来说则似乎是完全现成的,理所当然的,无待乎从开端上去追究的,也就是说,它全体避开了问题化。这种情形不仅会不由自主地产生出大量无原则的比附,而且为任意和武断提供了广阔的活动空间。因为那些时常自发地充任尺度的西方哲学的整体和各种片段,由于未经前提反思而很少得到真正的理解而具备有效的确定性。于是,所谓中西哲学比较,一方面是把西方哲学的现成之物先验地——理所当然地——强加到中国传统思想的各种内容之上,另一方面则是那些现成之物本身还远未从根本上进入反思的理解和批判的把握之中。黑格尔早就说过:什么叫自由的思想?自由的思想就是批判的思想,批判的思想就是不接受未经审查其前提的思想——无论它看起来多么理所当然。

(二)

如果我们在特定的转折点上意识到这种"比较"所固有的局限性,并且同时还意识到局限的突破将不能不首先通过现代学术话语的方式来展开和实现,那么,及于根本的哲学比较就必须首先使"哲学"(它一般地以西方哲学为范本)在现代语境中被问题化。哲学在何处才决定性地被问题化呢?回答是:在西方哲学能够开始进行自我批判的地方。正是在这种"自我批判"出现的地方,哲学才从根本上和整体上对自身来说成为真正的、有待追究的问题,从而先前在哲学中作为本质的现成之物才要求成为被批判所贯穿、所把握的东西。为了充分理解这个对于"哲学比较"来说意义重大的前提反思，我们须得很好地领会马克思《政治经济学批判导言》中的一个基本思想："基督教只有在它的自我批判在一定程度上，可说是在可能范围内完成时，才有助于对早期神话作客观的解释。同样，资产阶级经济学只有在资产阶级社会的自我批判已经开始时，才能理解封建的、古代的和东方的经济。"①

在马克思看来，基督教固然对异教进行批判，新教固然对旧教进行批判，但只要基督教的"自我批判"（所谓内部批判）尚未在可能的范围内完成，前者对后者的批判就只能是贬抑性的挞伐或判教式的攻击（所谓外部批判），而根本不理解被批判者的实质，因而也无助于对早期神话"作客观的解释"。这种情形类似于资产阶级经济学对以往经济（特别是封建经济）所做的批判，这种批判或者把被批判者当作异教来攻击，或者在此后就用编造神话的办法把自己同过去的经济——完全非历史地，亦即以"抹杀一切历史差别"的方式——等同起来。因此，如果说"资产阶级经济为古代经济等等提供了钥匙"，那么，对于经济学来说，也只是在这样的情况下，亦即在资产阶级社会的"自我批判"已经开始时，它才能够有助于客观地理解封建的、古代的经济，并且也才能够有助于客观地理解东方的经济。②

对于哲学比较——这里是中西哲学比较——来说，情形难道不是同样如此吗？是的，它确实如此并且尤其如此。如果说，在现代世界的处境中，实际发生的哲学比较不能不一般地运行于西方哲学的坐标之中，并且不能不一般地采用现代话语的形式，

① 《马克思恩格斯选集》第2卷，第24页。
② 参看同上书，第23—25页。

那么,除非西方哲学的自我批判在我们的比较活动中能够被明确地意识到并且实质地进入我们的视野中,否则的话,在这里发生的就不会是以"客观的理解"为基础的哲学比较,而只可能出现各式各样以歪曲、夸张和混淆为特征的漫画式比附,无论这样的比附是表现为无原则的贬抑,还是表现为无尺度的虚骄。之所以如此,是因为西方哲学的整体及其性质,只有在其现代进程能够开展出它的"自我批判"并在可能的范围内完成时,才得以被充分而全面地揭示出来,从而才为客观地理解古代哲学(乃至于"前哲学"的形态)和东方哲学提供真正的基础。只有在这样的基础上,也就是说,只有在西方哲学的整体及其性质得到批判性把握的基础上,及于根本的中西哲学比较才会积极地开展出来,就像只有在资产阶级社会的自我批判开始的地方,经济学才能提供客观地理解古代经济和东方经济的钥匙一样。

因此,中西哲学比较的前提反思使我们就此意识到:在一般地"依傍"西方哲学的坐标和现代话语的哲学比较中,除非西方哲学的自我批判能够得到把握并进入我们的视域中,及于根本的中西哲学比较才可能具有真实的效准;否则的话,中国哲学的整体及其性质就会是晦暗不明的和被极大遮蔽的,对于这一哲学的"客观理解"因此就是不可通达的。劳思光先生批评胡适的《大纲》"几乎未接触到任何哲学问题",批评冯友兰的《中国哲学史》"在哲学理论上造诣不算太深"(限于早期的柏拉图理论与近代的新实在论)[1];虽说或有此等情形发生,但却决然不是问题的要点。牟宗三、徐复观、张君劢、唐君毅诸先生的《为中国文化敬告世界人士宣言》,大体立于康德哲学(宋明儒之思想,实与"康

---

[1] 参看劳思光:《新编中国哲学史》第1卷,第1—3页。

德以下之理想主义哲学更为接近",或者,"心性之学中的形上学
乃近乎康德所谓道德的形上学"①等等)来进行比较,是否因此就
更加高明并且更得要领呢? 虽说或有某种差别发生,却也决然
不是问题的要点。治不同的西方哲学皆会有深浅精粗之分,但
即使治高明的西方哲学而能达于精深者,也并不意味着因此就
能对中国哲学的整体及其性质具有客观的理解。形成这种理解
的决定性基础,在于深入地把握西方哲学已经开展出来的自我
批判;而缺失这样的基础及其定向,则不免同样落入比附的窠臼
之中。诚如严羽的《沧浪诗话》所云:"行有未至,可加功力;路头
一差,愈骛愈远。"

(三)

西方哲学的自我批判始于何处? 大体说来,它始于黑格尔
身后的那个历史性事件——"绝对精神的瓦解过程";因而这样
的自我批判就其基本性质而言,乃是"后黑格尔"的。之所以如
此,是因为黑格尔将西方哲学提到了一个高度,一个"不可能更
高的高度",即"绝对"的高度,并且依其整体的性质使之得到全
面的实现从而最终完成了它。"以'希腊人'这个名称,我们思及
哲学的开端;而以'黑格尔'一名,我们思及哲学的完成。"②在此
意义上,黑格尔一名所标示者,不是西方哲学之一种,而是西方
哲学之一切。在这样的意义上对黑格尔哲学传檄讨伐者,当首
推费尔巴哈。在《基督教的本质》的初版序言中,费尔巴哈便指
出,哲学和宗教虽有其形式的差异,但从根本上来说乃是同一的
(正如黑格尔所论证的那样)。思辨哲学和神学不仅彼此一致,

---

① 参看张君劢:《新儒家思想史》,附录第 555、569 页。
② 海德格尔:《路标》,第 506 页。

而且相互补充:正像"思辨宗教哲学"使宗教哲学变成了哲学的牺牲品一样,"基督教神话学"乃使哲学变成了宗教的牺牲品。因此,当费尔巴哈揭示神学的秘密乃是人本学时,他也同时把思辨哲学的秘密揭示为神学——思辨神学。这无非意味着,费尔巴哈把对神学的人本学批判直接转变为对思辨哲学乃至一般哲学的批判。这样的哲学批判固然首先针对着黑格尔,但当黑格尔哲学被当作整个哲学的集大成、总纲和完成者来把握时,这一批判也从整体上袭击了近代思辨哲学和一般哲学。①因此,马克思在《巴黎手稿》中指证费尔巴哈的第一项伟大功绩就在于:他"证明了哲学不过是变成思想的并且通过思维加以阐明的宗教,不过是人的本质的异化的另一种形式和存在方式;因此哲学同样应当受到谴责"②。

然而,尽管对一般哲学或整个哲学的批判是首先在费尔巴哈那里被课题化的,但从理论终局上来说,他却并未能够真正赢得"未来哲学"的出发点(《关于哲学改造的临时纲要》和《未来哲学原理》表现出这样一种深切的瞩望),相反却是退行性地返回一般哲学的立足点上,并且最终只是使自己的哲学命运性地成为黑格尔哲学的一个片段,即一种"前黑格尔的"形而上学。就像洛维特认为费尔巴哈粗鲁的感觉主义根本无法与黑格尔以概念方式组织起来的理念相抗衡一样,恩格斯更为根本地指出:"施特劳斯、鲍威尔、施蒂纳、费尔巴哈,就他们没有离开哲学这块土地来说,都是黑格尔哲学的分支。"③但是,尽管如此,那由

---

① 参看《费尔巴哈哲学著作选集》下卷,商务印书馆1984年,第1—2页。并参看上卷,第101页。

② 《马克思恩格斯全集》第3卷,第314页。

③ 《马克思恩格斯选集》第4卷,人民出版社1995年,第247—248页。

费尔巴哈所开启的哲学批判(不是对某种哲学或某派哲学的批判,而是对整个哲学或一般哲学的批判,因而是西方哲学的自我批判),却在那些更深刻也更彻底的思想家那里,在马克思、尼采和海德格尔那里,结出了具有决定性意义的硕果。

如果说,只有在西方的现代哲学能够开始自我批判并在一定程度上完成时,对于古代哲学和东方哲学的客观的理解才真正成为可能,如果说,中西哲学比较在既与的学术处境中,不能不进入西方哲学的坐标之中并采取现代的话语形式,那么,充分理解西方哲学已然开展出来的自我批判,亦即站立到由马克思、尼采和海德格尔(作为代表)的批判所敞开出来的那个区域中,便成为问题的关键所在,成为具有决定性意义的前提了。对于真正的哲学比较来说,问题的焦点总在于比较中对自身及对方的客观的理解,在于达成这种关乎整体之根本的客观理解的基本视域。这样的视域并不取决于在西方哲学的诸种或诸派中择别出高低精粗,而是取决于西方哲学的"自我批判"是否实质地进入比较的立场中,也就是说,在于对西方哲学之总体的立场是批判的还是非批判的。

在这样的意义上,如果说非批判的立场最终不能不沦落到各式各样的比附中去,那么,只有对西方哲学之整体及性质的批判性立场,才开始使及于根本的比较所必须的客观的理解成为可能,才开始使彼此的实体性内容实际上成为可通达的——对于西方哲学的客观理解是如此,对于中国哲学(或东方哲学)的客观理解也是如此;对于西方的研究者来说是如此,对于中国的研究者来说也是如此。在这样的前提下开展出本已不可避免的哲学比较,与其说是正在着手进行的事情,毋宁说还是有待开始的一项任务。所以海德格尔要求把所谓的"比较"提高到"对话",因为一种道说着的"应合"(Entsprechen)只可能是"对话"(Gespraech)。"……对现存之物的任何沉思要想生长、繁荣,就只有通过与希腊思者及其语言的对话,才能植根于我们历史性此在的基础之中。这个对话还在期待着它的开始。它几乎还未被准备,并且它始终是那个不可避免的与东亚世界之对话的先决条件。"①如果说,与希腊思者的对话在这里意味着西方哲学从其开端处而来的自我批判,那么,正是这种自我批判构成与东亚世界对话——不可避免的对话——的先决条件(基本前提)。

那由马克思、尼采、海德格尔的哲学批判所敞开出来的视域性立场是怎样的呢? 这是一个极为广大的议题(又是一个流俗的学术无能进入的议题),因此我们在这里只能满足于给出若干简要的提示,而把其主要内容和意义的阐述留待后续论文的相关处再做必要的讨论与展开。在马克思那里,由于把意识(das Bewusstsein)的本质性导回到被意识到了的存在(das bewusste Sein),亦即导回到人们的现实生活过程,所以,"道德、宗教、形而上学和其他意识形态,以及与它们相适应的意识形式便不再保留独立性的外观了。它们没有历史,没有发展,而发展着自己的物质生产和物质交往的人们,在改变着自己的这个现实的同时也改变着自己的思维和思维的产物"②。如果说,马克思因此特别地关注哲学以及其他意识形态的现实基础——社会历史的现实——本身(哲学、宗教等等的异化乃是这一现实本身的异化在观念形态上的表现),那么,尼采和海德格尔则更多地在哲学的专门领域中从事这种异化的批判工作。按伽达默尔的说法,尼采的批判目标乃是"意识本身的异化",这是从我们之

---

① 《海德格尔选集》下卷,第 957 页。并参看第 1005—1006、1055—1056 页。
② 《马克思恩格斯选集》第 1 卷,第 73 页。

外降临到我们身上的"最终最彻底的异化";尼采之所以成为
20世纪哲学运动的真正后盾,正是因为他将这个批判的观点
牢牢地装进了现代思想之中。凭借着这种批判,"我们不仅思
考由伪装之神狄奥尼修斯神秘地表现出来的伪装的多元性,而
且同样思考意识形态的批判,这种批判自马克思以来被越来越
频繁地运用到宗教、哲学和世界观等被人无条件地接受的信念
之上"①。

(四)

这里还不是讨论尼采和海德格尔区别的地方。如果说,尼
采的批判已经开始激进地追究整个西方哲学(为此他援引过费
尔巴哈)及其当代后果(欧洲虚无主义的降临),并将矛头直指苏
格拉底—柏拉图一线,那么,海德格尔则尤其在"开端"和"终结"
处对西方哲学的历史性命运做出了无与伦比的批判性分析,而
这种分析的精详与缜密为及于根本的中西哲学比较打开了广阔
的活动空间(因为这个缘故,我们在关于中西哲学专门讨论的后
续论文中会较多地借重海德格尔)。不过在这里最关紧要的还
是这种分析在性质上的意义:西方哲学在特定阶段上的"自我批
判"为对古代哲学和东方哲学的客观理解提供了基本的立脚点,
并因而构成中西哲学间的真正"比较"或"对话"的决定性前提。
丁耘教授把握住了这一点。他写道:将哲学问题化意味着使通
常据以判决中国思想的哲学观变成追问的对象,"而捕获这个哲
学观的先行工作,在很大程度上是尼采之后哲学史的主要贡
献"②。若就中西思想的关系而言,"海德格尔的探索尤其值得重

---

① 加达默尔:《哲学解释学》,第116页。
② 丁耘:《道体学引论》,第4页。

视",揆其意义,大约有三:(1)不可无反思地运用属于"第一开端"且或已"终结"的西方哲学来测度中国思想,相反,要从该传统之开端与终结的机理中"回看"中西思想的异同。(2)开端意味着本源,而海德格尔对"第一开端"(自前苏格拉底至亚里士多德)的检讨与阐发尤为深入且重要。(3)开端与终结处的西方哲学——其哲学自我问题化的极端时刻——尤须关注,而此种关注意味着必须清理西方哲学的整体并辨明其基本性质。①上述说法清晰地表明,西方哲学之自我批判或自我问题化所敞开出来的那个视域,对于客观地理解中西两大思想传统来说,对于在两者之间开展出及于根本的"比较"或"对话"来说,具有至关重要的意义。

就此我们不拟再做展开,但可举出几个例子,来提示哲学的"自我批判"会在何种程度上影响到对于古代哲学和东方哲学的客观的理解,并且会在何种程度上影响到对于它们的判断与估价。例如,在谈到"希腊七贤"时,黑格尔因了他们与政治的关联以及道德体系中的自然性而将他们排除在"智慧的人"(σοφούς)和"爱智者"(φιλόσοφος)之外。并且评论说,他们流传下来的格言很多都是肤浅陈腐的。"这些言辞并不是哲学,而是一般的思想,道德义务的宣示,格言,基本论断。他们的智慧的格言,就是这一类的,多数无甚意义,而且有许多似乎比这些更无意义。"②这样的说法立即会使我们想起黑格尔对孔子的评价:"我们看到孔子和他的弟子们的谈话,里面所讲的是一些常识道德,这种常识道德我们在哪里都找得到,可能还要好些,这是毫无出色之点的东西。……西塞罗留下给我们的'政治义务论'便是一本道德教训的书,比

---

① 参看丁耘:《道体学引论》,第4—6页。
② 黑格尔:《哲学史讲录》第1卷,第169页。并参看第164页。

孔子所有的书内容丰富,而且更好。"①如果我们对这样的评价大为不解甚或感到愤怒,那么,须得理解的是:这里的事情实际上很少是由于黑格尔缺乏学识,而是牵涉他的"哲学"基本立场——这一立场尚未受到哲学之自我批判(或自我问题化)的冲击。

　　与之形成对照的是,尼采能够透彻地把握"伦理自然主义"的意义,他指出,正是基督教褫夺了古代道德体系中向来盛行的自然性,并使这种自然性成为无关紧要的和令人反感的;但真正说来,"人并不是受那些更高的冲动驱使的,他的整个存在都证明了一种更为松弛的道德。最纯粹的道德使人失去了他自己的本性"②。不仅如此,在尼采看来,早期希腊哲学(智慧)与政治(以及艺术)的紧密关联并不是它的缺陷,相反却是它在本己处所中的优越性所在:"早期希腊哲学是政治家的哲学。我们今天的政治家是多么可怜!这也是把前苏格拉底哲学同后苏格拉底哲学区别开来的最好标志。"③这里出现的是两种相当不同的哲学家类型,前者以一种丰富和复杂得多的方式描述生活,而后者(苏格拉底分子)则"只是简化事物和使它们庸俗化"。这样的观点同样会让我们想起海德格尔的下述说法:艺术和政治(建国)乃是真理的原初发生;而赫拉克利特和巴门尼德是比柏拉图和亚里士多德更伟大的"思者"(这里的"更伟大"不是分出高低层次,而是表示两者——思者和哲学家——在基本立场上的迥然不同)。

　　最后,我们可以提到伽达默尔对 20 世纪哲学的一个概要的评判:它决定性地超出了德国观念论哲学——由整个西方哲学发展起来并达到最后完成——所预设的立场,或可简要地称之

---

　　① 黑格尔:《哲学史讲演录》第 1 卷,第 169 页。
　　② 尼采:《哲学与真理》,第 121 页。
　　③ 同上书,第 162 页。并参看第 163 页。

为"概念立场"。"首先,在以下三点上,当代思想揭露了德国唯心主义的天真的假设,这种假设再不能被认为是正确的,它们是:(1)断言的天真;(2)反思的天真;(3)概念的天真。"①这里所说的天真的假设,正是指"哲学"未经自我批判而立足其上的根本预设。就此值得停下来思考一下的是:当这样的预设立场遭遇到决定性批判的时候,我们先前在哲学史上对西方哲学的"依傍"将会发生何种程度的改变? 而当这样的批判性追究被充分意识到时,我们对西方哲学之整体性质的把握,从而我们对中国自身传统的理解与判断,又将会发生怎样的视域迁移呢?

四、当代解释学的主旨及其思想任务

(一)

有必要在本文中加以反思的又一个前提,关系到"哲学比较"之最基本的理解方式,即通常所谓"解释"。如果说,不同哲学之间的"比较"只有被提高到"对话"时才会有积极的效准,如果说,真正的对话只有在从事比较者具备自我主张时才会有实际的开始,那么,就像"比较"运行其上的立场要能够被批判地获取一样,那使"比较"得以开展并有以进行的"解释",也必须摆脱它的天真状态。在这里出现的,正是解释学的意义。"解释学"(Hermeneutik)这个希腊术语与赫尔墨斯神——诸神的信使——的名字有关,"Ερμηνεὺs(解释者)是指向某人传达、宣告另一个人的'意思'的人,或者是指充当中介去做这种传达、宣告的人"②。因此,大体说来,解释者便是不同的对话者(彼此的陌生者)之间

---

① 加达默尔:《哲学解释学》,第 119 页。
② 海德格尔:《存在论(实际性的解释学)》,第 11 页。

的中介。然而,解释学的当代复兴,却首先意味着对"解释"的天真方式和惯常运作的超越。伽达默尔在讲到"解释"概念的当代演变时说:"这是一个哲学的和解释学的概念,这个概念在近代开端的时候仍然以一种完全天真的方式作为对自然的解释而运用于自然科学,如今它却获得了一种很难驾驭的意义。自尼采以来就出现一种主张,认为解释以它合法的认知目的和解释目的第一次掌握了超越一切主观意义的现实。"①这里出现的重要转变是:先前解释的目的似乎仅只在于阐明作者的真实意图,而如今的解释目的则在于"超越意义活动的主观性"。如果说,"解释"乃是在真正的"对话"之中作为贯彻始终的基本活动方式来起作用的,那么,它就理所当然地要被当作哲学比较的前提来加以批判性的反思。

但是,这样一种解释学意义上的前提反思,在我们的哲学比较中却很少得到切实的开展,即使在经常使用"解释学"一词——它成了时髦的标志——及其概念的学者那里也是如此。

当人们在谈论回到"原典"或"原点",谈论"以 a(或 b 或 c)解 x"乃至于"以 x 解 x",以及在形式上谈论诸种"格义"并推断其真伪正误等等时,虽说时常用解释学的术语装备起来,却大多仍滞留在关于"解释"的天真的理解和运作方式中。如果说,自尼采以来"解释"的目的是要求去掌握"超越一切主观意义的现实",那么,我们就尤须根据这一要义来阐明解释学的主旨与思想任务,来了解它对于哲学比较来说的基础性意义,而不是局限于对"解释学"诸原理仅仅做出某种无根的、细枝末节的,甚至是望文生义的表面发挥。

---

① 加达默尔:《哲学解释学》,第 116 页。并参看第 117 页。

　　解释学的近代起源即表明它具有某种普遍的意义或方法论意义。这种普遍意义对于施莱尔马赫来说体现为"理解的艺术"或"避免误解的艺术",它作为形式上的方法乃是"一般解释学"(allgemeine Hermeneutik),亦即理解任何陌生话语的理论和艺术论,因而它也主要地并且特殊地包括神学解释学和语文解释学。①狄尔泰大体接受了施莱尔马赫的解释学概念,将其规定为"理解的规则"或"书写文献的解释艺术";由于他特别地考察"理解"本身并使之贯彻在"精神科学"的整体研究中,因而解释学的普遍性乃表现为精神科学(一般所谓人文学术和社会科学)的方法论。②由此可见,近代以来的解释学首先是作为一般解释学(关于解释的条件、对象、方法和传达等等)、作为方法论来得到理解和运用的。这样的理解和运用无疑是与近代哲学以及由之而来的主导的知识定向相一致的。因此,在这个意义上,人们也就理所当然地把解释学一般地看作人文—社会科学方法论,并在"形式方法"的意义上来领会其普遍意义。

　　然而,正是在对施莱尔马赫和狄尔泰解释学立场的批判性考察中,海德格尔表现出高度不满并提出了尖锐批评,而这种不满和批评恰恰意味着解释学在当代的一个决定性转折。这个转折是如此之大,以至于海德格尔声言自己所谈论的解释学"……不是在现代意义上被使用的,而且它也决不是迄今为止一般使用的解释学说的含义"③。这一声言至少立即就表明,由海德格尔重新启用并制订的"解释学",根本不是什么一般而言的形式方法,它的普遍意义也根本不可能通过所谓方法论——无论是一般哲学方法论还是精神科学方法论——而得到恰当的把握。

────────────

① 　参看海德格尔:《存在论(实际性的解释学)》,第18页。
②③ 　参看同上书,第19页。

尽管这样的解释学概念及其普遍性会使人们或多或少感到困惑，但伽达默尔的《真理与方法》却再度坚拒将解释学当作形式方法或一般方法论来理解的各种企图。在同贝蒂(E. Betti)的争论中，伽达默尔声称，哲学解释学理论根本不是一种"方法学理论"，不管这种方法论是正确的还是错误的；如果把解释学问题仅仅当作一种方法问题来思考，便意味着"深深地陷于本该克服掉的主观主义之中"。同样，在与阿佩尔、哈贝马斯等人的论战中，伽达默尔批评他们是深陷于仅只注意规则及规则之运用的"方法论主义"之中了；他们没有意识到，对实践的反思不是技术，而方法论主义实际上是用规则形式的技术概念取代了实践概念。①

这使我们立即意识到：此间与形式方法（或一般方法论）形成对待的东西，是某种更为根本且尤须得到澄清和把握的东西。事实上，伽达默尔《真理与方法》的书名已经十分明确地指证了那种东西，它被唤作"真理"。如果"方法"已经不再致力于真理并且总是试图规避真理，那么，解释学的主旨恰恰就是真理，并且正是为了维护真理的缘故而使自身批判地脱离一般所谓的"方法"（形式方法）。所以伽达默尔说："真理和方法之间对立的尖锐化在我的研究中具有一种论战的意义。"②由此需要透彻反思的是：我们是把解释学仅仅当作一般方法或方法论来理解的呢，还是首先把它当作对真理的维护和通达来把握的？如果说，"真理"一词对于我们来说已经变得如此陌生，以至于今天根本不再需要为真理操心，或径直就将它溶解在形式方法的程序或

----

① 参看加达默尔：《真理与方法》下卷，上海译文出版社 1999 年，第 679、738—739 页。

② 参看同上书，第 738 页。

技术中,那么,这只不过表明解释学的主旨及性质是遭到了多么严重的误解和歪曲,而这样的误解和歪曲又在多大的程度上陷入"方法论主义"的窠臼之中。

众所周知,海德格尔重新制订解释学规划之际,正是新康德主义、实证主义等等盛行的时代,如果说那个时代占主导地位的哲学气质——事实上这种气质一直延续到今天——乃是遗忘真理或对真理问题的不知所措,因而蜷缩在方法论主义的天真性之中,那么,伽达默尔 1972 年的说法至今依然有效:"以此为根据,真理和方法之间的对峙就具有一种不可清除的现实性。"①这样的"对峙"意味着什么呢? 它意味着——一言以蔽之——真理立场和主观主义的对峙,因为方法论主义——同样一言以蔽之——是完全被锁闭在主观主义之中,锁闭在各种遗忘真理的晦暗之中。因此,当解释学要求从"主观主义困境"中摆脱出来时,它便是在听取作为哲学态度之特有起源的"客观性(Sachlich-keit)告诫",而这样的客观性是依循"真理"来获得基础定向的。

(二)

最能说明这种情形的是黑格尔对"反思哲学"(Reflexionsphi-losophie)所做的批判。这一批判是要表明:"外在反思"(或知性反思)乃是仅仅局限于主观思想中的主观主义。简要地说来,外在反思是作为一种忽此忽彼的推理能力来活动的,它从不深入事物的实体性内容之中;但它知道一般原则,并且仅仅把一般原则抽象地运用到任何内容之上。我们由此很容易识别的是:外在反思也就是我们通常称之为教条主义或形式主义的东西,因

———————————

① 参看加达默尔:《真理与方法》下卷,第 734 页。

为它们仅仅把抽象原则——无论它是知性范畴、知性规律、形式方法，还是各式各样的公式或教条——先验地强加给任何内容。我们同样也非常熟知：教条主义或形式主义，无论其一般原则或原理看起来具有多么广大的普遍性的外观，却总已经是最可靠地跌落到主观主义中去了（外在反思所固有的主观主义）。

方法论主义难道不是以外在反思的方式来活动的吗？如果离开了外在反思的机制，形式方法难道还能够起作用吗？尽管形式方法在其特定的有限活动空间中是合理的和有效的，就像知性范畴和知性规律一样，但只要方法论主义有意无意地规避哲学在真理立场上的澄清，当代解释学就不能不在其所处的思想处境中突出地揭示"真理与方法的对峙"，并且特别地从真理一边来强调解释学的主旨。正因为如此，海德格尔在《存在论（实际性的解释学）》中对圣·奥古斯丁解释学的评价就会远远高于施莱尔马赫和狄尔泰，并且就像海德格尔把现代解释学的方法论主义指斥为形式主义①一样，伽达默尔不仅专门就解释学主题考察了"反思哲学的界限"，而且明确指出："现代方法论概念的不足之处就是我们的出发点。……黑格尔曾经以'外在反思'（aeusseren Reflexion）这一概念批判了那种把自己作为某种同事物相异的行动而进行的方法概念。真正的方法乃是事物本身的行动。"②

因此，最为简要地说来，当代解释学的主旨乃在于真理，而真理议题的核心则在于能否通达"事物自身"（能否祛除"现象"与"物自身"的分离隔绝）。如果方法论主义根本未能或无能触及这样的真理议题，如果形式方法只是依循外在反思的方式活

----

① 参看海德格尔：《存在论（实际性的解释学）》，第18—19、52—53页。
② 加达默尔：《真理与方法》下卷，第592页。并参看上卷，第438页。

动并因而纯全滞留于主观思想的内部,那么,当代解释学就必然由其主旨而意识到真理与方法的对峙。正是在关乎"事物自身"这一根本之点上,当代解释学是与黑格尔高度一致的。所以伽达默尔在《事物的本质和事物的语言》一文中,推崇黑格尔为捍卫思想之客观性的"魁首",因为"他精确地讨论了物的活动,并且用以下事实体现了真正的哲学思考,即物在自身中活动,它并非仅仅是人自己的概念的自由游戏。这就是说,我们对于物所做的反思过程的自由游戏在真正的哲学思考中并不起作用。本世纪初代表了一种哲学新方向的著名现象学口号'回到事物本身去'指的也是同样的意思"①。正像其肯定的说法诉诸"事物本身"一样,其否定的说法便要求弃绝方法论的形式主义。

至于海德格尔同黑格尔的决定性分别,我们在这里仅限于指出:当代解释学的主旨并不能仅仅通过它与思辨辩证法的一致——指向"事物本身"或"物自身"——来得到完整的理解。问题的一个同样关键的方面在于海德格尔同黑格尔的"争辩",就像我们非常熟悉的马克思同黑格尔的争辩一样。如果说,在黑格尔那里作为"实体—主体"的绝对者既是最高的真理或真理本身,又是认识之真理性的最终保障或哲学证明,那么,在真理议题上与黑格尔的争辩就不能不被归结到真理之为绝对者(上帝)这个根本之点上。对于马克思来说是如此(黑格尔虽然理解普遍者的决定性意义,但却在哲学上把普遍者"神秘化了"),对于海德格尔来说也是如此:"与黑格尔进行争辩,就是与他一起,讨论关于存在者本身和存在者之整体交织着的哲学的引导性问题,因此就是与特定的基督教意义上逻辑的,同时也是神—逻辑

---

① 加达默尔:《哲学解释学》,第71页。

的ὄν(存在者)问题进行争辩。"①

如果说解释学的主旨乃是"真理",从而其思想任务乃是在绝对者(上帝)已然消逝的情境中使"事物自身"继续成为可通达的,那么,唯一的途径就是通过一场彻底的哲学变革(或可称之为本体论革命)来废止现代形而上学的立足点("意识"或"我思")及其基本建制。在这一变革发生的地方,虽说哲学的整个结构和术语性质将发生根本的转移,但"真理"和"事物自身"却在变革了的意义领域中被拯救出来。无论是对于马克思来说还是对于海德格尔来说,情形都是如此。与"遗忘真理"的无头脑全然不同,与"把对真理的无知当成良知"的自鸣得意尤为不同,马克思在《关于费尔巴哈的提纲》中就以"对象性(gegenstaendliche)的活动"(即实践)为基础,谈到了人的思维的"真理性"和"此岸性"。②同样,在海德格尔使物自身得以通达且具有原则高度上的重要性时,真理——尽管以完全改铸了的样式出现——才得以重新持立(《论真理的本质》,1930年)。

与此相反,对于遗忘真理者来说,"事物自身"是根本不值得关注的,他们唯一所做而且能做的,就是把抽象的原则(无论它们来自何方,也无论它们是知性范畴或规律,还是公式、图式、单纯的"应当"或形式方法)运用到——先验地强加到——任何内容之上,并且据说如此这般的构造就是纯良的学术。不管这样的学术打着什么样的幌子,也不管它们属于何学何派,却总已在实质上与当代解释学的主旨背道而驰了。因为这一主旨关乎真理,并且是唯一地根据通达"事物自身"来为其思想任务制定方

---

① 海德格尔:《黑格尔的精神现象学》,第123页。
② 参看《马克思恩格斯选集》第1卷,第55页。

向的。只有在这一主旨及其思想任务被充分揭示出来并且被牢牢把握住的地方，才可能正确地理解和规定解释学的各种原理及概念。而我们之所以要大费周章地来强调这一点对于哲学比较来说的绝对重要性，是因为在这里必须辨明的一个前提性问题是：在哲学比较中贯彻始终的"解释"，究竟是想要通达作为"事物自身"的中国哲学和西方哲学呢，还是仅仅试图把它们当作单纯的"杂多"置放到抽象形式（无论它们是什么，也无论它们来自何方）的强制之中？

（三）

我们的意思绝不是说，解释学所特有的原理、概念或方法可以是无关紧要的，也不是说，它们在诸学科中的分化方式和独特运用是可以被排除的。我们的意思只是说，所有这一切唯有在解释学的主旨和思想任务被明确地把握住时，才可能运行在与其主旨和任务相契合的轨道上并具有真实的效准。因此，举例来说，伽达默尔曾指证解释学起源于我们遭遇到的陌生者（与我们有间距的陌生者），如此这般的陌生者或者是传统，或者是外来物。这样的处境对于我们来说毫无疑问是高度现实的：由于中国自近代以来持续进行着的巨大转型，由于这种转型既要占有现代文明的积极成果，又必然在其悠久的传统中生根（如海德格尔所说，一切本质的和伟大的东西都从人有个家并且在传统中生了根这一点产生出来），所以，在黑格尔所谓"文化结合"的艰苦锻炼中，我们就不能不遭遇到作为陌生者的传统和外来物，我们就不能不长久地通过古今之争和中西之争来开展出思想理论的种种探索。如果说解释学在如此广阔的领域中可以大有作为，那么从根本上来说，真正的问题就不可能通过由形式方法而来的外在"比较"而得到呈现，也不可能通过名为"解释"的任意武断或琐屑诡计来得到应答（在这样的场合，陌生者与我们的间距根本不可能缩减）。与此相反，唯当解释学依其主旨和思想任务而诉诸事物自身这一根本之点构成"理解"的批判性基础时，解释学已经产生出来的成果，才会在我们面对的议题上积极地汇聚，而它的动力意义才会在我们的哲学比较中整全地显示出来。

在此基础之上，可以来简要地领略一下几个主要的解释学概念。首先，是对所谓"偏见"之意义的重估。当施莱尔马赫和狄尔泰把文本或活动的意义等同于其作者的主观意图，因而把理解或解释的任务看作如同原作者本人那样去恢复文本或活动的意义时，解释者自身的历史性情境就完全被清除掉了，从而成为一种超社会—历史的抽象主体，据说只有这种主体之中立的、不带偏见的意识才能保证知识的客观性。伽达默尔断言，这样的主体和知识的客观性是根本不存在的；而现实的、生存于特定历史性情境中的解释者乃是有限的主体（相对于那种抽象的、无限的主体而言），这种主体能够构成的客观性知识是带有"偏见"或"意图"的（就其不可能脱离自身的情境并成为作者本人的意识而言）。因此，"偏见"绝不意味着任意解释的可能性，相反，它倒是意味着应当这样来承认解释者本身的意图，即这种意图在解释者自身的具体历史处境中有其现实的根源。就此而言，"偏见"是使有限的、生存于特定处境中的解释者能够进行历史理解的积极的前提，而不是一种必须被剔除的障碍或消极因素。"事实上，我们存在的历史性包含这种从词义上所说的偏见，为我们整个经验的能力构造了最初的方向性。偏见就是我们对世界开放的倾向性。"①约言之,这里所说的偏见就是指解释者生存于它自身的历史情境中;而当解释者及其意图在这种情境的制约中活动时,我们就说他是有"偏见"的。反过来说,只有无意识者(自然物)和不受任何情境制约者(神)才是没有偏见的。

其次,是所谓"视域融合"的概念。既然存在着文本及其作者与解释者之间的巨大间隔,既然解释者不可能去除其自身的历史情境而无偏见地归属于文本作者本身的意图,那么,两者之间的沟通如何才成为可能呢?这里所需要的乃是两者——文本与解释者——之间的积极"对话"。就像一切真正的对话一样,在文本和解释者之间所进行的解释学对话,包含着一种彼此渗透的相互作用,并具有既改变文本的意义定向也改变解释者的理解活动这样一种辩证性质。这种对话是由"问题"引导的,因而对于解释者来说必须去恢复和发现的,乃是文本力图回答的,同时又是不断向其解释者提出的问题。如果说这样一种观点在黑格尔《精神现象学》关于知识进程的描述中有其源头(认识活动中进行理解的意识和它的对象同时得到改变,并在更高的和扩展了的阶段上重新会合),那么,对于伽达默尔来说,正是在我们与文本的持续对话中,才可能不断地超越文本的历史视域而使之与我们自己的视域相融合,并同时也改变着我们的视域。在这样的意义上,理解和解释按其本性来说不仅是对话式的,而且是超主观的——在理解和解释中发生的"视域融合"与转化,超越了对话者的主观意识。

最后,是"效果历史"的原则。这个原则的根本之点在于:当

---

① 加达默尔:《哲学解释学》,第9页。

历史思维力图去把握某个历史对象时,它必须同时意识到它自己的历史性,意识到自身和对象同样处于具体的历史处境中。"真正的历史对象根本就不是对象,而是自己和他者的统一体,或一种关系,在这种关系中同时存在着历史的实在以及历史理解的实在。"①因此,一种真正的解释学必须在理解本身中显示历史的全部实在性,而理解或解释按其本性来说乃是"效果历史"事件。海德格尔对"理解"的本体论意义的阐述为这种效果历史的原则奠定了基础。在海德格尔看来,理解并不是一种主观性的"活动",而是一种存在模式。正是此在本身的历史性表明,根本不可能借助不断纯化的方法论反思以消除理解者自身对历史当下的参与;每一种解释(包括科学的解释)都不能不受到解释者具体处境的约束。伽达默尔由此把效果历史把握为这样一种本体论条件,即每一个新的解释者有可能同他力图理解的文本或事件进行对话的先行条件。在这个意义上,所谓"效果历史"在为历史事物的不同理解和解释提供多重可能性的同时,也为超越主观性的理解和解释找到了立足其上的现实基础。"一切自我认识都是从历史地在先给定的东西开始的,这种在先给定的东西,我们可以用黑格尔的术语称之为'实体',因为它是一切主观见解和主观态度的基础,从而也就规定和限定了在流传物的历史他在(Andersheit)中去理解流传物的一切可能性。"②因此,对于历史事物的客观解释来说,解释学从根本上承认主观意图的在场和重要性(而绝不至于天真到要排除一切主观性),但它同时又清楚地意识到,仅仅用意义活动的主观性去阐释历史事物是多么的不充分,而这就意味着要求去掌握"超越一切主观

---

① 加达默尔:《真理与方法》上卷,第384—385页。
② 同上书,第387—388页。

意义的现实"。

综上所述,本文尝试进行的前提反思之所以非常必要,是因为这样一些前提在"哲学比较"中起着基础性的引领作用,因而只有在它们能够被批判的反思所贯穿并牢牢把握住时,中西哲学的比较才能摆脱它长期以来的素朴方式和徘徊状态,才能在这样的比较或对话中及于"根本"、及于"大者"。所谓"先立其大者,则小者不足以乱也",所谓"要从根本求生死,莫向支流辩浊清",说的就是事情的关键所在。

第二部分

专题研究

论中西哲学之根本差别

　　本文旨在对中西哲学的根本差别做出理论上的阐述。这一"根本差别"之所以要被课题化，是因为它长期以来并没有在理论上获得真正的关注和持续的深入。如果说，中西哲学比较乃以识别两者间的差别为鹄的，那么，除非它们之间的差别能够从根本上——亦即作为"根本差别"——被牢牢地把握住，否则的话，任何一种比较都只能是庸浅浮薄和空疏散宕的，一句话，是不及根本的。不及根本的哲学比较虽说时常还被称作比较，但却总是为各种形式的任意和武断——包括轻佻的比附和望文生义的胡作非为——大开方便之门。如果我们今天的文明比较已经不再能够满足于断言西方文明是"动的文明"或"物质的文明"，而中国文明是"静的文明"或"精神的文明"，那么，我们的哲学比较是否还能够满足于如下的说法：西方哲学主于"向外觅理"而中国哲学主于"向内觅理"，西方哲学偏于"科学"而中国哲学偏于"道德"，西方哲学侧重"现象"（phenomenon）而中国哲学侧重"本体"（noumenon）？无论这些说法表面看起来还有多少依稀仿佛的样子，也无论这些说法如何将单纯的数量配比（主于……，偏于……，侧重于……）俨然伪装成真正的性质或特质，它们在今天已经不能不显露出自身在学术上的无根状态了。

　　因此，本文的目的就是试图通过更新了的理论动力来追究中西哲学的根本差别。既然在黑格尔那里达到完成的西方哲学的本质性(在其整个历史性行程中得以展开、实现并从而获得证明的本质性)乃是"形而上学",即"柏拉图主义",那么,可以用作本文的引导性问题便是:中国哲学就其根本来说,是在形而上学之内还是在形而上学之外? 或者,更加直接地问来:中国哲学是运行于形而上学—柏拉图主义的轨道之上,还是运行于这一轨道之外并活动于自身所特有的本质性之中?

一、形而上学的基本建制:超感性世界和感性世界的分割—对立

(一)

为了使这一探讨有效地开展出来,特定哲学之"开端的本性"就必须被呼唤着前来同我们照面。正如我们在前此的论文中所指出的那样,自黑格尔史无前例地将历史性注入真正的哲学思考以来,特别是自海德格尔要求批判地追究西方哲学的"第一开端"以来,特定的民族精神在其哲学上的开端便须被把握为这样一种具有决定性意义的文明"决断":它开辟道路并且构筑道路,它制定方向并且以此方向来筹划该文明的诸多方面和整个行程;因此,该文明的诸多方面才汇聚成一个真正的"传统",而这样的传统才表明它自身是真正历史性的(是"有命的"或命运性的)。如果说,一般而言许多民族在稍后阶段形成的特定"开端"乃是经由多重要素的复合而形成的,那么,轴心期的精神"突破"所构筑的哲学开端则是尤为单纯的和一义性的:其性质是稳固而恒久的,并因而在其历史性的展开过程中虽或遭遇各种各样的外来物,却能够积极地从事于融会与统摄,并将之强有

力地纳入自身运行的轨道之上。

因此,尽管轴心民族的哲学创制距今已十分遥远,但它们同后辈的联系——不是观念表面上的联系,而是深入骨髓的联系——却依然牢不可破,并使处在这种联系中的追忆总能油然唤起切近的家园之感(黑格尔和海德格尔便这样来谈论他们思想的希腊源头)。在这样的意义上,海德格尔说,西方哲学的肇始性开端乃是一些"源始的决断",它们承载着并且先行承受着"西方历史的本质性的东西"。按日常理智的估价,这种东西往往是最过时的,"但最早先的东西,也可以是头等东西,这是就等级和丰富性而言的,是就源始性和义务性——它们指向的是我们的历史和即将来临的历史性决断——而言的。对于我们而言,在这一本质性意义上的这种头等东西,就是希腊"①。在讨论阿那克西曼德的一个箴言时,海德格尔把希腊词"发端"(ἀρχή),解说为既是某物从中出现的东西,同时又是在其出现中对进程加以规定的东西,因而作为"支配着的发端"(Ausgang),便是"向各处去行支配之功的发端",也就是"贯彻支配"(Durchwalten)。"……这种发端把一切都纳入到其支配中,并通过这种纳入(Einbezug)事先规定了领域(Bereich),而且根本地开启了诸如领域(Be-reich)这样的东西。"②这种意义上的"发端"是对出现活动的方式与领域的"开路"(Bahnung)——它先行运作着,但同时又将开端性的东西保留并坚持在自身中。

由此可见,这里所强调的发端、开端、本源等的决定性意义,其要点并不在于"历史学"上特别早先或古老的东西,而在于"历史性"上贯彻始终并作为本质来起作用的东西。对于我们的论

---

① 海德格尔:《基础概念》,商务印书馆 2021 年,第 10 页。并参看第 19 页。
② 同上书,第 133 页。

题来说,就是诸轴心民族在其哲学创制中作为"决断"而开启出来的东西,并且是在其命运性的展开过程中作为传统之本质而呈现出来的东西。这大体就是《形而上学导论》在探讨西方形而上学历史时所谓"常川决定"的含义,这个富于表现力的词语提示出特定哲学在其开端筹划中的本质性:"历史根本就是从此常川决定开始。"①或者,这样的含义也体现在《这是什么——哲学?》关于西方哲学之道路的阐说中:发端于希腊的哲学是一条"我们行进其上的道路",这条道路是具有某个确定方向的(因而并不是唯一的道路)。在这种意义上,哲学是某种"最初决定着希腊人的实存的东西",并且也"决定着我们西方—欧洲历史的最内在的基本特征"。因此,"Φιλοσοφία[哲学]这个词仿佛就站在我们自己的历史的生庚证明上;我们甚至可以说,它站在被称为原子时代的当代世界历史时代的生庚证明上"②。

这是就特定文明之哲学(作为文化的主干,思想的母体,精神的核心)的性质—定向来说的,是就特定哲学自身之具有决定性意义的"根本"来说的。本文的主旨便是试图去追究和比较中西哲学各自立足其上的根本,并从而去把握中西哲学的根本差别。这种及于根本的理论要求,如马克思所说:"所谓彻底,就是抓住事物的根本。"或如王阳明所说:"要从根本求生死,莫向支流辩浊清。"

（二）

本文的引导性问题是:中国哲学是在形而上学之内还是在形而上学之外? 我们之所以如此发问,是因为西方哲学的本质性(或曰"根本")乃是形而上学,即柏拉图主义。这是被确凿无

---

① 海德格尔:《形而上学导论》,第 111 页。
② 海德格尔:《同一与差异》,第 7 页。并参看第 3—6 页。

疑地证明了的：不仅在西方哲学的整个历史中得到证明，而且尤其在西方哲学的"自我批判"中得到证明。当怀特海说，两千五百年的西方哲学只不过是柏拉图哲学的一系列注脚时，那意思无非是说，柏拉图主义乃是在西方哲学中贯彻始终的、本质性的东西。当海德格尔追问尼采的话"上帝死了"意味着什么时，他的回答是："'上帝死了'这句话意味着：超感性世界没有作用力了，它没有任何生命力了。形而上学终结了。对尼采来说，就是被理解为柏拉图主义的西方哲学终结了。"①不必再举证更多的——事实上是无处不在的——权威说法，我们已能很明确地把握住的实情是：对于出自希腊源头的西方思想来说，哲学也就是形而上学，即柏拉图主义；因为作为柏拉图主义的形而上学，是在西方哲学中作为命运性的本质、作为"常川决定"而贯彻始终的。诚然，我们在这里还不能马上确定的是：对于出自中国源头的传统思想来说，哲学是否同样也是以形而上学—柏拉图主义为本质的？或者，中西哲学的根本差别，是在形而上学内部的差别，还是在形而上学之内和之外的差别？

　　这个问题即使还未展开就足以引起众多的分歧和争论了。一种观点会认为，既然"哲学"——在西方——也就是"形而上学"，那么，"中国—哲学"的本质性便不能不通过形而上学来获得规定，否则便无所谓哲学，于是我们可以看到四处流行且不假思索的关于中国形而上学（或形上学）的种种说辞和谈论。另一种观点则因为形而上学即是柏拉图主义而开始变得踌躇起来：或者宣称"中国—非哲学"而直接取消形而上学问题本身，或者则含混地承认"中国—哲学"而将其本质性调停于种种晦暗

―――――――
① 《海德格尔选集》下卷，第 771 页。

的——程度上或等级上不同的——形而上学之中。然而,这里必须指出的关键之点是:"哲学"可以具有单纯形式的意指,用来表示文化的主干、思想的母体和精神的核心(我们在前此的论文中已有阐说),但形而上学在这个层面上却不是也不能是形式的,它是实质的。韩愈在《原道》中说:道与德,为"虚位"(即形式的);仁与义,为"定名"(在这个层面上是实质的)。①在不同文明的哲学比较中,将作为虚位的"哲学"和作为定名的"形而上学"直接等同起来,不仅是粗率的,而且是非批判的(也就是说,未经前提反思的)。在问题的讨论尚未展开之前,这里大体可以确定的是:西方哲学,并且首先是西方哲学,才在其历史的本质性上直接就是形而上学,尽管在希腊人最初谈论"哲学"时还根本没有"形而上学"一词。至于中国哲学或印度哲学是否能被置入形而上学的本质中去理解,虽说可以有种种体会和揣测,但除非这种本质能够被牢牢地把握住,否则的话,就像体会止步于体会一样,揣测也只能是没有根据的了。

在一般哲学的层面上,我们说"形而上学"不是虚位,而是定名,也就是说,它是实质性的——"柏拉图主义"便表示这样的实质。很明显,这样的实质绝不仅限于柏拉图哲学或柏拉图学派;同样很明显,这样的实质必定至为突出地、决定性地、经典式地反映在柏拉图的哲学中,并且作为"开端之本性",作为"常川决定",历史地展开在西方哲学—形而上学的整个行程中。因此,海德格尔把"哲学—形而上学"在西方思想中的命运性到达,指定在苏格拉底—柏拉图—亚里士多德一线,但同时又突出地强调柏拉图哲学——其核心是"理念论"(即"相论")——在其中所

---

① 参看韩愈:《原道》。

具有的决定性意义。"自柏拉图以来,关于存在者之存在的思考变成了'哲学'(Philosophie),因为这种思考乃是一种对'理念'的仰视。而这种首先从柏拉图发端的'哲学',此后具有了后人所谓的'形而上学'的特征。柏拉图本人在其洞穴比喻所叙述的故事中说明了形而上学的基本形态。"①

在这里尤须深入理解的是:"形而上学的基本形态。"作为基本形态,就像它的作用范围绝不仅限于柏拉图哲学一样,它也完全可以被设想为非西方哲学的本质性;但此种设想的前提必须是:形而上学的基本形态能够进入真正的理论把握之中。只有当这样的把握被达成时,我们才能借此来判断某种哲学——例如中国哲学或印度哲学——是否取得了形而上学的"基本形态",就像我们也能借此来讨论某位哲学家——例如老子或朱熹——的思想是否在这样的"基本形态"中活动一样。形而上学,作为柏拉图主义,它的基本形态最为集中并且也最关本质地反映在"理念论"的建制中,以至于可以说,正是理念论的建制从根本上支撑起形而上学的基本形态。就此而言,理念论的建制构成形而上学基本形态的正式骨干或拱心石:只是由于这样的建制,形而上学才成其为形而上学,而不管它是西方哲学还是东方哲学,就像根据此建制而言的形而上学完全可以不必是柏拉图的形而上学一样。如果说,柏拉图的理念论至为清晰而明确地展现出形而上学的核心要义从而为我们把握形而上学的基本形态提供了一个"典型"或"范式",那么,这倒是意味着形而上学在其本质的起源中突出地占用了柏拉图的理念论,就像海德格尔说"哲学在其本质的起源中就首先占用了希腊人"一样。

---

① 海德格尔:《路标》,第 272 页。并参看海德格尔:《同一与差异》,第 7 页。

（三）

现在要问：那构成并支撑起形而上学基本形态的理念论建制（为简要和明确起见，可将之称为"形而上学的基本建制"）是怎样的呢？我们可以通过以下三个陈述对这一建制做出性质的刻画和总体的描述：（1）将超感性世界和感性世界分割开来并且对立起来，亦即将形而上的世界和形而下的世界、彼岸的世界和此岸的世界、神圣的世界和世俗的世界分割开来并且对立起来。（2）认"真理"或"实在"（又译"现实"，Wirklichkeit 和出于拉丁语源的 Realitaet 本为同义字）仅属于超感性世界，而不属于感性世界。（3）如果感性世界中的事物（个别事物）可被看作"真的"或"实在的"，那么，这只是因为它们"分有"了超感性世界的理念，或如海德格尔所说，存在者"分有"了作为存在的理念（理念被制订为"存在者"之"存在"）。

这样一种对于形而上学基本建制的性质刻画和总体描述，需要加以进一步的说明，但我们可以预先通过一个例示来给出某种通俗的指点。比如，我们会说一个盘子是圆的，月亮是圆的，或者，一个用精良的圆规画出的圆形是圆的。但它们是真的圆吗？是真正的圆或实在的圆吗？想来还不是，它们只是有缺陷的或不完善的圆，即便用精良圆规画出的圆形也是如此。那么，真正的圆（圆的真理或圆的实在）存在于何处呢？回答是：它存在于超感性世界中，它是作为"圆的理念"存在于这一世界中的。我们之所以把盘子、月亮、圆规画出的圆形称为圆的，只是由于它们分有了"圆的理念"，由于它们依稀仿佛地符合于理念世界中作为实在的真正的圆。因此，总括地说来，真正的圆只存在于超感性世界中，而感性世界中各种作为圆物的"圆"，不过是

"圆的理念"的阴影领域或模仿物,一句话,是与这一理念或多或少有点相似但终归是其有缺陷的——"堕落的"——形式罢了。如果说,上述的说法还只是比拟性的提示,那么,我们就还需要对此基本建制给出理论上的逐项说明。

(1)将超感性世界和感性世界分割开来并且对立起来。作为柏拉图主义的中枢,作为西方形而上学历史的命运性奠基,理念论的决定性意义首先就在于将超感性世界和感性世界分割开来并且对立起来。这样的"分割"和"对立"固然一开始表现为"区分"或"区别",但一般而言的区分、区别却与这里所谓的"分割""对立"具有完全不同的意义。这样一个根本性的转折、开端性的决断最为突出而明确地反映在理念论的本质之中,尽管这一本质在对理念论解释的"效果历史"中不断得到增益和巩固。众所周知,在整个西方哲学史中不断被提到并且最具生命力的"光辉的比喻",便是柏拉图《理想国》中的洞穴比喻。①而在这个比喻中被指示出来的建制性架构是:超感性世界和感性世界(形而上的世界和形而下的世界、神圣的世界和世俗的世界)不仅是有区别的,而且是分离的(被分割开来的)和对立的。"于是我们便把那外在的、感性的、真实的东西认作与理想的东西[指超感性世界的理念]相对立。"②在这里本质重要地出现的东西,不是一般而言的区分或区别,而是决定性的"分割"与"对立"。陈康先生在译注《巴曼尼得斯篇》中概括理念论诸要点时所列举的前两条是:第一,"同名的""理念"(译作"相")和个别事物的对立;第二,"理念"和个别事物的分离。③正是由于理念论依其本质所

---

① 参看柏拉图:《理想国》,商务印书馆 1986 年,第 272—279 页。
② 黑格尔:《哲学史讲演录》第 2 卷,第 201 页。
③ 参看柏拉图:《巴曼尼得斯篇》,商务印书馆 1982 年,第 53 页。

施行的决定性分割,超感性世界和感性世界(或用海德格尔惯常的术语来说,作为"理念"[Idee]的存在和作为"自然"[Natur]的存在者整体),就分离开来而且相互并存了。这里的真正要点乃是在原初的统一者中开始运作起来的"分解"(Austrag)。所以海德格尔在《形而上学的存在—神—逻辑学机制》一文中说,重要的是将"差异"(存在论差异,即存在者与存在的差异)思考为"分解",以便"……使我们能够清晰地看到形而上学的存在—神学机制何以在那种分解(Austrag)中有其本质来源,这种分解使形而上学的历史有了开端,贯通并支配着这种历史的各个时代"①。如果说由这样一种分解或分割形成了超感性世界和感性世界的分离,那么,这两个世界的对立便尤为突出地表现在以下的那个命题中。

(2)真理或实在仅属于超感性世界,而不属于感性世界。没有什么比这一点更清晰地表现出被分割开来的两个世界之间的紧张对立了。黑格尔在解说著名的洞穴比喻时说,柏拉图将感官世界(人的表象所形成的现象)和超感官世界(对理念的意识)区别开来了;而在感性的东西和理想的东西(即理念)之间,展现出这样一种对立:感性的存在并不是真理,只有理想的东西才是真理,才是"永恒的、自在自为的神圣的东西"。卑下的意见只是把影子(即感性事物)当作真的,"但是理想的东西是最真实的、唯一的实在;而认理想的东西为唯一的实在,便是柏拉图的洞见……思想在性质上与感性的东西相反"②。由此可见,在理念论所反映出来的分割中,不仅是超感性世界和感性世界的分离,而且是它们之间的对立:真与不真的对立,实在与影子的对立,

---

① 海德格尔:《同一与差异》,第71页。并参看第68—70页。
② 黑格尔:《哲学史讲演录》第2卷,第201页。并参看第177—179页。

原型与摹本的对立。海德格尔在《形而上学导论》中讨论了形而上学基本建制由以成立和展开的多重划分，而其中特别与早期希腊相关的两项划分是：在(存在)与形成、在(存在)与表象。这样的划分被称为"分开而对立"(或"分立")，被表述为"现实的和不现实的有区别而且对立；真的和不真的相反"。①而在这种划分的实施中，就像现实的(实在的)或真的东西，要被归属于超感性世界(作为常住者)一样，不现实的或不真的东西则要被归属于感性世界(作为偶尔出现而又随即消逝者)。如果说，这种划分之更早的权舆终于是在理念论中实现了两个世界的真正分割和对立，那么形而上学基本建制中关于真与不真、现实与不现实的两边归属便作为根本的定向来起决定作用了。在这个意义上，"柏拉图哲学是这个开端之完成"。因为超感性世界中的理念，作为真实的和唯一的实在，已然"……上升为翘然独异的在之阐释了，以后一直成为决定性的看法"②。这种决定性的看法不仅将超感性世界和感性世界分割开来、对立起来，而且在两者之间开辟出优越者和卑下者的深刻鸿沟，就像真与不真、实在与非实在等术语所暗示的那样。③因为在此种建制中，超感性世界中的理念乃成为"在者身上的最在者"了；也就是说，"成为 $\iota\delta\acute{\epsilon}\alpha$ 的这个在现在就被提升到本真的在者处，而这个在者本身，这个原先起着作用者，却下降到柏拉图所谓 $\mu\grave{\eta}$ $\acute{o}\nu$ 处。这个 $\mu\grave{\eta}$ $\acute{o}\nu$ 其实就不应有而且其实也不在，因为它在现实过程中总是丑化理念"④。

(3) 只是由于"分有"理念，感性世界中的个别事物才或多或

① 参看海德格尔：《形而上学导论》，第 99、96 页。
② 同上书，第 182 页。
③ 参看柏拉图：《理想国》，第 230 页。
④ 海德格尔：《形而上学导论》，第 184 页。

少地真,才或多或少地作为"实在的"事物。《理想国》对话中的苏格拉底说,有些人只看到许许多多美的东西、正义的东西,但他们始终不能看到美本身、正义本身;而清醒的人则把美的理念或正义的理念当作实在,因为他知道分别开什么是"理念",什么只是"分有理念的东西",而绝不将它们混淆起来。在形而上学基本建制所构造的分割和对立中,超感性世界中的理念乃是真理、实在的独占领域和唯一所在,而感性世界中的个别事物就其自身来说是不真者或不实在者,就其"分有"理念来说——就其对"原型"的模仿来说——则或多或少地"真",或多或少地"实在"。①因此,所谓"分有"便是在超感性世界和感性世界之间、在理念和个别事物之间起作用的。在《巴曼尼得斯篇》中,少年苏格拉底将"万有"区别为"理念"("相")和"分有理念的个别事物"。关于"分有"(μεταλαμβάνειν)这个希腊词,陈康先生在该书的译注中做出了细致的解说:它的一部分相当于中文里的"有",另一部分则表示"同""和"的意思。"乙和甲同有什么,即指乙和甲分有那个。μετέχειν用为术语,柏拉图意谓:'相'所具有的性质个别事物分有些。"②(也有学者将该词译作"参与"。)海德格尔则更从形而上学的决定性肇始来阐述"分有"一词。他说,这个首次谨慎而艰难地出现在《智者篇》中的术语对于理念论来说是一个基本词语,它被用来标识个别存在者与其理念之间的关

---

① 参看柏拉图:《理想国》,第 224—229 页;黑格尔:《哲学史讲演录》第 2 卷,第 178 页。

② 参看柏拉图:《巴曼尼得斯篇》,第 42 页。并参看 390 页陈康先生在附录中的下述解说:"'分离'以'相'与事物的'对立'为前提。如果把漂浮在实际以外的'相'与事物的关系统统割断,那些与事物割裂的'相'就无法完成为事物的性质当基础的任务了。所以'苏格拉底'假定了'分有',以便把隔离开的'相'和事物重新连接起来。"

系。因此,在柏拉图那里,"分有"意味着理念构成一个存在者的存在,意味着存在者对存在的分有。正是由于这一开端性的奠基,西方—欧洲思想乃从存在者出发走向存在。换句话说,从存在者提升至存在。在这个意义上,如此这般的"分有"标识着"西方形而上学的主题领域",从而使思想"在'形而上学'名下走上一条特殊的道路"。①

为了简要地阐明形而上学的基本建制,我们特别指证了以上三项,而其中的(3)实际上也包括着(1)和(2),从而将这一建制的整全的性质展现出来了。它通过实施超感性世界和感性世界的分割—对立,判定真与不真、实在与非实在的分别归属,最后以所谓"分有"制定了从存在者走向理念(即存在者分有存在)的主导定向。因此,在理念论中可以被突出地识别出来的基本建制,便具有这样的本质特征:理念,作为存在者之存在,乃是"最在者"或"本真的在者",而作为个别事物的存在者,真正说来乃是"不应有"或"其实不在"。如果说"其实不在者"在它的实现过程中只是丑化理念,即丑化"本真的在者"(因而总是有缺陷者或不完善者),那么,理念在它这方面就变成所谓"典型",变成存在者的"摹本"。"理念同时而且必须变成理想。模仿出来者本是不'在',而只是分有在……[于是,]这个作为本真的在者,作为模式与原型的理念和本真的不在者,模本与印象之间的鸿沟就撕开了。"②在这里得到突出呈现的(尽管撇开了许多枝蔓和细节),乃是形而上学的基本建制,是这一建制的纲领性骨架。对于西方哲学来说,这样的建制或骨架意味着从原始开端的"脱

---

① 参看海德格尔:《什么叫思想?》,第259—261页。
② 海德格尔:《形而上学导论》,第184页。

落",意味着一种决定性的肇始——它"创造了一切古典主义的可能性之形而上学条件"①。

（四）

只有牢牢地把握住了这一点,我们才能有意义地进入并探讨本文的那个引导性问题:中国哲学是在形而上学之内还是在形而上学之外?因为只有当形而上学的基本建制能够被充分地鉴别明了之时,我们才开始获得判断的尺度,才开始使问题的探讨具有真实的效准(而不是任意而武断地滥用"形而上学"一词并将之附会到任何一种哲学及其内容之上)。不过,在根据形而上学的基本建制来识别中国哲学的性质之前,我们还可以来观察一下与这一建制密切联系着的知识方式,以便使对于特定哲学的性质识别变得更加易于理解。

理念论的制订同时意味着一种特定的认识方式或知识方式,而这种方式相应于超感性世界和感性世界的分割及对立,初始地但也突出地展现为"意见"和"知识"的区别,展现为感官世界"亦即人的表象所形成的现象与对超感官世界的意识之间的区别",展现为感性知觉与纯粹思想(理性)的区别。如果说,这样的区别甚至更早就在例如毕达哥拉斯派和爱利亚派中见其端倪并得到滋长的话,那么,柏拉图的理念论便将这种区别强化为分割并巩固为对立,从而将此种分割—对立的建制稳固地配送到关于认识或知识的基本定向中。黑格尔在讲到这一点时引用了第欧根尼·拉尔修的如下陈述:"当柏拉图说到'桌子性'和'杯子性'时,犬儒派的第欧根尼说道:我的确看见一张

---

① 海德格尔:《形而上学导论》,第185页。

桌子,一个杯子,但是我没有看见'桌子性'和'杯子性'。柏拉图答道,你说得不错。因为你的确具有人们用来看桌子和杯子的眼睛,但人们用来看桌子的本质和杯子的本质的眼睛,你却没有。"①

在这里,仅仅看见一张桌子和一个杯子的眼睛,是作为肉体的感官的眼睛,而看见"桌子性"和"杯子性"的眼睛,则是能够洞穿本质的精神的眼睛。所以《斐多篇》中的苏格拉底说,对于追求真理来说,肉体或与肉体有关的东西乃是一种障碍,真理必须在远离肉体的情形下才可以被认识;理念不是凭肉体所能认识的,只有通过灵魂才看得见。因此,柏拉图所谓的灵魂不死,"……是和构成柏拉图哲学出色之点的根据的性质、和柏拉图所奠定的超感官的基础、意识密切联系着的"②。对于这样一种密切联系,海德格尔的解说是:希腊式的所问"这是什么",是由苏格拉底、柏拉图、亚里士多德发展出来的问题形式;"什么"意味着"什么性"(quidditas, Washeit),亦即前面提到过的"桌子性""杯子性"之类。而柏拉图的哲学就是对"什么"的一种特殊阐释,就是将"什么"的本质归诸"什么性",归诸所谓"理念"("相")。③由此可以说,肉体的眼睛可以看见感性世界中的"什么",但唯独灵魂之眼(精神之眼)才能看到"什么性",亦即见识到超感性世界中的理念。

关于认识或知识在形而上学建制中取得其主导定向一事,这里就不予展开了;但同这一定向——它的酝酿与确立——本质相关的几个历史性故事倒是值得一提,因为它们将有助于拟喻

① 黑格尔:《哲学史讲演录》第2卷,第178页。
② 同上书,第187页。
③ 参看海德格尔:《同一与差异》,第7—8页。

性地提示不同哲学类型之间的突出比照。其中的一个故事是说，泰勒斯为从事天文学知识而仰望星辰时，曾跌进一个坑里，于是人们就嘲笑他说，当他能够认识天上的事物时就再也看不见脚前的事物了。黑格尔就此评论道："他们不知道哲学家也在嘲笑他们不能自由地跌入坑内，因为他们已永远躺在坑里出不来了——因为他们不能观看那更高远的东西。"①如果说这个故事提示出天上事物和地上事物的分离，那么下一个故事则展现出纯粹思想如何力图摆脱感性意识的羁绊：据说苏格拉底在一次血战之后陷入沉思，并在原地站了一天一夜，这是他经常陷入其中的一种"出神"状态。黑格尔解释说，这种状态使苏格拉底失去了一切感性的意识，它是一种内心抽象作用与具体肉体存在的分裂，我们由此可以识别其"精神活动的深度"。在另一处，黑格尔把苏格拉底常常陷入的"麻木、僵直、出神的状态"称作"磁性情况"，称作"灵机"（介于神谕的外在的东西和精神的纯粹内在的东西之间），并指出："因此应当把苏格拉底的灵机看成现实的状态；它是值得注意的，因为它不仅是病态的，而且是他的意识的立场必然造成的。"②

然而，没有一个故事比下述故事更为突出也更为鲜明地表现出形而上学基本建制的本质特性，表现出这一建制所实现的分割与对立的高度紧张性和尖锐性了。这个故事的主角是德谟克利特（注意：他是比苏格拉底和柏拉图稍稍年长的同时代人）。看来这位学者是深深卷入一种无法摆脱的矛盾之中了：他一方面作为原子论者，认定原子和虚空是唯一真正的实在；另一方面却还相信感性知觉是真实的，所以他"不满足于哲学，便投入实

① 黑格尔：《哲学史讲演录》第1卷，第179页。
② 黑格尔：《哲学史讲演录》第2卷，第89页。并参看第46页。

证知识的怀抱"。于是我们看到,这位勇敢的探索者的足迹曾踏遍了大半个世界,去积累经验、知识和观察,去向埃及祭司、波斯的伽勒底人和印度智者学习。但这一切都无济于事,德谟克利特最后发现自己是绝望地陷入理性思辨的世界与感性现象之真实性的"二律背反"之中了。这样的二律背反是如此地紧张和尖锐,以至于除非通过一个命运性的决断才可能从中摆脱出来。这个决断是:"据说德谟克利特自己弄瞎了自己的眼睛,以使感性的目光不致蒙蔽他的理智的敏锐。"①

如果说,这个听起来有点不可思议却总令人惊心动魄的故事恰切地刻画出形而上学肇始的决定性转折,那么,由此转折而来的基本建制就开始作为"常川决定"贯彻在西方哲学的整个进程中(直至被海德格尔称为"技术学"的当今"原子时代的形而上学"),以至于我们完全有理由把德谟克利特的这个故事看作一个西方形而上学历史天命的开端性寓言,一个关于超感性世界和感性世界之截然分割并尖锐对立的寓言。根据这样的寓言,我们很容易通过推想来形成诸如此类的比照性问题:中国哲学也是这种类型——以形而上学基本建制为定向——的哲学吗?中国哲学家——例如老子和孔子——也是德谟克利特或苏格拉底类型的哲学家吗?中国的哲学和哲学家也是在形而上学——即柏拉图主义——的领域中和轨道上运行并展开其活动的吗?尽管通过"寓言"的推想时常会带来生动的启发,但还是让我们在推阐究竟的理论研讨中去回应本文的引导性问题吧。

---

① 《马克思恩格斯文集》第 1 卷,人民出版社 2009 年,第 24 页。并参看第 22—23 页。

二、中国哲学的非形而上学建制：
"道器不割""体用不二"

（一）

当西方哲学的本质性被归诸形而上学，而形而上学的基本建制得以被清晰地识别出来时，我们方始能够实质地进入中西哲学比较的那个引导性的——同时又是根本性的——问题：中国哲学是在形而上学之内还是在形而上学之外？再说一遍，这里的"哲学"与"形而上学"是在两种意义上被使用的，前者为"虚位"，即单纯形式的；后者为"定名"，即实质性的，其实质是通过形而上学的基本建制来获得规定的。如果一般地使"哲学"全等于"形而上学"（海德格尔大体上就将希腊语的"哲学"一词等同于"形而上学"），那么，不要说在用词上"中国—哲学"也还是可疑的，即使是"西方哲学"的历史亦不能跃至苏格拉底以前，既然理念论—形而上学的基本建制是在苏格拉底—柏拉图—亚里士多德一线才真正达成的。所以海德格尔说，"赫拉克利特和巴门尼德还不是哲学家。为什么不是呢？因为他们是更伟大的思者。这里，所谓'更伟大'并不是对一种成就的估价，而是显明着思想的另一度。……走向'哲学'的步伐，经过诡辩论的酝酿，最早是由苏格拉底和柏拉图完成的"①。在这样的意义上，如果去谈论前苏格拉底的哲学，那么"哲学"一词便是作为"虚位"来使用的了；而同样"显明着思想的另一度"的海德格尔，由于自己的演讲和黑格尔的命题使用了同样的词（"存在"与"无"），所以就

---

① 海德格尔：《同一与差异》，第 12 页。

提出了这样的问题："在形而上学之内和之外运用相同的名称，这在多大的程度上是可能的？"①诚然，我们在这里涉及的还仅只是术语的分辨，而这种分辨的实质性意义已经在前面的讨论中开始显现出来了。

中国哲学是在形而上学之内还是在形而上学之外？为了使讨论的条理更加明晰，可预先给出如下梗概。(1)我们对上述问题的决定性回应是：中国哲学(传统哲学)在形而上学之外，并且一向就在形而上学之外。(2)这绝不意味着中国哲学无法理解——不能把握或深入于——形而上的东西(或所谓"超越的"东西)；相反，它很清楚地知晓"形而上者谓之道，形而下者谓之器"②。(3)然而，中国哲学立足其上的根本(它的本质性)恰恰在于"道器不割""体用不二"。如果说道和器、体与用不许被分割开来并且对立起来，那么，在这里就根本还不曾出现唯依此分割—对立才得以设立起来的形而上学的基本建制，甚至还根本不会形成唯依此建制才能够区划出来的形而上学以及形而下学的疆界和领域。毫无疑问，此间的(3)乃是作为关键的根本议题，因此我们的阐论就将特别地围绕着这个枢纽来展开。

在形而上学的基本建制中，被分割开来和对立起来的两个世界是"超感性世界"和"感性世界"。哲学的话语大体会将之把握为"形而上的世界"和"形而下的世界"，而拟喻的或宗教的话语则会生动地将之表象为"神圣的世界"(彼岸、天国)和"世俗的世界"(此岸、下界)。只有在这样两个世界的分割和对立中，才出现两者之间被确定了的疆界及领域，关于这两者的知识或学问才得以据此疆界及领域成立为"形而上学"和"形而下学"(物

---

① 参看《晚期海德格尔的三天讨论班纪要》，载《哲学译丛》2001 年第 3 期。
② 《易传·系辞上》。

理学)。如果说,中国哲学向来很明白地知晓形而上者(道)与形而下者(器)的区分,那么,这绝不意味着——根本不意味着——中国的知识或学问中会有相应的形而上学和形而下学,而仅仅意味着形而上者和形而下者能够被区分地识别出来,意味着那可被区分者是共属一体的(道器不割,体用不二),意味着那被识别出来的形而上者在不离形而下者的境域中就是可通达的。因为这里所说的"区分"或"区别"绝不意味着—— 一点都不意味着——理念论式的"分割"与"对立";除非这样的分割与对立得到真正实施,形而上学的建制才开始决定性地起作用,并且才依此建制而确立和规定"形而上学"的实质领域。

因此,作为中国哲学立足其上的根本,"道器不割"或"体用不二"意味着与下述定向——将超感性世界和感性世界分割开来并且对立起来——全然不同的另一种定向,意味着对形而上学建制中"分割—对立"之定向的遏制与拒绝。看来海德格尔在下述关于语言的对话中已就此来识别出不同哲学在性质上的这种差异了。对话在他和一个日本人之间开展出来:"海[海德格尔]:这么说,您们的经验是在一个感性世界与一个超感性世界之间的区分中进行的罗。这种区别正是长期以来人们称之为西方形而上学的那个东西的基础。日[日本人]:您指出了这种贯穿在形而上学中的区分,这就触着我们所谈论的那个危险的根源了。我们的思想——如果我可以这样叫的话——固然知道某种与形而上学的区分相似的东西;但区分本身以及它所区分开来的东西却不是通过西方形而上学的概念来得到把握的。"①这里约略提示出来的要点是:感性世界和超感性世界的区分是构成西方

---

① 《海德格尔选集》下卷,第 1018 页。

形而上学的基础或前提,东亚思想(姑且这样称呼)知道与这种区分相似的东西,但"区分本身"及其"区分开来的东西"却是相当不同的,因而在基础定向上是有着重要差别的。

(二)

如果说,形而上学的基本建制立足于超感性世界和感性世界(亦即形而上的世界和形而下的世界)的分割—对立,那么,"道器不割"或"体用不二"就意味着一种与形而上学的建制根本不同的哲学建制,意味着中国哲学传统始终处身于形而上学之外,并且在自身的基本建制中活动和运行(至于印度哲学或其他哲学的情形,还不是这里要讨论的)。我们试图由此揭明中西哲学之根本差别,并从而标识出中国哲学的本质特征。但我们的这个断言目前还只是试图"直截根源",所谓"单刀直入也"。在这里必须要进一步指证和阐论的是:"道器不割"或"体用不二"乃是中国哲学立足其上的基本建制,因而是作为这一哲学之"开端的本性"恒久地贯彻在其整个历史性的展开过程中。诚然,我们只能在本篇论文所能容纳的范围内就此给出必要的指点,而把更为充分的进一步论说留给后续的工作。

在中国古代的哲学文献中,一个特别富有表现力的对话出现在《庄子》中:"东郭子问于庄子曰:'所谓道,恶乎在?'庄子曰:'无所不在。'东郭子曰:'期而后可。'庄子曰:'在蝼蚁。'曰:'何其下邪?'曰:'在稊稗。'曰:'何其愈下邪?'曰:'在瓦甓。'曰:'何其欲甚邪?'曰:'在屎溺。'东郭子不应。"[1]在这个对话中一步一步显现出来的本质的东西是什么呢?是道器不割,是超感

---

① 《庄子·知北游》。

性之物与感性之物的共属一体,也就是二者的不可分割与不被对立。所以"每下愈况"之说,无非表明"道必无乎逃物",也就是说,形而上者必不逃于形而下者。故成玄英其下疏曰:"夫大道旷荡,无不制围,汝唯莫言至道逃弃于物也。必其逃物,何为周遍乎?"所谓至道必不逃弃于物,说的不过是:虽然形而上者与形而下者(超感性者与感性者)可得而分辨,却绝不许分割,尤不许对立。既然如此,那么在"道器不割"的立足点上,以及在由此立足点而营造拟订的基本建制中,就绝不会出现两个分离且对立的世界(形而上的世界和形而下的世界,超感性世界和感性世界,彼岸的世界和此岸的世界),而只有一个世界,一个形而上者与形而下者在其中通同涵泳的世界。

在这种与理念论全然不同的哲学建制中,根本就不会有形而上学专属的世界或独占的领域,亦即是说,根本就不会有形而上学。"道必无乎逃物",说的就是"道器不割",它确凿无疑地意味着:如果在这里要谈得上"形而上学"的话,那么它同时就是"形而下学"——"道之学"也就是"蝼蚁学""稊稗学""瓦甓学",如此等等。因此,比照地看来,当柏拉图主义在希腊哲学中决定性地分割开超感性世界和感性世界时,它也决定性地规定了形而上学的领域和形而下学的领域;我们在亚里士多德文献的后来编订中,就看到了《形而上学》和《物理学》这两个分开的学科部门,而中国的传统学术却从未设定过这样的两个部门——它既不是其中之一,也不是其中另一,它似乎只是在两者"之间"活动与运行的。千万不要就此来评判中西哲学(从而中西文明)的等第高下,因为目前这里所涉及的只不过是两者之间的根本差别罢了。如果先行就以形而上学的建制以及它所固有的"等级制"为基准,那么,在关于中国哲学的理解中出现的就不仅是理论上形形色色的误解,而且是评价上层出不穷的偏谬,就像我们在关于"中国形而上学"的轻易谈论中经常能见到的那样,就像我们在黑格尔(他站在西方形而上学历史的顶峰)对中国哲学的评论中时而也能看到的那样。

但是,在《庄子》书中出现的"道不逃物"或"道不离器",究竟是某一种或某一派的观点呢,还是贯穿中国哲学整个传统的根本立脚点呢? 我们的回答是:它是根本的、不曾移易的立脚点,是在中国哲学的整体中作为基本建制来起定向作用的,只不过它在《庄子》的对话中表现得尤为生动、鲜明和直接罢了。如果说,随着佛教传入中国,"体-用"比"道-器"更多地占用了哲学考究的主题,那么,"体用不二"虽说在入手处与"道器不割"或有小异,但它们在基本原则上却是高度重合并且完全一致的(以至于时有"道体"和"器用"的联用并举)。晚明在哲学上非常杰出的大儒王船山的两段议论便深刻地表明了这一点。其一曰:"天下唯器而已。苟有其器,岂患无道? 洪荒无揖让之道。唐虞无吊伐之道。……无有子,无父道。未有弟,无兄道。故无其器则无其道。如舍此而求诸未有器之先,亘古今,通万变,穷天地人物而不能为之名,况得有其实乎?"①其二曰:"天下之用,皆其有者也。吾从其用而知其体之有,岂待疑哉? 故善言道者,由用以得体。不善言道者,妄立一体而消用以从之。"②

船山在此一力议论阐发者,便是中国哲学之根本;而这一根本,归结起来无非就是道器不割、体用不二。如果说,船山的论说在这里也是有所针对有所批评的,那么其批评的锋芒所向乃是一得之偏,而这样的一偏——只要它是中国哲学——就仍必运

---

① 王夫之:《周易外传》卷五。
② 王夫之:《周易外传》卷二。

行于道器不割的轨道之上,仍必活动于体用不二的"常川决定"之中。在中国哲学的根基中从来没有将超感性世界和感性世界(形而上的世界和形而下的世界)分割开来并且对立起来的那种立脚点,所以尽管有不同观点不同学派之间的激烈争辩,甚至尖锐攻击,但它们仍必属于中国哲学范围内的偏正权衡(此一偏或彼一偏,纠偏或过正等等),而与形而上学的建制肝胆楚越。例如,宋儒往往对老、释二氏大加抨击,但只要这里的释氏乃指中国化的佛教,则这样的抨击便属于同一建制中的"内部批评"。

既然"道"训为"形而上者",既然我们的学术传统中有所谓"道家"和"道学",那么,"道家"岂不是形而上学派,"道学"岂不就是形而上学?但这样的望文生义却一点也没能触到事情的根本。且让我们再重申一遍:一般的区分、区别决然不同于"分割""对立",只有当这样的分割—对立在形而上者与形而下者之间划出真正的鸿沟,从而令其各立疆界并且各成领域,才使形而上学——当然也使形而下学——成为可能。"道家"或"道学"完全不是——绝对不是——在这样的意义上获得规定并从而被命名的。所有的中国传统学术,无论其研究何种对象何种内容,都从根本上立于道器不割、体用不二的哲学建制之上,虽或时有一偏,却终不离此中枢,而与形而上学的建制判然两途也。正如章学诚所言:"经史纬出入百家,途辙不同,同期于明道也。……文章学问,无论偏全平奇,为所当然,而又知其所以然者,皆道也。易曰:'形而上者谓之道,行而下者谓之器。'道不离器,犹形不离影。"[1]章氏由此论学术宗旨曰:"即器以明道。"由此又进行学术批评说:宋儒流弊,"则于学问文章经济事功之外,别见有所谓道

---

① 章学诚:《家书第三集》卷九。

耳"。而"今日之患,又坐宋学太不讲也"①。这里所说的"宋儒流弊"以及"今日之患",乃指其流风偏仄,又一衡准于"道器不割"也。

由此可见,"道家""道学"云云,不过传统学派、学者别类之称,而与当今所谓"形而上学"绝无关碍。但既然形而上者谓之道,则此种原本无害的名称,对于不割道器的哲学建制来说,亦或暗示有一偏,所以后来也时常招致诟病。例如,关于"道学",章学诚说:"学术无有大小,皆期于道,若区学术于道外,而别以道学为名,始谓之道,则是有道而无器矣。"②毛奇龄的批评则说:"圣学不明久矣。圣以道为学,而学进于道,然不名道学。凡道、学二字,六经皆分见之;即或并见,亦只称学道,不称道学。"③而茅星来亦对《宋史》分"道学""儒林"一事极为不满:"奈之何进训诂、章句之学于儒林,而反别道学于儒之外? 其无识可谓甚也。夫道学与政术判为二事,横渠犹病之,况离道学与儒而二之耶? 甚矣其弊也!"④虽说这里的争辩或与名目相纠缠,但对于我们来说,问题的实质却总在于道器不割、体用不二的基本建制,在于此一建制中的哲学必运行于形而上学之外。

(三)

我们且以"道学"诸大师为例,看看他们的哲学是否立于超感性世界和感性世界的分割—对立中,因而真可被看作"形而上学"。张载说道与器的分别是:"形而上者是无形体者,故形而上者谓之道也;形而下者是有形体者,故形而下者谓之器。无形

①② 章学诚:《家书第三集》卷九。
③ 毛奇龄:《西河集》。并参看方东树:《汉学商兑》卷一。
④ 茅星来:《近思录集注后序》。

迹者即道也,如大德敦化是也;有形迹者即器也,见于事实即礼义是也。"①然而,此说的关键恰恰在于,这样的区别绝不意味着——根本不意味着——形而上者与形而下者之间的分割—对立。所以大程子说:"'形而上为道,形而下为器',须著如此说。器亦道,道亦器,但得道在,不系今与后,己与人。"②同样,朱熹的说法是:"道是道理,事事物物皆有个道理;器是形迹,事事物物皆有个形迹。有道须有器,有器须有道,物必有则。"③又说:"有此器则有此理,有此理则有此器,未尝相离。却不是于形器之外别有所谓理。"④

我们由此可以来判断,这些"道学"大师的哲学能否被看作"形而上学"? 朱熹的哲学能否被称作中国的"柏拉图式理念学派"(The School of Platonic Ideas)? 如果说,形而上学的基本建制首先在于超感性世界和感性世界、形而上的世界和形而下的世界之间的分割—对立,那么,以道器不割、体用不二为根本立足点的中国哲学就不能不在"形而上学"之外,即便是看起来似乎更偏于"形而上者"的哲学学派——如道家、玄学、道学、中国化的佛学等等——亦复如此。先秦诸子之间的分歧,道家与儒家的分歧,汉学与宋学的分歧,正统与老、释(中国化佛学)的分歧等等,都是在中国哲学基本建制——道器不割、体用不二——中的内部分歧,都是在这一建制性轨道上的正与偏、此一偏与彼一偏的分歧,而绝不是以分割并对立超感性世界与感性世界为前提的诸形而上学之间的分歧,或者,以这种分割—对立为前提的形而上学与形而下学之间的分歧。即便是在中国哲学

① 《横渠易说·系辞上》。
② 《二程遗书》卷一。
③④ 《朱子语类》卷七十五。

的内部分歧中出现"相离""相割""断为两橛"之类的批评,也完全不是在形而上学建制所设定的那种方向和意义上的,而毋宁说是在理所当然地抑制并阻遏这种方向和意义上的。同样,"如有一物"的批评性说法(意指从川流不息的世界中分离出并且固定出一个纯粹的形而上者),也始终意味着抑制并阻遏此"物"的构造。由于中国哲学全体运行于形而上学的建制之外,所以它"本能地"取缔经营此"物"的可能性或苗头:它既不曾划分出一个与形而下的世界分离且对立的形而上的世界,也无须乎以形而上学的等级制来设定"一物"以君临一切,无论此"物"是类似于柏拉图的"善的理念",还是类似于基督教的"上帝"。

在中国近代以来的学者中,对这一主题体会甚深且阐论颇切者,是熊十力先生。特别是《体用论》一著,可说是专论中国哲学之基本建制的(只是还将此建制主要地限于"吾儒"之内了)。先生回顾其学术经历云:平生游乎佛家两大(大空、大有)之间,自由参究,积测日久,忽悟得"体用不二",自此学有主脑而不可移易也。读《易大传》"显诸仁,藏诸用"句,深感一"藏"字下得精妙:明示实体不在功用之外,体用哪有彼此? 于是就理论之大节来说,"于宇宙论中,悟得体用不二。而推之人生论,则天人为一。……推之治化论,则道器为一。……夫唯知道器为一,不舍器而求道,亦不至睹器而昧于其原。如此方是本末不遗"①。熊先生执此而论孟子"形色天性"(形色即天性)、"践形"(是形即道,方名践形),论《般若》"破相显性"(于色身而证得法身),论庄生"道在瓦砾"(物各具自性神)等等,一以贯之。②其实此间所论者,在在皆是中国哲学立足其上的基本建制,正不必分列于宇宙

① 熊十力:《体用论》,上海书店出版社 2009 年,第 70 页。并参看第 71 页。
② 参看熊十力:《十力语要初续》,岳麓社 2013 年,第 76—77、86—87 页。

论、人生论、治化论名下，亦不必拘囿于"吾儒"家法之内。先生于禅说而外，尤常称引老庄言，乃谓"道家，儒之别子也"①。就此来说，三教固有大别，而其基本建制则一（对照于形而上学的基本建制，尤为分明）。在这样的意义和层面上，《易大传》所谓"藏诸用"与《庄子》所谓"寓诸庸"并无二致；先生为解说"体用不二"专设"海水众沤"之喻（"譬如众沤各各以大海水为其自身"），亦未尝不同于《老子》所谓"譬道之在天下，犹川谷之于江海也"②。

虽然熊十力先生并未特别地把"体用不二"阐说为中国哲学同理念论—形而上学的根本差别并就此形成详尽比照，但他已将"吾儒体用不二、天人合一"把握为探究宇宙人生问题之"最高原理"了。而这样的最高原理，正须被理解为中国哲学的独特建制，被理解为中西哲学在根本上亦即在基本建制上的差别。不仅如此，熊先生还体会到体用的区分与它们之间的分割—对立绝不可同日而语："体用可分而实不二"，或者，"体用本不二而亦有分"。③这意味着：有分者或可分者不得为二，也就是说，不得分割开来并且对立起来。如果说，道器不割、体用不二实在是中国哲学的基本建制或"最高原理"，那么，这样的建制或原理对于中国学术传统来讲本是不成问题的宗纲（就像理念论的建制或原理对于西方学术来讲一样），它们时而被提出来讨论往往或者是为

---

① 熊十力：《十力语要初续》，第 76 页。
② 《老子》章三十二。
③ 参看熊十力：《体用论》，第 70 页；熊十力：《原儒》，上海古籍出版社、上海书店出版社 2019 年，第 6 页。关于此种有"分"而不"割"的情形，可以参考海德格尔在解说一位诗人的作品时关于"物"与"世界"之关系的说法："世界与物相互贯通。于是两者横贯一个'中间'（Mitte）。在这个'中间'中两者才是一体的。因为一体，两者才是亲密的。两者之'中间'就是亲密性（Innigkeit）。"又："这里所谓的'区-分'仅仅是作为这个一（dieser Eine）。它是惟一的。区-分从自身而来分开'中间'，而世界与物向着这个'中间'并且通过这个'中间'才相互贯通一体。"（海德格尔：《在通向语言的途中》，商务印书馆 1997 年，第 16—17 页）

了学理的返本及精深化,或者是为了纠弹偏颇及排拒"异端"。

只是由于近代以来的西学东渐,特别是由于西方哲学的实质概念(形而上学)与一般哲学的形式概念被混淆起来甚至被等同起来,才使得初始阶段"不能不依傍西洋人的哲学史"一途,在参照、模仿或比附中陷入一时难免的错乱之中:一方面是对中国哲学的特质有或多或少的心得体会,另一方面则是奢谈中国的"形而上学"以攀援高妙。此处病痛,正在于中西哲学各自的基本建制未被分辨廓清,正在于拿了"形而上学"的刀锯以使中国哲学削足适履,以至于匆匆越过了中国哲学立足于自身之上的根本,以至于完全未曾意识到:"道器不割"或"体用不二"的基本建制,绝不是某种形而上学的可能性,而是它的不可能性——是任何一种形而上学的不可能性。殊不知用形而上学的建制来肢解中国哲学,不仅从整体上曲解了这一哲学,而且全然遗忘了这一哲学自身的"根本"。正是针对这一"根本"(它在中国哲学中本是理所当然且司空见惯者)之被普遍遗忘,熊十力先生乃浩叹曰:"然今之言学术者,难于语斯义矣。""呜呼,凡夫不识此境界,诸宗教、哲学家识此境界者亦罕矣。"①

识得斯义,识得此境界(亦即识得道器不割、体用不二),则中国哲学的根本性质便昭然若揭。既然形而上学的基本建制首先在于超感性世界和感性世界的分割—对立,也就是说,在于道器相割、体用两立,那么,中国哲学正就在形而上学之外,并且一向就在形而上学之外。由于海德格尔大体上将希腊语的"哲学"等同于"形而上学",所以他就在这种意义上说,"哲学"是唯一地属于希腊的(属于西方—欧洲的)。在《形而上学的基本概念》

① 熊十力:《体用论》,第70页;《十力语要初续》,第88页。

中,他的论题经常被写成"哲学(形而上学)""哲学或形而上学",并且说,"……在这里,我们始终把哲学和形而上学——可能有些奇怪——等量齐观,把哲学的思想和形而上学的思想相提并论"①。这样一种狭义的、实质的"哲学"概念(定名)完全不同于广义的、形式的"哲学"概念(虚位),而它的实质正就是形而上学,亦即是说,是由形而上学的基本建制来获得规定的。对于要从开端上去批判地追究整个西方形而上学历史的海德格尔来说,这样一种"哲学"概念至少在表述上有某种必要性,因为形而上学的决定性奠基(其基本建制的决定性构成)无疑是在苏格拉底—柏拉图—亚里士多德一线,但那时却只有"哲学"一词,"形而上学"一词完全是在亚里士多德之后才出现的。

因此,如果我们的研究者在"哲学—形而上学"的意义上来使用其术语的话,那么,海德格尔的说法确实可以在用词上提示"中国—非哲学",但这一提示恰恰在实质上意味着"中国—非形而上学"(由于它是非形而上学的所以才是非哲学的)。即使我们可以像黑格尔那样,也在形式的意义上使用"哲学"一词,但却完全不能改变事情的实质,即"中国—非形而上学"。事情的实质只能根据形而上学的基本建制来做出决定性的分辨。按照这一基本建制,若就诸轴心民族来说,印度哲学是在形而上学之内还是在形而上学之外?似乎海德格尔很少专门论到这一点(也许他不无理由地对东亚思想更感兴趣),倒是多次谈及德语同希腊语最为切近;而通晓印度哲学的尼采则将这种切近延展到印度,并声称唯独希腊和印度乃有哲学—形而上学:印度、希腊和德国的哲学思考具有"出奇的同族相似之处",由于它们的语言

---

① 海德格尔:《形而上学的基本概念》,商务印书馆 2018 年,第 36 页。并参看第 1—11 页。

有亲缘关系,所以哲学体系"从一开始就预定了类似的发展和顺序"。"无论在印度,还是在希腊,人们都犯了同样的错误:'我们一定曾经熟悉一个更高的世界(而不是一个低得多的世界:那会是怎样的真理呀!)',我们一定是神圣的,因为我们拥有理性!"①

如果据此来加以揣测(我们目前对此只还能揣测),那么,印度哲学或许是另一种形而上学,亦即分享着同族的基本建制但却属于另一类型的哲学—形而上学。如果是这样的话,那么在中、西、印三种哲学中,中国哲学就是最为独特的了:唯独这一哲学未曾将超感性世界和感性世界分割开来并且对立起来,因而始终决定性地处在形而上学之外。如果是这样的话,如果谢林曾根据中国人意识中"绝对的非神话性"和"彻底的非宗教性"来阐论中国作为一个"唯一的、可又实实在在的例外"(这个例外是如此特别,以至于谢林将其称为"第二人类"),那么,中国作为这个"伟大的、独特的例外"②,看来在哲学上的本质特性就是:它在形而上学之外,并且一向就在形而上学之外。

三、由哲学的基本建制分辨中西哲学之根本差别

(一)

既然中国哲学在形而上学之外,那么,这是否就意味着它仅仅滞留于形而下者而无能通达于形而上者(哲学上时常称之为"超越者")呢?是否就意味着它仅仅局限于感性之物而无能深

---

① 《尼采著作全集》第 6 卷,商务印书馆 2015 年,第 94 页。并参看安乐哲:《和而不同——中西哲学的会通》,北京大学出版社 2009 年,第 224 页。

② 参看夏瑞春编:《德国思想家论中国》,江苏人民出版社 1989 年,第 135、139、163 页。

入于超感性之物呢？根本不是并且完全不是。"在形而上学之外"，只不过意味着形而上学的基本建制——首先是超感性世界和感性世界的分割—对立——尚未构成（对于赫拉克利特和巴门尼德来说）或无由构成（对于中国哲学来说）。如果说赫拉克利特和巴门尼德是比柏拉图和亚里士多德"更伟大的思者"，那么，中国的贤哲为什么不是比形而上学家"更伟大的思者"呢？不过正如海德格尔就此立即指明的那样，这里所谓的"更伟大"不是对成就品第的估价，而是"显明着思想的另一度"；而这里所谓的"另一度"，不过就意味着"在形而上学之外"罢了。既然我们无法设想在赫拉克利特和巴门尼德的思想中居然会不包含超越的东西，为什么我们要怀疑在形而上学之外就不再可能真正通达形而上者了呢？

在西方哲学的"自我批判"尚未映入我们的眼帘之前，这样的怀疑（不必去说那些望文生义的伎俩）在所难免，因为形而上学支配着整个哲学的领地直至其最遥远的边缘；这种支配意味着"对理念的仰视"，因而也意味着对形而上学的仰视。在这样的氛围中，形而上学的基本建制便成为理所当然且不得追究的"禁地"（fundamentum inconcussum）了，而中国哲学的自我理解也就易于并且习惯于被无批判地纳入形而上学的架构中去了。且让我们再重申一遍：如果说超感性世界和感性世界的分割—对立乃是使形而上学的建制成为可能的首要步骤，那么，道器不割、体用不二就意味着从一开始就阻断了形而上学可能性，换句话说，从开端上就意味着形而上学的不可能性。对于这个根本之点的盲目或怠忽，不仅极大地扰乱了人们对于中国哲学性质的直观式体会，而且在急迫申领形而上学的入场券时不能不经常误认自身。一种自卑的误认是：中国哲学是一种形而上学，但总而言之是一种不那么纯粹、或多或少有缺陷的形而上学,就像黑格尔用形而上学的绝对尺度来衡量中国哲学时,是断言它连真正的精神性也还未曾达到的。与之相反,一种虚骄的误认是:中国哲学是一种形而上学,但却是一种更为"圆融"因此也更为优越的形而上学;殊不知只要两个世界的分割—对立在其中起决定性作用,形而上学从根本上来说就难以真正圆融,除非我们把"分有"认作圆融,或者假全能的"上帝"来造就圆融。照此看来,这两种误认在性质上是完全一样的,只不过是同样自卑的虚骄者在无法辨识自身的根本时又还虚张声势罢了。

我们的前辈学者对中国哲学的性质时常表现出切近的体会和不凡的洞见,尽管时代的局限尚未使形而上学的建制得到必要的澄清。举例来说,冯友兰先生论中国哲学的精神特质是:"极高明而道中庸。"它既入世而又出世,即世间而又出世间,所谓"不离日用常行内,直到先天未画前"。就此来说,中国哲学是完全能够通达"形而上者"(道)的,只是道不离器,所谓"大道不离人伦日用"也。①这可以说是对于中国哲学甚好的体会,是很切近这一哲学之本质的体会。然而值得注意的是,冯先生为了比照《易传》的道器之说和西方的形而上学,明确提出了"形而上的"与"形而上学的"分别:"有一点我们须注意者,即西洋哲学中英文所谓'买特非昔可司'[metaphysics]之部分,现在我们亦称为形上学。因此凡可称为'买特非昔可'[metaphysical]底者,应该称为形上学底;不应该称为形上底。照我们所谓形而上者之意义,有些可称为形上学底者,并不是形上底。"②这本是一个很

---

① 参看冯友兰:《中国哲学简史》,第 7—8 页。并参看冯友兰:《阐旧邦以辅新命——冯友兰文选》,上海远东出版社 1994 年,第 168—169 页。

② 冯友兰:《阐旧邦以辅新命——冯友兰文选》,第 30—31 页。

重要、有意义的分别,但却被指错了方向(它已先行以形而上学为基础定向了)。metaphysical确实是表示"形而上学的",但只有在形而上学的基本建制确立之后,它才得以如此这般地起作用并且行规定;如果该词用来指示前苏格拉底的某种东西,那么严格地说来,它只能表示一种转义,即"超感性的"。"形而上学的"这个术语,用来谈论赫拉克利特尚且不可,用来推说中国哲学的"形而上者",其可得乎?

因此,冯先生这一分别的恰当意义应该是:"形而上的"绝非无条件地就是"形而上学的",只有当形而上者与形而下者被决定性地分割开来并且对立起来时,才有所谓"形而上学"(以及"形而上学的"事物)。尽管中国哲学在形而上学之外,但它不仅能够通达形而上者,而且是以道器不割、体用不二的独特建制——亦即非形而上学的建制——来通达形而上者的。由于未能明了这一点,所以冯先生会将朱熹的格物致知说比作柏拉图的"回忆说",并且尤其在《新原道》中要来阐论一种"新统"。就这新统来说,"新理学"的目标乃是"成立一个完全'不著实际'底形而上学"。因此,新理学在传统上"有似于道家、玄学以及禅宗",特别是"接著"宋明理学来讲的;但即便是这些"最好底传统"(哪些是不太好的呢?)却总还是在形象之内,总还是肯定实际、著于形象、不够抽象、不够高明、不够玄虚,总还是"拖泥带水"而不能完全地"经虚涉旷",一句话,总还是一些或多或少有缺陷的形而上学;而真正的"极高明"便是要求一种"完全'不著实际'底形而上学"。①在我们已经做出决定性分辨的视域中,一种"完全'不著实际'底形而上学"当然属于柏拉图主义——亦即

---

① 参看冯友兰:《阐旧邦以辅新命——冯友兰文选》,第 222、229 页。

属于真正的形而上学；但也正因为如此，它当然也就不再属于中国哲学——亦即不再属于中国哲学之伟大而恒久的传统了。

（二）

这样一种对于形而上学的仰视，在我们尝试去理解哲学"本质"的初始阶段恐怕是难以避免的。但是，只有对哲学—形而上学之本质的批判性把握（马克思在 1844 年就曾提到"费尔巴哈的关于哲学的本质的发现"），才为深入中国哲学自身的"根本"——它的基本建制——提供了一把钥匙并开辟出一条道路。只要中西哲学比较还不能进入基本建制的纵深处去把握根本差别，那么，安乐哲所描述的如下情形就不会得到改变："最具有讽刺意味的是，那些由于把某种'基要主义'的东西强加于中国哲学而引起的扭曲，在当代中国哲学家的合作努力下正得以长期保存。"这样的基要主义特别地诉诸所谓"上帝模式"以及形而上学意义上的"超越性"："当代中国哲学界的精英们似乎不愿放弃'超越性'，仍把它作为确定中国思想独特性的恰当的概念范畴。"①这样的情形确实存在，并且是极为广泛地存在于流俗的学术中。

就此我们可以来参考一下海德格尔的下述说法（尽管他完全不是针对我们的情形来说的）："当如今那些流俗的舞文弄墨之流使用'形而上学'或'形而上的'这些词的时候，都力求这些词用得使人印象深刻，神秘莫测，不能马上就理解，以便把握那些藏在日常事物背后，居于终极实在之特有领域的东西。"②如果我们在这里会留意到超感性世界亦即形而上学之"特有领域"的

---

① 安乐哲：《和而不同——中西哲学的会通》，第 152、154 页。
② 海德格尔：《形而上学的基本概念》，第 63 页。

界定,那么,这一领域还进一步指向了古代形而上学历史地结出的基督教果实。就此海德格尔说,神学或教义学中本质地涉及彼岸事物的两个头衔是"上帝"和"不死性",而这种"彼岸的东西"就成了真正形而上的。①如果是这样的话,那么当我们开口谈论"中国的形而上学"时,可以先尝试想一想:在中国哲学中有没有一个与感性世界分割开来并对立起来的超感性世界,从而规划出一个专属于超感性世界的形而上学领域?在中国哲学的历史性后果中,有没有可能产生出任何一种以真正的"彼岸世界"来定向的宗教—神学,从而提供出某种基督教"上帝"的对应物,或者,某种基督教"不死性"的等价物?

关于两个世界之分割及对立的主题,钱穆先生在论到"中国思想"(他不用"中国哲学"一词)的本质特性时说出了很好的体会。他也说中国思想既入世又出世,也说中国思想简易庸常而不离人伦日用,但他非常明确地指出,中西思想的重大区别在于承诺一个世界还是承诺两个世界:"因此中国人思想里,只有一个世界,即人生界。并没有两个世界,如西方人所想象,在宗教里有上帝和天堂,在哲学中之形上学里,有精神界或抽象的价值世界之存在。"②据此钱先生乃说,中国人摆弃了灵魂观,对人生"不作灵、肉分异的二元看法",中国人的一个世界就是"现实人生";而其他民族则不是这样,在他们的哲学中,"……除掉此现实人生,我们的生命还有别一世界。此是西洋人、印度人的共同看法"③。这些都是颇有见地的体会。之所以仍称之为"体会",

---

① 参看海德格尔:《形而上学的基本概念》,第 63 页。

② 钱穆:《中国思想史》,第 8 页。并参看第 267 页。

③ 钱穆:《讲堂遗录:中国思想史六讲 中国学术思想十八讲》,九州出版社 2010 年,第 7 页。并参看第 5 页。

是因为两个世界的分割—对立并未被当作形而上学的基本建制
来把握。钱先生据此只是说，中国人不喜欢形而上学，对形而上
学比较淡漠而不能有很大发展；由此又说西方思想"偏向外"（故更
喜言智与乐），而中国思想"偏向内"（故孔子更喜言仁与礼）。①这
样的说法便浮泛粗疏而不及根本了。

试举一例。为说明中国上古思想的特质，钱先生引了《左
传》中子产的一段话："人生始化曰魄，既生魄，阳曰魂。用物精
多，则魂魄强。是以有精爽，至于神明。"先生对此话的解说是：
"魄便是一断肉块，生了魄的时候便连带的有'魂'。魂之在魄，
正如一块东西上有一些亮晶晶的光辉，此光辉处便叫做'阳'，其
不发光处则是'阴'。……这可说是一种纯粹'唯物'的观点。因
为他全从一块肉团上来看人的生命。"②这个解说大体不错，其义
亦有可取，但在根本之处仍然混淆游移。说"魄"是一块肉团，不
妥；说这是一种纯粹"唯物"的观点，尤不妥。所谓不妥，便是不
知不觉落入形而上学的建制中去了。《说文》训"魂"为"阳气
也"；训"魄"为"阴神也"，其下又曰："阳言气，阴言神者，阴中有
阳也。"③所以魂-魄之关连，正如阴-阳之关连也：魂为魄之魂，正
如魄为魂之魄一样。现代汉语基本上释"魄"为"依附形体而存
在的精神"，或"精力""精神"。不唯如此，中国哲学绝不会"全从
一块肉团上来看人的生命"，就其本质来说，一块肉团对此生命
来说并没有优先性，就像一缕灵魂对此生命来说也没有优先性
一样；倒是人的生命本身作为本源的统一向来占用着灵-肉，是
之为魂-魄也。因此，这里是决计谈不上"唯物"或"唯心"的，更

---

① 参看钱穆：《中国思想史》，第18页。
② 钱穆：《讲堂遗录：中国思想史六讲　中国学术思想十八讲》，第8页。
③ 《说文解字注》，上海古籍出版社1981年，第435页。

不消说"纯粹的"唯物或唯心了。即使在柏拉图时代的哲学家那里，"他们有了两个抽象体：灵魂和物质，对于两者的联合，他们只是用灵魂堕落的形式表达出来"①。由于这里的所谓"堕落"是作为"比喻的表象"出现的，所以也还只能说是"唯物""唯心"之潜在的可能性而已。

对于形而上学的仰视从根本上出自形而上学建制本身所固有的等级制（可以从《巴曼尼得斯篇》中清晰地看到），而这一等级制中的两个绝对等级意味着：独占真理—实在的超感性世界对于感性世界的支配，"彼岸"对于"此岸"的统治，形而上者对于形而下者无所不在的优先地位。以此比照中国哲学的建制，便向来没有这样的等级制。《易》《庸》入世岂不高明？《老》《庄》高明何曾出世（《老》言"涤除玄览"，《庄》说"每下愈况"）？诸家各派或时有一偏，却总运行在道器不割、体用不二的"常川决定"中。这里表现出来的，就是中西哲学之根本差别；未能牢牢地把握这一根本差别，便时常身不由己地戴上了形而上学等级制的眼镜了：透过这样的眼镜，举凡器用、庸常、实际的东西就总已是等而下之的东西了，就像沾染到这种东西的哲学总已是等而下之的哲学一样。于是，在我们长期以来关于中国哲学的自我理解中，便时时向形而上学三致意焉——此种致意频频试图投身到柏拉图主义的怀抱中，并且频频为缺失上帝观念和逻辑形式而耿耿于怀。

然而，无批判地以形而上学的基本建制为论说前提，不仅从根本上错估了中国哲学的性质，而且严重地影响到对这一哲学的基本解释。其中最常见的一种误入歧途的解释是：中国哲学

---

① 黑格尔：《哲学史讲演录》第 2 卷，第 188 页。

必是某种形而上学,无论是一种较为卑下或较为圆融的形而上学;只要它不是形而上学,便根本无能通达形而上者(超感性的东西或超越的东西)了。但是正如我们已经非常明确地指出的那样,能否通达"形而上者"与是否作为"形而上学"根本不是——完全不是——一回事。形而上学(由其基本建制来规定)只不过是通达形而上者之一途,甚至在广义的"哲学"中也不是唯一之途。海德格尔后期常言"诗与思"的原初一致,由此而提示出来的一个基本要义是:形而上者的通达根本不必是哲学—形而上学,这种通达完全可以是与形而上学性质全然不同的"诗与思";毋宁说,只是由于命运性地毁坏了"诗与思"之通达形而上者的原初方式,形而上学才通过"形而上者"与"形而下者"的分割—对立而宣告成立,并且同时也宣告了前者对于后者无所不在的优先地位。

由此可见,在形而上者是否可通达以及如何被通达的问题域中,根本还不存在种种通达方式的高下之分。在这里唯一可以断言的是:不同的民族精神、不同的精神形态(或意识形式)、不同的哲人以不同的方式通达形而上者。如果说,后来事实上出现了种种高低的分别,那么这只不过是依照形而上学的建制、依照这种建制的特定历史形态所做出的分别罢了(形而上学的等级制甚至在美学即感性学中还分别出不同感官的高下等级)。因此,在形而上学的建制能够得到批判性把握的视域中,通达形而上者一事根本不必与形而上学相等同,也就是说,绝不仅限于形而上学之中;形而上者的通达采取着种种不同的方式,即令其"哲学"的方式也可以在形而上学之内或形而上学之外来获得定向。此种哲学定向出自不同民族精神依其"开端之本性"所做出的历史性决断,而根本无关乎在形而上学的建制中才被设计出来的等级构造。只是这样的构造才开启出不同世界、不同事物的"种姓制度",并且也顺便就规定了不同哲学的"种姓制度"。这种制度的实质表现在"一切形而上学的主导观念"中:"人世、尘世以及属于尘世的一切,是根本就不应该存在的东西,根本上也不具有真正的存在。柏拉图早就称之为叫 $\mu\dot{\eta}\ \dot{o}\nu$,即非存在者。"[1]如果说,黑格尔对中国哲学的评价一本于这样的等级制度,那么,我们的哲学比较(以及与之相伴随的哲学上的自我理解)究竟在什么时候才能够开始超出这种等级制呢?

(三)

当不同哲学类型的种姓观念能够被超越时,"道器不割""体用不二"的立脚点就根本不是什么等而下之的标记,而恰恰只是意味着中国哲学的本质特征。但是,只有当我们能够批判地深入形而上学的基本建制时,它所固有的等级制才会趋于瓦解,才会失去其笼罩一切的虚假普遍性,正像形而上学本身在马克思、尼采和海德格尔那里遭遇到它的历史性批判一样。只有在这样的前提下,中国哲学自我理解中的诸多良好"体会"方始得一必要的收束(立足于自身之上的收束),才不会继续假借"形而上学"之名来使自身显得光彩,也才能表明先前的体会在理论上是有根据的和有意义的。举例来说,在几乎所有关于中国哲学性质的讨论中,人们都或多或少体会到中国哲学同真正的形而上学——柏拉图主义——的某种"偏离":它总是牵连于世间俗物,总是纠缠于人伦日用,并且总是同感性的、时间性的、不纯粹的和非永恒的事物如影随形。然而,这样的偏离是怎样得到理解

---

① 海德格尔:《演讲与论文集》,生活·读书·新知三联书店 2005 年,第121 页。

的呢? 它或者从倾向上被解释为一种对形而上学的特定态度,或者从理论上被看作一种对形而上学的特定制作,但只要形而上学的基本建制没有从根本上被触动,只要形而上学依然构成任何"哲学"的"种概念",那么,中国哲学就只能被强行置入形而上学中去理解和评估,仿佛中国哲学只不过是"分有"了形而上学的理念似的。

在形而上学的基本建制进入批判的把握中时,整个理解的尺度就会发生根本的转变。如果说,这一建制的首要架构就是超感性世界和感性世界、形而上的世界和形而下的世界、彼岸世界和此岸世界的分割—对立,那么,在完全不以这种分割和对立为前提的中国哲学中,在道器不割、体用不二的基本立脚点上,何来纯粹的超感性之物和纯粹的感性之物? 何来彼此各有疆界各占领地的形而上学和形而下学? 何来彼岸世界的"纯粹光明"和此岸世界的"无限黝黯"? 既然此岸彼岸无从分离,"真理"不由其一独占,"实在"不由其一专擅,何来形而上学的等级制以及这种意义上的贵贱高下? 道在瓦砾屎溺,则道不为高而瓦砾屎溺不为下;大道不离人伦日用,则大道不为高而人伦日用不为下;极高明而道中庸,则高明至极不为高而庸常凡近不为下。这是一种完全在形而上学之外的境域和轨道,而中国哲学正是在这样的境域中生存和活动的,并且正是在这样的轨道上运行和展开的。因此,若依形而上学的建制来谈论和评判中国哲学(无论以何种方式),实际上从一开始就已经误入歧途了。

西方哲学只是在它能够开始自我批判并达到一定程度的时候,才可能知晓并开始理解多种不同性质的"哲学"的可能性,直至某种在形而上学之外的"哲学"的可能性。就其批判的锋芒真正触动形而上学的基本建制而言,马克思把人的思维的"真理性"理解为思维在实践中的现实性和力量,理解为它的"此岸性"(真理或现实不在彼岸,因为根本就没有彼岸)。尼采则宣称,只是"弱者的无能创造了彼岸世界"——那个无人的、非人的世界。而海德格尔的批判则试图表明:当理念论把理念"提升到一个超感觉的去处"时,它便"在尘世只是看起来像是的在者和天上不知在何处的现实的在之间"划出一道深深的"裂缝",而作为柏拉图主义的基督教便据此裂缝把上天者说成是造物主而把尘世者说成是被造物。①如果说,这样的批判提示性地敞开了在形而上学之外的"哲学"(依然作为思想之事的哲学)境域的可能性,那么,它也提示了在形而上学之外理解和阐释中国哲学基本语词(我们不得不经常使之同西方哲学的概念进行比照)的可能性。就像"魄"不是单纯的"广延"物而"魂"不是"我思"的对等物一样,"天"根本不是也不可能是"超越的形而上学的实体",心根本不是也不可能是通过"主体性"(Subjektivitaet)来被规定的"主体"——这样的主体或主体性只是在现代形而上学中才真正确立起来的,甚至希腊思想中也还没有"主体",因为那里没有"客体"或"对象",有的只是:"由自身而来的在场者(dasvonsichher Anwesende)。"②

对中国哲学的自我理解来说,所有这样的分辨以及由之而来的重新阐释乃是绝对必要的,而这样的分辨和阐释又只有在形而上学的建制得到批判性把握的视域中才是真正可能的和具有决定性意义的。"道器不割"或"体用不二"的立脚点绝不意味着中国哲学只是整个地沉浸在感性世界之中,并且因而是有缺陷的、卑污的和等而下之的,因为在那里根本就没有超感性世界

---

① 海德格尔:《形而上学导论》,第107页。

② 参看《晚期海德格尔的三天讨论班纪要》,载《哲学译丛》2001年第3期。

和感性世界的分割—对立,根本就没有由于这种分割—对立而来的等级制。任何以为中国哲学仅限于感性世界因而达不到真正精神性的观点,总已先行置身于形而上学的建制之中了,即使反过来的虚骄观点(断言中国有更圆融的"形而上学")同样分享着这样的建制。当费尔巴哈把真理或实在唯一地置放在感性世界之中以抗衡在黑格尔那里最终完成的超感性世界时,他也未曾真正超出形而上学的基本建制,而只不过是以向来被贬抑的一端来反对另一端(因而总还拘执于它所反对的东西的本质之中)罢了。正如海德格尔在评论尼采作为"形而上学之反动"的立场时所说:"形而上学由于尼采所完成的颠倒还只不过是倒转为它的非本质了。……而随着这样一种对它的对立面的贬降,感性领域却背弃了它自己的本质。对超感性领域的废黜同样也消除了纯粹感性领域,从而也消除了感性与超感性之区分。"①

如果说,中国哲学的本质性乃在形而上学之外,那么,它就不可能只是在形而上学的建制中站在此一端以反对彼一端(例如纯粹的"唯物"或"唯心"),也不可能只是在两端之间无所适从地徘徊游荡。中国哲学有其自身的建制,这一建制从根本上不同于形而上学的建制,我们将之首先标识为"道器不割""体用不二"。有位聪明的学者曾说,中国哲学既非"形而上学"亦非"形而下学"——它是"形而中学"。这个戏谑的体会要有真实的意义,就必须清晰地表明中国哲学立足其上的基本建制,亦即那个与形而上学建制全然不同的独特建制。当这一建制被牢牢地把握住时,虽说运行其间的中国哲学在立场和观点上纷然杂陈,时

---

① 《海德格尔选集》下卷,第763页。

或一偏,但却全然不是在形而上学范围内和意义上的那种分歧和派别。例如,人们常以为儒家凡近而道家高明,但即便此说为真亦全然不是在形而上学范围内获取意义的。"评文有云:儒家的文化代表庸众的人生观,缺乏出世思想,局限于平凡的浅近的现实云云。"熊十力先生驳之曰:"儒者之道,不呵人海以生死海,乃即于人海而见性海,故曰'道不远人'。"①又有史华兹论到《老子》时提及多种观点,在时见其"高明"(神秘主义)之外却还别有端倪:"一部谨慎的现世人生哲学手册",一种"符合常识的'中国式'观点",还有杨朱(作为老子弟子)的"苟且偷生"(just living),等等。②如此矛盾的两面在形而上学的建制——"希腊人提出的那种二元对立"——中不可能得到真正的理解,但这两面的通同一体在中国哲学的立脚点上却不仅是有充分根据的,而且实在就是它的题中应有之义。

最后,我们可以通过"分有"这个概念来小结一下中西哲学在基本建制上的根本差别。当柏拉图主义将超感性世界和感性世界分割开来并且对立起来,又将真理或实在仅仅归属于超感性世界时,两个世界之间的通达便唯赖"分有"了,就像基督教观念中上界与下界的通达唯赖人子耶稣一样。但是只要两个世界作为"此岸"和"彼岸"被真正分割开来并且对立起来,那么,它们之间的沟通就不能不是根本的和恒久的困难(笛卡尔式的两个"实体"——思维和广延——的沟通也不得不依赖于"神助说"或"先天谐和说")。黑格尔曾很明确地指出过这种困难,他引用亚里士多德的批评说,柏拉图的理念论只是空谈事物"分有"作

① 熊十力:《十力语要初续》,第80、83页。
② 参看史华兹:《古代中国的思想世界》,江苏人民出版社2008年,第258—260页。

为本体的理念而已；由于柏拉图的理念没有活动性和现实性，所以，说现实的东西"分有"理念，"只是一句空洞的话，一种诗意的比喻"①。如果说，黑格尔还得以借重对亚里士多德理念论和基督教神学的重新解释，继续维持着两个世界的思辨沟通，那么，当全能的绝对者—上帝在哲学中不再能够真正持立时（"上帝死了"），当超感性世界不再具有约束力时，形而上学建制中的两个世界以及它们之间的沟通如何才成为可能呢？

与此形成鲜明对照的是，中国哲学的基本建制根本未曾分割开两个世界并使之对立起来，因此在虽加区别但未划出鸿沟的形而上者和形而下者之间，本就是彼此贯彻、彼此渗透和彼此通会的，因而根本无须乎所谓"分有"或诸如此类的中介来实现两者之间的"拼命一跃"。特别能够说明这种情形的便是所谓"下学而上达"②。下学之所以能够上达，是因为下与上之间根本没有决定性的隔阂或壁垒，在下者与在上者本就通达，形而下者与形而上者本就通达，并且唯赖此通达来构成两者间的分别与联系，亦即构成统摄两者的基本建制。只是因了这样的建制，中国哲学的整体才显示出可以用"极高明而道中庸"的说法来概括的本质特征。

总而言之，本文的主要论点是，中西哲学的根本差别须深入其基本建制中去才得以真正分辨；此种分辨的初步结论是：西方哲学的实质是形而上学；而中国哲学则在形而上学之外，并且依其本质一向就在形而上学之外。本文还只是就此做出概要的阐说，更加充分的探讨（包括进一步的分析和论证）正在着手进行之中。

---

① 黑格尔：《哲学史讲演录》第 2 卷，第 292 页。并参看《哲学史讲演录》第 1 卷，第 295 页。

② 《论语·宪问》。

【补说：关于中西哲学"根本差别"之
若干提法或体会的简要回顾】

（一）

自从文化（或文明）的差别、对照、比较等议题命运性地进入中国学界以来，试图从整体上并且从整体的根本上去探索和把握这些议题的要求就广泛地出现了。虽说应合这种要求的努力在初始阶段不免于散漫、纷乱和无措，但这样的努力本身却积极地开辟出一条通达文化整体之根本的道路，而我们今天的学术探讨依然行进在这条道路上。在 1921 年的《东西文化及其哲学》中，梁漱溟先生就将文化的整体观点归功于"《新青年》陈独秀他们几位先生"，因为这几位先生想要抛开种种枝叶，而去直截了当地寻求"最后的根本"。"所谓根本就是整个的西方文化——是整个文化不相同的问题。"西方的各种事物并非凭空而起，它们有自身的来源，"它们的来源，就是西方的根本文化"。[①]按照梁先生的观点，彻底的探究就是要去领会到那"一贯的精神"。他甚至很赞同说西方文化即是德赛两先生（"两精神"）的文化，只是这两精神的并列似乎总还没有考究到家："究竟这两种东西有他那共同一本的源泉可得没有呢？"看来正是这个问题，将梁先生引导到体现特定民族之根本精神的哲学领域（人生哲学或伦理思想）中去了。文化乃是某一民族"生活的样法"，而生活则是"不尽的意欲"[②]（出于或近于叔本华）；因此，某一文化的根本或源泉，便是作为"最初本因"的"根源的意欲"，依照这种

---

① 参看梁漱溟：《东西文化及其哲学》，第 13—14 页。
② 参看同上书，第 31—32 页。

根源意欲的方向或取向(向前、向后、持中),梁先生指示出西、印、中三种文化的根本精神或哲学路向。

这样一种见地自有其高明处。但梁漱溟先生看来并不特别留意于对哲学本身的探究(贺麟先生评其论说缺乏"文化哲学"的介入),因而也使这样的见地大体停留在表象—体会式的断言中了。当较为专业的哲学和哲学史的研究在中国学界逐渐开展出来时,虽说西方哲学的学院内容是多方面地进入了论说的语境中,但这样的内容要被充分消化并被提升到能够切实开展出中西哲学的真正比较或对话,却还需要很长的时间。因此,在这样的中间阶段,尽管对西方哲学的了解按一般知识的方式积累起来,但这样的知识增益却往往漠不相干地徘徊于中国哲学对于自身的理解之外(如果说还不是妨碍或阻滞这种自我理解的话)。此种曲折甚至退行的情形,对于经历"文化结合的艰苦锻炼"来说既是必要的也是有所收获的,而此间最重要的收获之一,就是要求将文化整体的本质性(它的根本或核心)追究到"哲学"上去,并且要求在中西哲学的比较中诉诸它们之间的"根本差别"——尽管对于这种差别的猜度可以是或多或少的误判,对于这种差别的述说可以是或高或低的表象—体会。

举例来说,冯友兰先生在《中国哲学简史》中就论到了"中国哲学和西方哲学之间的根本区别"。他是根据诺斯罗普(S. C. Northrop)教授关于概念的两种类型来设定这种"根本区别"的。概念的主要类型,一是用直觉得到的,一是用假设得到的。希腊哲学家认为无和无限低于有和有限,中国哲学家则反是。"为什么有这种不同,就因为有和有限是有区别的,无和无限是无区别的。从假设的概念出发的哲学家就偏爱有区别的,从直觉的价值出发的哲学家则偏爱无区别的。"①正是因了这种"根本区别",形而上学便有两种方法:"正的方法"(去说形而上学的对象是什么)和"负的方法"(不去说它)。"其结果,正的方法很自然地在西方哲学中占统治地位,负的方法很自然地在中国哲学中占统治地位。"②

同样,牟宗三先生也对中西哲学之根本差别——所谓"领导线索纲领"——多有谈论。按照他的观点,中西哲学两大传统的"领导观念"可用两个名词来表示:一为生命,一为自然。"中国文化之开端,哲学观念之呈现,着眼点在'生命',而西方文化的重点,其所关心的是'自然'或'外在的对象'(nature or external object),这是领导线索。"③在另一处,他又说,中国哲学以"生命"为中心,而西方哲学则以"知识"为中心;并且归结起来,中国哲学的形态与特质侧重于主体性,而西方哲学则侧重于客体性。"用一句最具概括性的话来说,就是中国哲学特重'主体性'(Subjectivity)与'内在道德性'(Inner-morality)。……西方哲学刚刚相反,不重主体性,而重客体性,它大体是以'知识'为中心展开的。"④

此外,我们还可以来看看钱穆先生对于"西方人的思想与中国根本不同之点"的观察。钱先生说,中国思想与西洋思想自有其不同之点,而根本不同之点在于:西方人的思想中有两个世界,中国人的思想中只有一个世界。例如西方人把宇宙和人生、物质界和精神界、肉体和灵魂等分得清清楚楚来讲,而中国人则

---

① 冯友兰:《中国哲学简史》,北京大学出版社 1996 年,第 22 页。
② 同上书,第 294 页。
③ 牟宗三:《中西哲学之会通十四讲》,吉林出版集团 2010 年,第 13 页。
④ 牟宗三:《中国哲学的特质》,上海古籍出版社 2007 年,第 4 页;参看第 3—5 页。并参看牟宗三:《哲学与文化论集》,南京大学出版社 2010 年,第 230 页。

喜欢合拢来讲,也就是所谓"天人合一"(若讲得不好,便笼统混杂,若讲得好,就不至像西方哲学那样支离破碎)。这样的根本差别,"以西方哲学术语言之,西方是'二元论',而中国是'一元论'。我们可说中国哲学是'人文的一元论'。这是中国思想发源便与西方不同处"①。

对于这样一些有关"根本差别"的意见,我们暂且不予置评;因为这里的笼统混杂实在太过纷乱,而这里的断言又实在太过轻易无稽了。除非不同哲学的根本之点能够在理论上被清晰地揭示出来并得到切近的把握,整体的理解才得以循其尺度而具有实际的效准,才不致在支流清浊的争辩中迷失了性命攸关的根本。然而,无论这些关于"根本差别"的意见在多大程度上接近或远离"根本",也无论这些意见在多大程度上揭示或遮蔽"根本",它们却总代表着某种特定的体会,总意味着虽说或深或浅但对于探索"根本"来说或有助益的体会。在这样的意义上,特定的体会往往是现成的并且也是值得留意的,而进一步的工作便是要更加深入地考究这样的体会与中西哲学之根本(从而两者之根本差别)具有怎样的关系,以及这种由体会表象出来的关系在理论上的得失成败。

(二)

在关于中西哲学之根本差别的主题上,海外汉学的情形大体也是如此。对于"根本"——从而"根本差别"——的理解要求是出现了,但也只是保持在或多或少的体会中,而这样的体会往往还盘旋在"根本差别"的上空或踯躅在它的周边地带。例如,

① 钱穆:《讲堂遗录:中国思想史六讲 中国学术思想十八讲》,第13页。并参看第5—12页。

在《中国思想之渊源》一著中,牟复礼要求我们必须做好准备,以便去考虑和观察中西文明间那些"最根本最重要的差别"。(按该书导论的作者尤金·莱斯的说法,是要求去理解一种"异质的"传统,即"中国人迥然不同的宇宙观和世界观"。)①在对诸多内容的讲论中,牟复礼的体会是,中国人的观念不仅与古希腊的宇宙论(由逻各斯、主神或其他主宰者支配的世界)格格不入,不仅跟古闪族的传统"差异更甚",而且"中国人的观念和其他各种机械论的、目的论的、有神论的宇宙论同样肝胆楚越"。为了说明这种"截然不同的"差别,他援引了荣格和卫德明的说法,即西方对因果性的偏好,中国对同时性(synchronicity)的热衷;并且还引申了李约瑟所谓"怀特海式的"对过程的偏好或对网状关系(reticular relationship)的偏好,以及"没有主宰却和谐有序"(an ordered harmony of wills without an ordainer)等说法,来表征中国世界观的独特之处。②这确实算得上是一些不错的体会,但也还只是体会而已。因为当那些被置放在倾向、热衷或偏好中的特征要用来说明什么之前,它们本身必须首先在哲学的根基上得到说明。

与牟复礼相类似,安乐哲关于中西哲学的根本差别也有一些不错的体会:他引用葛瑞汉的论文以表明两种哲学之间的"深层的结构性差异",这样的差异存在于印-欧文化家族的思想体系和完全独立发展起来的中国哲学的传统之间;他还通过援引理查兹《孟子论心》一书的观点,强调要防止将西方哲学传统的结构"强加于可能根本没有这种结构的思维模式之上"。但这样

---

① 参看牟复礼:《中国思想之渊源》,北京大学出版社 2009 年,第 26 页;序言第 1—4 页。

② 参看同上书,第 22—23、30—31 页。

一些关于"深层结构性差异"的体会,看来并未真正引达哲学根基上的深入,而主要被用来提示理解和翻译上的困难以及由之而来所必需的审慎分辨,于是尼采和海德格尔在哲学根基上的批判性工作大体也只是被当作有益于这种分辨的"策略"来看待了。[①]

最后,我们还可以提到史华兹一些同样不错的体会。在《古代中国的思想世界》中,他写道,孔子祖述的三代之"道"不仅仅是脱离具体规定的一般原则,毋宁说原则本身就包含了具体的典章制度及人事组织形式,因而就隐藏在这样的具体规定之中;而在该主题上,"……希腊人提出的那种二元对立并不是一清二楚的;希腊的对立是在划分如下两个方面的基础上形成的:一方面是'约定俗成的东西'或仅仅是'约定性的'习俗(nomos),另一方面是自然的东西或是以宇宙本质(physis)为依据的东西"[②]。

通过以上的例示我们将意识到本文所面对的进一步的理论任务。为了在命运性的现代处境中能够理解自身,就需要通过文明的比较来理解这个世界(抽象普遍性的外在反思在这里是完全无能为力的);而为了达成真正的文明比较,就不能不开展出具有真实效准的哲学比较。哲学比较的真实效准唯在其能够触及根本并且把握住根本(中国哲学的根本、西方哲学的根本以及两者之间差别的根本)的地方才会出现,就像诸文明的根本或本质性最为整全也最为集中地反映在它们的哲学中一样。如果说,及于根本的哲学比较只有通过所谓"文化结合的艰苦锻炼"才能在特定的转折点上赢得其坚实的基地,那么,这样的比较(或对话)就不可能一蹴而就,而是展现为一项就其本性来说需

---

① 参看安乐哲:《和而不同——中西哲学的会通》,第 223—224、329—330 页。
② 史华兹:《古代中国的思想世界》,第 87 页。

要探入渊深之处的思想—理论任务。当这一任务的实行尚未抵达它能够在学理上切中"根本"的转折点时,它就把自己大体保持在"表象—体会"的样式中,并且同时也把"及于根本"的要求寄托在如此这般的样式中。在这样的意义上,虽说表象式的体会总意味着理论上或多或少的无能为力,但它的积极意义也表现为:不断提示出"及于根本"的要求以及这种要求在学理上的有待满足。

(三)

在这一点上表现得尤为突出的,是梁漱溟先生。在《中西文化及其哲学》中提出其主要观点大约 30 年之后,梁先生在《中国文化要义》中依然执着地就文化整体提出各方面的问题,并且依然最为坚决地要求诉诸这一文化整体的"总特征""总根源",也就是说,要求去把握中国文化之"意义"或"精神"的根本所在。该书综合各方面所论中国文化的种种特点(以多重的方式描述、分析并概括这些特点),亦有点评冯友兰、张东荪、张荫麟、梁启超、雷海宗诸先生的种种见解,却总还嫌其支离偏仄而不能令人满意。所以梁先生便再度强调"及于根本"的思想任务:中国文化是一个整体,包括有许多方面和许多特点,它们"皆有其骨子里相通之处",且"必有一种意义或精神在",故须设法"把它本原都予抉通","寻得其总根源,以一个根本理由解答之"。倘能切中此一根本,则"中国文化便通体洞然明白,而其要义可以在握"。①

梁先生试图把握住"根本"的努力,主要致力于对中国社会

---

① 参看梁漱溟:《中国文化要义》,上海人民出版社 2005 年,第 8—9、25—26 页。

之性质的分析(其要点可概括为:中国是"伦理本位的社会"),而较多地绕开了哲学本身及其实体性内容。这从一个方面来说无疑是正确的和深刻的,因为特定的社会生活确实构成特定哲学(乃至于各种观念形态)的基础领域。然而必须强调指出:这是在两个非常不同的层面上和意义上关于"根本"的问题。要从社会生活的基础领域中直接引申出建立其上的哲学的本质特征,是做不到的,就像我们不可能从土壤的性质中直接引申出桃子之为桃子、苹果之为苹果的性质来一样。因此,同样重要的是,除非某种哲学作为特定哲学之自身的性质能够在根本上被把握住,否则的话,我们就完全无从知晓这种哲学的本质特征是如何从其基础领域中得到滋生和供养的。事实上,就其直接的方面而言,一种文明的本质性(或曰"根本")倒是整全而深刻地反映在它的哲学中,就像一个人所思所想、所作所为的本质性整全而深刻地反映在他的世界观中一样;尽管某种文明的哲学毋庸置疑地植根于特定社会生活的基础领域之中,就像某个人的世界观毋庸置疑地有其现实生活的特定来历一样。

在这样的意义和层面上,马克思说,真正的哲学乃是"文明的活的灵魂",因为"人民最精致、最珍贵和看不见的精髓都集中在哲学思想里"①。正是在特定的哲学中,确切些说,在特定哲学本身的内容围绕着旋转的那个枢轴中,我们得以切近地去把握该文明一以贯之的根本,亦即梁漱溟先生所说的"一种意义或精神",一种统摄诸内容和诸特点的"骨子里的相通之处"。而如果要从特定的社会生活中直接引申出特定的哲学性质以及作为其根本的中枢(亦即将之完全还原到基础领域中去),那就是把问

① 《马克思恩格斯全集》第 1 卷,人民出版社中文一版,第 120—121 页。

题想象得太过简单也太过粗疏了——不仅完全撇开了哲学本身的形式,而且由于"中介过程"的阙如便再也不可能从理论上整全地重建特定的哲学了。之所以如此,是因为"更高的即更远离物质经济基础的意识形态,采取了哲学和宗教的形式。在这里,观念同自己的物质存在条件的联系越来越错综复杂,越来越被一些中间环节弄模糊了。但这一联系是存在着的"①。

这意味着:特定的哲学同它的物质存在条件是联系着的,是非常错综而曲折地通过许多中间环节——但归根到底是——联系着的。我们固然有理由根据这种联系,把该哲学的物质存在条件理解为它的现实基础(在任何关于特定哲学的讨论中永远不应遗忘或忽略此等条件),但它与特定哲学本身据以开展出来的理论内部的根据或原则——全部内容在其中取得定向并在其上运行的"根本"——却是非常不同的,它们是在两种相当不同的层面和意义上被规定的。任何试图仅仅从观念形态所依赖的物质存在条件直接引申出特定哲学本身的内部根据或原则(亦即将后者全体归结为前者)几乎必错无疑,就像如果把几何学、物理学本身的内部根据仅仅还原为这些学科的物质存在条件几乎必错无疑一样。明白了这一点,我们的主要任务便是首先要使中西哲学各自的"根本"——它们的内部根据或原则——在理论上得到相应的揭示和把握。

我们看到,尽管特定的社会生活构成哲学之现实基础一事早已为人们所知晓(包括梁漱溟、胡适、冯友兰等),但由于种种原因,这样的知晓却时常徘徊在哲学本身之遥远的周围,而特定哲学自身的"根本"之处却很少被真正触动并因而长期滞留在晦

---

① 《马克思恩格斯选集》第 4 卷,第 253 页。

暗之中。丁耘教授曾明确地指出了这一点，看来他对特定哲学自身之"根本"的强调是颇为坚决的："各大文明之不同在于其关乎道体之究竟见地上的根本差异。一切文明之自觉与权衡需以对道体之全观正见为前提，否则即便花样百出材料充盈，均不免皮相零碎。各文明均对道体有所关照领悟，均有其圣贤成教，且以此为基立法、建政。……道体之观存乎各文明中相当于'哲学'之经典部分。各文明所含之见体，对该文明有奠基意义。"①如果说，道体观即诸文明之"根本见地"，唯"发愿见体"方能比照东西（或比照中西），那么，这里所挑明的，便是去把握特定哲学自身之"根本"的任务，并且因而也是去把握不同哲学间之"根本差别"的任务。只有当这样的任务被明确地意识到并得到有效的推进时，及于"根本"的中西哲学比较才可能在更新了的理论动力中更加积极地开展出来。

---

① 丁耘：《中道之国》，福建教育出版社 2015 年，第 39 页。

再论中西哲学之根本差别

当我们把"哲学"的形式含义一般地标识为文化的主干、思想的母体和精神的核心时,特定文明的哲学便要求在这样的意义上作为该文明整体的枢轴和基础定向来得到理解了。如果说,在"世界历史"的处境中,中国哲学的自我理解不能不特别地借助于中西哲学的比较,那么,牢牢地把握中西哲学之"根本差别",就成为首要的和具有决定性意义的思想任务了——所谓"先立其大者,则其小者不能乱也"。在《论中西哲学之根本差别》一文中,我们对这一主题的追究是以形而上学的基本建制为中心来展开的:形而上学的基本建制立足于超感性世界和感性世界的分割与对立,立足于此种分割—对立中"真"与"不真"的分别归属;而中国传统哲学则截然不同,它全体植根于"道器不割""体用不二"的独特建制——非形而上学的建制——之中。由之而来的分辨性结论是:"西方哲学的实质是形而上学,而中国哲学则在形而上学之外,并且依其本质一向就在形而上学之外。"

这一结论虽说简明扼要,但还只是初步的,因而需要进一步的阐说与论证。作为上一论文的继续,这样的阐说与论证将不可避免地通过两条线索上的深化来达成。其一是:更加切近地指证西方哲学的决定性开端和历史性行程是如何运行于形而上学的基本建制之中,从而将其本质展现为名副其实的柏拉图主义。其二是:更加充分地揭示中国哲学是如何生存于道器不割、体用不二的独特建制之中,从而表明其决定性开端和历史性行程的本质恰恰是在形而上学的不可能性中来为自己开辟道路的。这两条线索上的进一步探究是互为表里且彼此补充的,因而每一探究都无所不在地专注于中西哲学之根本差别——基本建制之差别——的决定性比照。本文("再论")是在第一条线索上开展工作的,而将第二条线索上的深化留待下一篇论文("三论")。因此,本文的主旨是:在中西哲学之"根本差别"的问题背景中,考察整个西方哲学运行其上的基本建制以及它在这一建制中的独特展开方式,以便通过考察的具体化而将理解引向深入。这一考察的具体化节目是:(1)形而上学是什么;(2)"超越"问题;(3)西方形而上学历史中的四重区分;(4)作为柏拉图主义的基督教以及形而上学的"存在—神—逻辑学"机制。

一、形而上学是什么

(一)

当人们在中国传统哲学的范围内来谈论某种"形而上学"时,例如,在谈论《老》《庄》的形而上学、《易》《庸》的形而上学,或者王弼、六祖、朱熹和阳明等等的形而上学时,想必总已先行知晓形而上学是什么了。这个问题对于从事哲学的人来说似乎是非常简单的,可以从许多词典、教科书和小册子中现成地找到关于形而上学的明确定义,以及形而上学所涵盖的诸部分。确实,在西方世界中,"形而上学"与"哲学"几乎就是同义词,并且在通常情况下似乎也是无待乎追问的。但是,令人感到惊讶的是,我们的学者在论述中国传统学术的主题时,却几乎从未觉察到有必要去追问"形而上学是什么?"这样的问题;尤其令人感到惊讶的是,他们在这样的主题上使用"哲学"一词时总还是踌躇再三,而用起"形而上学"一词时却显得心安理得且无所忌惮了(似乎很少有人真正质疑过"中国形而上学"的合法性问题)。这种情况在很大程度上意味着:对于"哲学"之名的表面斟酌并未阻止西方尺度的强制性滥用,相反却悄然以"形而上学"之实为这种滥用大开方便之门。因为在西方哲学径直就是形而上学一事中,实质地起定向和规范作用的恰恰是形而上学;换句话说,正是形而上学——首先是形而上学的基本建制——规定了西方哲学的本质性,使之成为形而上学类型的哲学(之一)。就此而言,哲学可以作为"虚位"具有单纯形式的意指,用以一般地表示文化之主干、思想之母体和精神之核心;但"形而上学"在这个层面上却不是也不能是单纯形式的,它是表示实质的"定名"——这种实质被称为"柏拉图主义",它是依循形而上学的基本建制来为自己制定方向的。不难理解,作为虚位的"主义"乃是形式的,而作为定名的"柏拉图主义"(或其他什么主义)在这个层面上却不是形式的,就其从特定的建制取得基础定向来说,它是实质的。

由此看来,"形而上学是什么?"根本不是一个轻而易举的问题,对于我们的研究主题来说,尤其不是一个仅仅通过学院定义或形式分类就能处置的问题。如果这个问题还停留在晦暗之中,如果这个问题还完全未曾在实质上得到真正的理解,那么,将西方哲学—形而上学的直接性(西方哲学在其本质性中直接就是形而上学)现成地移用到中国哲学上来,就只会极大地怂恿轻佻无稽的滥用和望文生义的胡作非为。但是,从实质上去追究"形而上学是什么?",却只有在西方哲学能够进入自我批判时才真正成为可能,甚至才第一次能够提出此种性质的问题。由此我们便容易理解,为什么在黑格尔完成了整个西方形而上学之后,海德格尔会一再慎重其事地提出并且不遗余力地追问这类看似太过简单的问题,例如,《形而上学是什么?》(1929 年),以及《形而上学的基本概念》(1929—1930 年)、《形而上学导论》(1935 年)、《形而上学的存在—神—逻辑学机制》(1957 年)等等;考虑到海德格尔大体上将希腊语的"哲学"与"形而上学"等同视之,所以像《论哲学的规定》(1919 年)、《什么是哲学?》(1955 年),以及《哲学的终结与思的任务》(1964 年)等等,理应被视作同一主题的论述。不必再去勾连关系紧密的其他名头,即便是以上那些篇目,就足以表明海德格尔毕生追究的基本问题(如果不说是唯一问题的话),在很大程度上应当被归结为:"哲学—形而上学是什么?"毫无疑问,这样的问题与学院或辞书手册所能提供的应答是完全两种性质的;同样毫无疑问,问题本身的别种性质出自西方哲学在黑格尔之后才真正开展出来的自我批判。

马克思曾非常深刻地论证过:历史进程在它的实际发展中很少而且只是在特定条件下才能够进行自我批判,因此总是局限于对过往的形式(或他者的形式)做片面的理解;而对过往形式或他者形式的真确理解,恰恰是以特定的历史进程能够进行自我批判为前提的。"基督教只有在它的自我批判在一定程度上,可说是在可能范围内完成时,才有助于对早期神话作客观的理解。同样,资产阶级经济学只有在资产阶级社会的自我批判已经开始时,才能理解封建的、古代的和东方的经济。"[1]对于经济学、宗教学和神话学来说是如此,对于哲学来说同样如此并且

---

① 《马克思恩格斯选集》第 2 卷,第 24 页。

尤其如此。如果说,在中西哲学的比较中我们不能不实际地进入西方哲学的广大区域之中,并且在"世界历史"的基本处境中我们不能不一般地采用现代的解说方式和论述方式,那么,全部问题的关键恰恰在于:为了使及于根本的哲学比较成为可能,必须抵达并且牢牢地把握住西方哲学已经开展出来的自我批判。因为在关涉理解古代哲学和东方哲学的思想任务中,除非西方哲学的自我批判能够被充分意识到并且成为理解的支点,否则的话,就像无法真正理解前苏格拉底的哲学(海德格尔称之为"思想的另一度")一样,我们也无法真正理解东方的哲学。这里所说的"真正理解",不仅一般地意指全面而具体的理解,而且尤其是指依对象自身的性质而来的理解。非批判的观点无法充分地辨识与西方哲学—形而上学有本质区别的形式,无法切近地深入"显明着思想的另一度"的区域,因而对于达成古代思想和东方思想的"客观的理解"来说,归根到底是无能为力的。广博深刻如黑格尔这样的大哲尚且无法真正理解中国哲学,不是因为他的孤陋寡闻,而是因为他对于哲学—形而上学本身还是完全非批判的(马克思曾评其哲学为"非批判的实证主义和同样非批判的唯心主义"①)。

伴随着"绝对精神的瓦解过程",对哲学—形而上学本身的批判性意识便作为时代本质的立场而表现出来,其中尤为深刻且影响深远的见地出自马克思和海德格尔(以及两者之间的尼采)。马克思的相关主张以"意识形态批判"闻名于世,这一批判将包括哲学—形而上学在内的种种意识形态的本质性导回到人们的现实生活过程,导回到这一生活过程本身之特定的社会—

① 参看《马克思恩格斯全集》第 3 卷,第 318 页。

历史现实之中。"因此,道德、宗教、形而上学和其他意识形态以及与它们相适应的意识形式便不再保持独立性的外观了。它们没有历史,没有发展,而发展着自己的物质生产和物质交往的人们,在改变自己的这个现实的同时也改变着自己的思维和思维的产物。"①如果说,马克思的意识形态批判通过揭示哲学—形而上学的现实基础而要求超出它在虚假观念中的独立性外观,从而将把握这一生活过程(哲学—形而上学只是它在意识形态上的"反射和回声"的发展之一)的具体任务指派给"历史科学",那么,海德格尔的批判则始终围绕着哲学—形而上学本身、围绕着它所固有的建制性架构来展开,并通过对哲学—形而上学源头之穷根究底的批判性分析,去探寻它本身立足其上的思想上的本质来历——在这样的"返回步伐"中,哲学—形而上学同样必须在先行于它的思想上的本质来历中得到批判的说明。就像意识形态从不自知其现实的基础一样,形而上学总是遮蔽自身的本质来历。"因此,对形而上学来说并且通过形而上学,在形而上学中并且作为形而上学本身而真正发生的事情,始终是遮蔽着的。"②由此可见,除非我们能够进入一种决定性的批判视域中,否则便无法从根本上去辨识形而上学的本质;除非我们能够批判地把握这一本质,否则便无法就对象自身去理解古代哲学(例如前苏格拉底的哲学)和东方哲学(例如中国哲学)。

如果说,西方哲学是以形而上学为本质的,那么在哲学—形而上学的直接勾连中,"形而上学"便是事情的实质所在。这样

①《马克思恩格斯选集》第 1 卷,第 73 页。

②《海德格尔选集》下卷,第 771 页。并可参看第 816 页的说法:"一切关于形而上学的形而上学和一切试图以某种方式超过形而上学的哲学逻辑,都最稳当地落到了形而上学下面,而不知道它们自身在这样做时掉到哪里去了。"

的实质不会在通常的教科书定义中自行显现出来,而且由于定义本身就是以形而上学建制为前提的,所以它一开始便会成为追究形而上学本质的一种障碍。因此,在中西哲学之根本差别的主题上,我们当下所提的"形而上学是什么?"一问,其决定性意义只有在对哲学—形而上学的批判性追究中才开始绽露出来。

(二)

形而上学是什么? 最为简单且最为直截了当的探讨方式,便是首先考察"形而上学"(metaphysics)一词的由来。这个术语的后半部分-physics,是我们非常熟悉的"物理学";而它的前半部分 meta-,究竟是表示什么呢? 尽管从事哲学的人并不认为这里有什么疑难,但海德格尔还是明确区分了"形而上学"一词中 μετά 的两种不同含义,并且历史性地指示出从其第一含义向第二含义的决定性转变。首先出现的 μετά 的第一种含义完全是技术性的,确切些说,是在文献编纂学意义上的单纯技术性术语(即 post,"之后"或"后面")。由于亚里士多德的著作在古代哲学衰落的几个世纪中几乎销声匿迹,所以当纪元前 1 世纪亚里士多德的散佚材料重新激起关注时,收集和编排其文献大全并使之适合于教学的任务便出现了。流传下来的各种材料,按照逻辑学、物理学、伦理学三门学科来加以归类和分配,而这种学院式的划分是在柏拉图时代(通过他本人的"学园"以及学院模式)最先被确定下来的,并且从此就规定了后世对哲学和哲学问题的基本分类方式。①

---

① 就此海德格尔在《关于人道主义的书信》中写道:"'伦理学'是和'逻辑'与'物理学'一道第一次在柏拉图学派中成长起来的。这些学科产生的时代是一个把思变成'哲学',把哲学却又变成知识而知识本身又变成学院及学院活动中的事情的时代。在出现如此了解的哲学的过程中,知识产生了,思却消失了。"(《海德格尔选集》上卷,第 396 页)

　　然而,当亚里士多德文献的编纂者们通过逻辑学、物理学、伦理学的三分法来编排和分配各种材料时,却面临着一种根本上的烦难或窘境:虽说大部分材料都已安排妥当且各得其所,但在亚里士多德的众多论著中,还有一种关乎真正哲学活动——他本人偶尔会称之为"第一哲学"——的论文;这些论文既无法被强行纳入上述三门学科中的任何一门,而且作为真正哲学的著作又不能干脆弃之不顾。由于这部分的内容与学院哲学在"物理学"中所讨论的问题看起来多少有点类似(但却广泛、深刻和根本得多),所以,摆脱窘境的唯一出路就在于:既然绝无可能将其直接编入物理学,那就只能使之与物理学并列,也就是说,将它置于物理学之后,排在物理学的后面。于是,被亚里士多德称之为"第一哲学"或真正哲学的著作就获得了一个仅仅表示排列位置——"物理学之后"——的书名,然而却也为往后以此名目来标识真正的哲学("形而上学")提供了某种意想不到的可能性。"我们称之为'形而上学'的东西,只是一个让我们不知所措的术语,一个应对窘境的标号,一个纯粹技术性的头衔,在内容方面根本无所言表。"①

　　在这里,具有关键意义的转折事件表现为:μετά的技术性含义(post,"之后")变换为它的内容性含义(trans,"向上超出")。这种变换之语义学上的可能性在于:μετά在希腊语中还有一种与第一种含义(之后,后面)相关的另一种含义,即表示从一件事情离开而进入另一件事情,确切些说,"离开某物而转入他物"("转变")。这意味着,先前所谓"之后"的单纯位置性含义变成了"转变"的含义,亦即变成了"从某物转向他物""从某个越向另一个"

———————

① 海德格尔:《形而上学的基本概念》,第57页。并参看第53—58页。

的含义。按海德格尔的说法,这种内容性含义之决定性地取代其技术性含义的情形,突出地表现为"物理学之后"一词与拉丁术语 Metaphysica 的结合,而该词的拉丁化尤为突出地指示着哲学讨论从先前的"自然"(存在者整体)转向另一个存在者(一般存在者或真正的存在者);换句话说,真正的哲学意味着从"自然"领域的转离,并且作为"形而上学"而越向超出个别存在者之上的他物。"形而上学变成了居于感性事物之上的东西的头衔,用于超感性事物的科学或知识……标题的这种转变完全不是随随便便的,这件事决定了某种本质性的东西——真正的哲学在西方的命运。真正的哲学的追问事先就被理解为第二种,即内容性的形而上学,被迫沿着一种确定的方向或确定的开端进行。"①

如果说,语义上的历史回顾有助于我们了解 Metaphysica 一词的两种不同含义,那么,在这里具有决定性意义的恰恰就是对于西方哲学的命运来说的"某种本质性的东西",正是这种东西才使得"事先"就被理解为内容性的形而上学直接用来表示真正的哲学。唯当形而上学"这个词表达了真正的哲学活动之所是"时,才使得"我们始终把哲学和形而上学……等量齐观,把哲学的思想和形而上学的思想相提并论"。②如果说,前述那种名称上或标题上的转变完全不是偶然的,那么需要追究的恰恰就是那种本质性的东西——亦即"内容性的形而上学"——的历史性诞生,因为正是这一诞生才迫使西方哲学(从而西方历史)"沿着一种确定的方向或确定的开端进行"。我们在此前的论文中已经表明:形而上学的历史性诞生,根源于其基本建制的决定性构

① 海德格尔:《形而上学的基本概念》,第 59 页。
② 同上书,第 36 页。并参看第 61 页。

成;这一构成是在苏格拉底—柏拉图—亚里士多德一线被确立起来的,并且从此作为西方哲学的命运性"决断",作为由此决断而形成的"常川决定"来起支配和统摄作用了。

因此,西方哲学的本质性是通过形而上学的基本建制来获得规定的,而由此建制来规定的本质性,就被称为柏拉图主义。在这样的意义上,可以说形而上学的内容性含义较之其技术性含义是更早地在柏拉图主义的建制中生了根,从而为几个世纪之后两种含义的决定性转换(从偶然的技术性含义转换为实质的内容性含义)做好了准备。实质的东西在生根之时就会发芽,它在历史中的发展便是渐次蜕去其外壳而使自身冒出头来并占据上风。所以,如果说柏拉图本人在其洞穴比喻中已经说明了形而上学的基本形态,由此发端的哲学此后便具有了后人所谓的形而上学的特征①,那么,虽说 μετά 一词的内容性含义很久以后才得以明确,但却没有什么比这种内容性含义——"向上超出"(trans)——更加契合于形而上学建制的本质了。如此这般的"向上超出"难道不正意味着一种"对理念的仰视",意味着理念上升为"翘然独异的在之阐释"吗?

(三)

尽管形而上学的本质可以依其基本建制来加以确定,但这一本质也是在其整个历史性行程中构筑起来并得以巩固的。由柏拉图、亚里士多德确立并完成的"第一开端"自有其壮阔流长的后承,并且唯依这样的后承才使开端成为真正的开端。这意味着:先行的建制往往是在其成长过程中才得以汰选择别并结

---

① 参看海德格尔:《路标》,第272页。

出累累硕果,因而才使自身愈加明确起来并赢得与其本质相适应的名号。如果说原先的技术性术语("物理学之后")在与拉丁术语 Metaphysica 的关联中才真正应合了"形而上学"的本质①,那么,这只不过表明此种本质只是在特定的时机上——或早或迟——才经由历史性的裁断而使明确了的含义最终形诸言辞,或者,用解释学的话来说,才经由"效果历史"的反复考验而使词义上的转变终成定局。不唯如此,由于柏拉图、亚里士多德作为轴心期突破所处的枢纽地位——不仅是承先启后而且是截断众流的地位,所以他们的哲学在使真正的开端巍然矗立的同时,依然在自身中保持着丰饶而隐秘的可能性;这样的可能性不仅使追溯和开垦前此的思想境域获得广阔的活动空间,而且也使后此的哲学曼衍在其历史性的展开过程中,愈益明确地将开端性源头初始还只是蕴含着的方向接引出来并发扬光大。正是在这个意义上,"向上超出"(trans)的那种实质性含义,事实上已先行蛰伏在理念论的基本建制中了:"甚至'形而上学'这个词也已经在柏拉图的描述中预先有了烙印。在说明目光对理念的适应时,柏拉图说(516c, 3):思想'超越'($\mu\epsilon\tau'\ \dot{\epsilon}\kappa\epsilon\widetilde{\iota}\nu\alpha$)那种仅仅阴影般地和摹像般地被经验的东西,而'走向'($\epsilon\iota s\ \tau\alpha\widetilde{\nu}\tau\alpha$)理念。"②

由此可见,如果说西方哲学的本质乃是形而上学,那么,形而上学则实质地发端于并且持存于理念论的基本建制之中。我们曾将理念论—形而上学的基本建制最为简要地概括如下:(1)将超

①　参看海德格尔:《形而上学的基本概念》,第 58、60 页。在第 80 页,海德格尔概述苏亚雷斯对 metaphysica 一词的观点说:"所以,'形而上学'绝非涉及那样一本书,处于有关物理学的东西之后,毋宁说,这个'之后'现在要从一种内容意义上来理解:超感事物的知识要比感性事物的知识靠后。就超感事物的知识之占有的顺序,形成的顺序,探究的顺序而言,形而上学知识位列于物理学之后。"

②　海德格尔:《路标》,第 272 页。

感性世界和感性世界(形而上的世界和形而下的世界、神圣的世界和世俗的世界)分割开来并且对立起来;(2)认"真理"或"实在"仅属于超感性世界,而不属于感性世界;(3)如果感性世界中的个别事物或多或少可被看作真的或实在的,那么这只是因为它们"分有"了超感性世界的理念。不消说,正是这样一种基本建制,才使"向上超出"(trans)成为必要,并使形而上学成为必然;同样不消说,在这样一种基本建制中,超感性世界和感性世界的分割—对立乃是首要的和最为基本的。因为除非这样的分割—对立能够被决定性地建立起来,否则就不可能有两个世界的"分立",也不可能要求个别的感性事物对超感性事物即理念的"分有"。尽管设定"分有"的方式可以有很大差别,但它们只能属于形而上学的内部差别;例如就此而言,基督教哲学不同于异教哲学,甚至亚里士多德哲学也不同于柏拉图哲学。

如果由此论到西方哲学—形而上学的实质性开端,那么可以说,虽然在柏拉图那里还不曾有"形而上学"这个术语,但理念论的基本建制已经获得了决定性的奠基,并在其历史性的运作中为愈益发展和巩固起来的形而上学指示了方向。同样,虽然亚里士多德也还不曾使用"形而上学"一词,后来的文献编纂者若基于作者本人的用词来区分,或许"第一哲学"和"自然哲学"的术语是稳妥的;但若依"效果历史"已被确定了的意义来说,"形而上学"和"物理学"的区分同样是正当的和有迹可循的。因为当超感性世界和感性世界的分割—对立在柏拉图—亚里士多德的哲学中已成定局的态势下,超感性事物的科学便是名副其实的"形而上学"或"超物理学"(metaphysics),而与之分离且对待的科学就理所当然地属于"形而下学"或"形学"或"物理学"(physics)。"如果我们把感性世界称为宽泛意义上的物理世界(康德还是这样做的），那么，超感性世界就是形而上学的世界了。"①

如果由此论到中西哲学的根本差别，那么在这里首先获得的决定性比照是：中国哲学立足其上的基本建制完全不同于理念论—形而上学的基本建制，甚至毋宁说恰好是它的反面，即"道器不割""体用不二"。如果说形而上者谓之"道"，形而下者谓之"器"，那么，道器不割（同样，体用不二）便确凿无疑地意味着：超感性之物和感性之物、形而上者和形而下者，绝不许被分割开来，尤不许被对立起来——真正说来根本就不会有彼此分离—对立的两个世界，而只有一个形而上者与形而下者、超感性事物和感性事物在其中通同涵泳的世界。在这种全然不同于理念论—形而上学定向的哲学建制中，既然未曾有超感性世界和感性世界的分割—对立，则何来真与不真、实在与非实在的分别归属，更何来划开两间的疆界以及由此分别出来的各占领域？中国哲学之所以按其本质来说一向就在形而上学之外，恰恰因为这一哲学立足其上的基本建制——道器不割、体用不二——不是任何一种形而上学的可能性，而是形而上学从根本上来说的不可能性。

二、"超越"问题

（一）

当"物理学之后"这一技术性含义终于退隐到历史的陈迹中

---

① 《海德格尔选集》下卷，第 771 页。关于这个问题，海德格尔在另一处说：这样一种知识作为与自然相关的知识，就是自然知识，即物理学。"它与今天的物理学毫无关系——但反过来讲，今天的物理学却与前者有着极大的关系，超过了它所猜度的和能够猜度的程度。……这样一种关于 φυσικα［物理］的知识，就不光是 post physicam［在物理学之后］，而是 trans physicam［超物理学］了。"（海德格尔：《尼采》上卷，商务印书馆 2002 年，第 443 页）

去时，它的内容性含义——表示其实质的含义——即"形而上学"便顺理成章地德配其位了。因为这一实质事实上已先行胎息于理念论—形而上学的基本建制中。术语意义整体转变的重点是 μετά，是该词初始的"之后"（post）含义被"向上超出"（trans）的含义所转移。在这里，"向上超出"意味着什么呢？它意味着我们在哲学上向来熟知且惯常使用的那个术语："超越"（transcendence，Transzendenz）。所谓"超越"就是"超出"，并且是"向上超出"。如果说"超越"问题实在是哲学—形而上学的基本问题，那么，这只不过意味着这一问题在形而上学的建制中有其根苗，并且是唯依此建制才得以筹划并开展出来的。

因此，真正说来，哲学上的"超越"问题是在形而上学的基本建制中获得意义定向的："超出"是指越界，即越过界限；而这一界限是在超感性世界和感性世界的分割—对立中才被决定性地构成和规定的。如果说，希腊词 μετά 的含义中本已包含着"离开某物而转入他物"，或"越过一物而到达另一物"，那么，哲学上的"超越"总意味着超出感性之物并越过感性世界本身的界限。为什么"超越"作为越出界限又恰恰是"向上超出"呢？因为在形而上学的基本建制中，超感性世界和感性世界的界限两边，"真理"或"实在"仅仅被指派给超感性世界，而不归属于感性世界；因此通达真理或实在的道路就是越过感性之物而到达超感性之物，越过个别的存在者而到达超感性的存在者，后者是"某种较高的东西，它居于……之上，在彼岸，trans（超出）……"①。如果说，哲学上的"超越"总已预设了某个"下面"（Unten）及"彼岸"，那么，这样的"超越"就意味着"向外越出"和"向上超出"。张汝伦教授

① 海德格尔：《形而上学的基本概念》，第 65 页。

在《超越与虚无》一文中很正确地指出,合于"超越"一词的本义乃是"外在超越"(其他含义的超越应被看成是其衍生的或变换的形式),并且尤为突出地反映在具有一个等级系统的"纵向超越"中:"……柏拉图的理型、亚里士多德的第一推动者、托马斯·阿奎那的纯粹现实(actus purus)、笛卡尔的超完善存在者、斯宾诺莎的无限实体、古典神秘主义的神性,都指或以某种方式显示一个可说是实存的、有其本质的以及某些标志性属性(如无限、永恒、不动不变和无法超越的完美)的存在者。"①

　　在海德格尔的批判性分析中,以形而上学基本建制来定向的"超越"概念,特别地关联于所谓"分有",即个别的感性事物对超感性世界之理念的"分有"。因为当这一基本建制将超感性世界和感性世界分割开来且对立起来,并在两者间指派了真与不真、实在与非实在的分别归属之后,"超越"就在于越出后者而到达前者,在于"向上超出"后者从而"分有"前者。陈康先生在阐说《巴曼尼得斯篇》时就"分有"做了这样的解释:"'分离'以'相'〔即理念〕与事物的对立为前提。如果把漂浮在实际以外的'相'与事物的关系统统割断,那些与事物割裂的'相'就无法完成为事物的性质当基础的任务了。所以'苏格拉底'假定了'分有',以便把隔离开的'相'和事物重新连接起来。"②由此可见,哲学上的"超越"是全面地依循理念论—形而上学的建制来布局的:"超越"是在两个分离开来的世界中间运作着的"超出",这种从此界到彼界的超出采取着"向上超出"的姿态(朝着较高者的取向)③,而

---

①　张汝伦:《超越与虚无》,载《复旦学报》2019 年第 2 期。
②　柏拉图:《巴曼尼得斯篇》,第 390 页。
③　关于这一点,海德格尔指出:"在柏拉图主义看来,真实之物,即真实存在者,就是超感性之物,即理念。……倘若感性之物可以被命名为存在者,那么它就必定是以超感性之物为尺度的;不存在者是从真实存在者那里获得存在的影子和剩余的。"(海德格尔:《尼采》上卷,第 169 页)

这两界在"超越"中重新连接起来的关系就是"分有",就是跨越两界的"分有"之别具一格的"二重性"(Zwiefalt)。

如果说超越问题的隐秘核心乃在于"分有",那么,只有在对哲学—形而上学本身的批判性意识中,"分有"之别具一格的二重性才会被揭示出来并得到深入的分析。海德格尔的分析试图表明:柏拉图把个别存在者(感性之物)与其理念(超感性之物)之间的关系标识为分有,"但是,这样一种一方(即存在者)对另一方(即存在)的分有已经预设了:根本上有存在者与存在的二重性"①。这意味着:在理念论—形而上学的基本建制中,感性之物对超感性之物的分有,乃是"存在者对存在的分有",或者,乃是从存在者出发走向存在、从存在者提升至存在。"同样的道理也适合于所有的超越。当我们从存在者过渡到存在时,我们在这种过渡中穿越了两者的二重性。"②然而,绝不是这种过渡使二重性首先出现的,相反,过渡倒是以存在者与存在之间的"分离"(区分开来的二重性)为前提的。在这样的前提下,一方面是存在者,即感性世界的个别事物及其整体,另一方面是存在,即超感性世界的理念,而存在者对存在的"分有"便是从前者过渡到后者:穿越两者的二重性,"超越"。③

(二)

在西方哲学—形而上学的历史中,超感性世界与感性世界的

---

① 海德格尔:《什么叫思想?》,第 260 页。对此海德格尔还说:"随着形而上学之完成过程的肇始,也就开始了存在与存在者之二重性的最初显现的准备过程,这个准备过程是没有被认识的,而且根本上是形而上学所不能了解的。"(海德格尔:《演讲与论文集》,第 77 页)

② 海德格尔:《什么叫思想?》,第 267 页。

③ 参看同上。

"分离"（分割—对立）之所以采取存在者与存在的二重性样式，是因为如亚里士多德所指示出来的那样，思想之根本的、决定性的、永恒的问题是："存在者是什么?"（τί τò ὄν）亦即："在其存在中的存在者是什么?"①我们可以从理念论的问题方式中较为便捷地来了解这一问题的基本性质。当问到桌子是什么或杯子是什么时，柏拉图嘲讽犬儒派的第欧根尼说，你只是看到了感性的桌子或杯子，而看不到也闻不到作为桌子或杯子之本质的超感性的东西，即"桌子性"或"杯子性"。这意味着，当我们问"这是什么""那是什么"时，理念论—形而上学的建制以及由这一建制来定向的思想方式，便是从"什么"问到"什么性"（quidditas, Washeit），亦即从感性之物问到超感性之物，从存在者问到存在者之存在。同样，当问到"美是什么"或"正义是什么"时，苏格拉底总是引导对话者要超出种种美的事物或正义的事物，以便能够达到"美本身"或"正义本身"，也就是说，要从种种这样的事物问到事物的理念（美的理念或正义的理念），从存在者问到存在者之存在。②

在这样的意义上，超感性世界和感性世界的分离，便意味着存在者与存在的二重性——作为"自然"（Natur）的存在者整体以

---

① 参看海德格尔：《同一与差异》，第 11—13 页。

② 关于这个问题，海德格尔在《尼采》一书中概述道："使一张桌子成为一张桌子的东西，即桌子存在（Tisch-sein），是可以看到的，当然不能用身体上的肉眼，而是要用心灵看。这种看就是对一个事物所是的东西的觉知，即对这个事物的理念的觉知。如此这般被看见的东西是一个非感性之物。但因为正是根据如此这般被看见的东西，我们才能够认识感性之物（在此就是作为桌子的感性之物），所以非感性之物同时又高于感性之物。它是超感性之物（das Ueber-sinnliche），是真正的什么存在和存在者之存在。"（第 166 页）又："这种要求，这种理想，就是超感性之物，它被解释为真正存在者。这种对存在者的解释是在柏拉图哲学中完成的。理念学说就是对那个理想的论证，也就是对超感性领域在规定和战胜感性领域方面所具有的决定性的优先地位的论证。"（第 175 页）

及作为"理念"(Idee)的存在。在这种二重性之中,就像前者同后者的关系乃是"分有"一样,前者向后者的过渡便是"超越"。因此,一旦形而上学的基本建制已经通过"分离"预先设定了存在者与存在的二重性,亦即在不同的"位置"("场所")上分割开感性之物和超感性之物,那么,"存在者是什么"这个主导性问题在一方面就意味着"分有":"这个问题意义上的思想,在'形而上学'名下走上一条特殊的道路。西方形而上学的主题领域被标识为 μέθεξις[分有],即存在者对存在的分有,而且意思就是要追问:如此这般分有着的存在者如何从存在的角度得到规定。"①而"存在者是什么"这个主导性问题在另一方面还意味着"超越":从这个问题之所问来说,"……西方—欧洲思想从存在者出发走向存在。思想从存在者提升至存在。依照这个主导问题,思想总是超逾存在者,向着存在者之存在而超越存在者……"②。

由此可见,所谓"超越",便是超出此界而抵达彼界,便是超出感性领域而上升至超感性领域。如果说,理念论—形而上学的基本建制为这种"超越"准备好了感性之物与超感性之物的"分离",或存在者与存在的"二重性",那么,以此种建制来定向的思想轨道就是:向着"什么性"而超越"什么",向着"存在"而超越"存在者",就是"在存在者作为存在者所是的东西中表象存在者"。在这里,思想的任务是表象存在者,但却是以一种特定的方式——形而上学的方式——来表象存在者。这种方式如前所述,是要求抵达存在者之存在;但这种"存在"却也在西方形而上学的历史中被弄成了另一个或另一些——当然是更高的乃至最

---

① 海德格尔:《什么叫思想?》,第261页。并参看第267页。

② 同上书,第260页。并参看海德格尔:《哲学论稿》,商务印书馆2012年,第228页。

高的——"存在者"(所以海德格尔曾说,形而上学是从一个存在者思到另一个存在者,只是在过道里匆匆看了存在一眼)。这是怎样的一些存在者呢？在西方形而上学的历史中展现出来的是:柏拉图的"理念"、亚里士多德的"实现",以及后来的"实体性"、"对象性"、"主体性"(包括"绝对理念")、"意志"、"权力意志"、"求意志的意志",如此等等。①至于更为初始且未经转义的希腊术语,如"自然"、赫拉克利特和巴门尼德的"逻各斯"、"一"等等,则不在此列,因为彼时理念论的基本建制——从而存在者与存在的二重性——尚未实质地确立起来并且决定性地起作用。作为真正"决断"的命运性转折发生在希腊哲学的结尾处(即柏拉图和亚里士多德处),从那时起,存在者的存在就有了一个"标准而专擅的名字"——"理念",这个名字便用来表示"存在者作为存在者所是的东西"。如果说,"自此以后把在[存在]阐释为理念就支配着全部西方思想贯穿其变异的历史直到今天",那么其间的变异只不过是在哲学—形而上学范围内的诸多变换罢了。②

从前面的讨论中可以清晰地看到,所谓"超越"问题是在——并且只是在——形而上学的基本建制中才成为可能并得以构成的。如果说,立足于存在者与存在的二重性之上的"超越"或许特别地属于西方样式,那么,"超越"的一般可能性仍然取决于——完全取决于——形而上学的基本建制。因为只有在这样的建制中,才有两界之间的关系(分有),以及此界向彼界的过渡(超越)。至于这样的关系或过渡采取何种特定的样式,在这里

①　参看海德格尔:《同一与差异》,第69—70、7—8页。并参看《海德格尔选集》上卷,第585页。
②　参看海德格尔:《形而上学导论》,第180页。并参看海德格尔:《同一与差异》,第14页。

是无关紧要的;重要的是,作为一种关系性的过渡,"超越"总意味着超出此界,意味着"向上超出"此界而达于彼界。因此,着眼于"超越"由以构成的基本建制,它只能是形而上学意义上的(亦即由形而上学来定向的)超越。

如果说,中国哲学生存于完全不同的建制之中因而一向活动在形而上学之外,那么,"道器不割""体用不二"的立足点,就不仅意味着超感性世界和感性世界(形而上的世界和形而下的世界)之间分割—对立的不可能性,意味着真与不真、实在与非实在之分属两界的不可能性,而且还决定性地意味着所谓"超越"——"向上超出"此界而达于彼界——在根本上的不可能性。因为这里全然没有在形而上学的建制中才开始被划出鸿沟的此界与彼界,没有在此一建制中才开始标画出高低等级的下界与上界。然而,这样的结论看来似乎是令人严重不安的:中国哲学依其本质来说就没有(竟然没有!)所谓"超越"之事,没有由超越而开展出来的不可疑易的高处,也没有超越最终指向的"超绝者",如"善的理念""上帝""绝对观念"之类的东西或其对等物。但无论人们对此如何感想如何惊诧,事情按其实质来说就是如此:中国哲学在其自身的建制上不存在形而上学的可能性,因而就不存在"超越"(确切地说,不存在形而上学意义上的"超越");至于不明就里而时常挂在嘴边以炫耀高妙的"超越"云云,至多不过是美文学意义上的小曲或吆喝罢了。

正是因了此点,黑格尔不仅声称中国人"好像是不能运用概念来思维的",而且断言,就中国人的民族性来说,"它的显著的特色就是,凡属于'精神'的一切……一概都离他们很远"。①这

---

① 黑格尔:《历史哲学》,第 128 页。参看黑格尔:《哲学史讲演录》第 2 卷,第 275 页。

样的说法是合理的吗？就其立足于形而上学的建制乃至于占据西方形而上学的制高点来说,这样的断言是不可避免的;因为一向就在形而上学之外的中国哲学确实没有也不可能擘划出两个分离的世界以及由此界向彼界的"超越"。但是,就黑格尔不能超出形而上学的建制性立场而言,他的判断却是以无能真正深入和理解中国哲学为前提的;因为只有在西方哲学的自我批判得以在一定程度上把握形而上学的隐秘本质从而摆脱其自身的"天真性"(伽达默尔在《20 世纪的哲学基础》中曾专门讨论过这种天真性①)时,对于古代哲学和东方哲学之特有本质的揭示性理解才开始成为可能。

(三)

我们生活在一个世界中,我们在其中生活的全部"周遭"就是"世界",因此原初地说来只有一个世界。从什么时候起才开始实质地分割开两个世界并使之决定性地进入思想的制度性安排中?从形而上学的基本建制被确立起来并贯彻到哲学中时开始,无论这样的哲学是出现在东方还是西方。形而上学的建制是从何处并且将什么剖开为两个分离且对立的世界?从我们生活于其中的世界那里并且就是将这一个世界剖分为二。因此,原初地说来,那被分割开来的两个世界的本质性皆唯一地出自我们生活于其中的那个世界。②只是在形而上学的建制从中如此

---

① 参看加达默尔:《哲学解释学》,第 119 页以下。

② 关于这种分离或对立的产生,《德意志意识形态》是从社会—历史运动的进程上去加以考察的,它本源地出自分工:"分工只是从物质劳动和精神劳动分离的时候起才真正成为分工。从这时候起意识才能现实地想象:它是和现存实践的意识不同的某种东西;它不用想象某种现实的东西就能现实地想象某种东西。从这时候起,意识才能摆脱世界而去构造'纯粹的'理论、神学、哲学、道德等等。"(《马克思恩格斯选集》第 1 卷,第 82 页)

这般地分离出两个世界并依其等级制将卓越的高处指派给超感性世界时,与之对立的感性世界才相应地被贬黜到卑下的地步,也就是说,下降到阴影的或"堕落的"低处。只是在这个转折点上,那本身出自我们在其中生活的那个世界的所谓"超感性世界"才获得了无所不在的优越性,并且掉过头来以"超越"的名义开始了对所谓"感性世界"的全面的征讨与统治;而后者现在恰恰就被用来指示我们在其中生活的那个世界(世俗的世界、此岸的世界)了。因此,在形而上学的建制所布局的视域中,海德格尔的全部批判立足其上的"此在在世",便似乎是因为裁撤了"超越"——形而上学意义上的超越——而大失体统的:"因为说了人的存在在于'在世',人们就觉得人被贬低为一个全然是现世的东西,因而哲学也沉沦于实证主义中了。因为还有什么比谁主张人的存在的在世性就只承认尘世的而否认彼岸的并否认一切'超绝的''更合逻辑些'呢?"①

在形而上学的建制已被设定为前提的视域下,对于中国哲学之根本性质的判断也就陷入极大的晦暗之中。史华兹在谈论到"道家之道"(首先是老子和杨朱)时,特别强调的一个突出方面叫作"苟且偷生"(just living)或"仅仅活着"(merely living)。②这些富于表现力的术语是在提示"超越"的不可能性并由此来表征中国哲学的本质特性吗?或许是因为仅只局限于这个方面是万万行不通的,于是一众学者便开始斟酌揣测它的另一个被称为"神秘主义"的方面。但是,这另一个方面是从某个超越性的境地发源的呢,还是直接就寓居于人们"苟且偷生"的那个世界之中呢?只要这样的问题真正出现,对中国哲学较为恰切的体

———————

① 《海德格尔选集》上卷,第389页。

② 参看史华兹:《古代中国的思想世界》,第258—259页。

察以及由这种体察而来的设疑就会或多或少地产生出来。举例来说，梁漱溟先生在《中国文化要义》中曾慨然回顾陈独秀先生30年前的旧说——"世或称中国民族安息于地上，印度民族安息于涅槃"云云，并盛赞"这'安息于地上'确乎一语道着"①。同样，安乐哲在他的著作中引用了葛瑞汉在阐说儒家宇宙观时对西方传统的"超越性"的深深疑惑："中国宇宙将一切事物都看成是相互依存的：它不运用超越的原理来解释万物；也没有规定一个生产一切事物的超越现世的源头……这种看法之新奇处，在于它否定了西方诠释者以为'天（Heaven）'和'道（Way）'这类概念必定含有西方那种终极原则的超越性的成见。如果道与人是互相依存的，那对我们来说太不可思议了。"②而安乐哲本人在解说了《庄子》书中"曳尾于涂"的故事后这样写道："因此我们在诠释中国古代哲学时，我们面临的选择便是：要么继续使用毫无生气的西方超越语言而舍弃这个世界，要么仍然留在这个世界，自得其乐地摇尾于泥水之中。"③

这是一种两者择一的选择吗？如果我们选择了这个"曳尾于涂"或"苟且偷生"的卑下世界，是否就意味着我们同时舍弃了那个纯净绝尘且神性仅见的高贵世界呢？在形而上学的建制实际地起作用的地方，回答必然是肯定的（看来许多学者，无论中西，或明或暗，或在理论上或在情绪上就是这般回答的）；只有在这一建制之外才不会有这样的回答，因为根本就没有须得如此回答的选择：既无两者，何来择一？这意味着只有一个我们在其中生活并且是"道器不割""体用不二"的世界；在这个唯一的世

---

① 参看梁漱溟：《中国文化要义》，第181—182页。
② 安乐哲：《和而不同——中西哲学的汇通》，第225—226页。
③ 同上书，第167页。

界中,高贵就伴随在卑下的左右,神圣就逗留在世俗的近处,就像极致的高明就是在庸常的生活中为自己开辟道路一样。对此,牟复礼在讲到孔子对中国文明持久贡献时所用的一个词语——"既凡而圣"——或许有某种提示作用罢。①即使在西方,只要是在形而上学的建制未成定局或趋于失效的地方,就不会有超感性世界和感性世界的分割—对立以及作为从此界到彼界过渡的"超越"。所以,海德格尔在解说赫拉克利特的一个箴言——"只要人是人的话,人就住在神的近处"——时说,当一大堆好奇的访客要来见一见这位无与伦比的思想者时,却被他的居留情况惊讶到手足无措了:赫拉克利特正在炉旁烤火,而这是一个太过平常且毫不耸动视听的处所。为了打消访客的疑虑并邀请他们进来,赫拉克利特说的是:"这里诸神也在场。"②同样,在解说荷尔德林"如当节日的时候……"一诗时,海德格尔说,在那里,神对人是切近的;在那里,"自然"并不是一个从神圣性中脱落的存在者领域,因为并没有另一个要通过"超越"来抵达的"超自然的"神圣领域;自然寓于自身而存在,它在自身中有所"出神"(Entrueckung)、有所"迷惑"(Berueckung)。③

由此可见,"超越"(形而上学意义上的超越)是以超感性世界和感性世界的分割—对立为前提的,并且最终是由"超绝者"(在一切存在者之"第一原因"意义上的最高存在者)来定向的。在这样的建制中,"人世、尘世以及属于尘世的一切,是根本不应该存在的东西,根本上也不具有真正的存在。柏拉图早就称之

———————

① 参看牟复礼:《中国思想之渊源》,第 51 页。
② 参看《海德格尔选集》上卷,第 396—398 页。
③ 参看同上书,第 329—334 页。

为叫 μὴ ὄν，即非存在者"①。与之完全不同的是，在形而上学的建制之外，我们生活于其中的那个唯一的世界，绝不意味着一个有别于且隔离于彼岸（高处）的此岸（低处）。因此，"在'在世'这个名称中的'世'却绝不意味着尘世的存在者以别于天国的存在者，也不意味着'世俗的东西'以别于'教会的东西'，'世'在'在世'这个规定中的意思不是一个存在者，也不是一个存在者的范围，而是存在的敞开状态"②。如果说，在这样的意义上也还能来谈论某种全然不同的"超越"的话（《存在与时间》对此有专门的论述）③，那么，它就绝不是——根本不是而且完全不是——通过形而上学的建制来规定的，它只能依循"存在的敞开状态"来获得自身的意义领域，只不过我们无法在本文中来讨论这个十分重要的主题了。

三、西方形而上学历史中的四重区分

（一）

作为"20 世纪哲学运动的后盾"（伽达默尔语），尼采的犀利批判不仅袭击了苏格拉底以来当道的一系列哲学大宗，而且其锋芒直指形而上学的建制本身。《偶像的黄昏》所列的四个反形而上学"命题"是针对这一建制的：（1）认为"此岸"世界是虚假的那些理由不过证明了"此岸"世界的实在性，而另一种实在性是

① 海德格尔：《演讲与论文集》，第 121 页。
② 《海德格尔选集》上卷，第 392 页。
③ 对此，海德格尔曾这样写道："但是，这种重新解释是显而易见的，特别是因为《存在与时间》中谈到过一种'超越的视界'。不过，'超越'在那里并非意指主观意识的超越，而是由此在的生存论绽出的时间性所规定的超越。"（海德格尔：《形而上学导论》，第 19 页）

绝对无法证明的;(2)人们赋予事物之"真实的存在"的那些特征,是"非存在"的特征,"无"的特征;(3)虚构一个与此岸世界不同的彼岸世界是毫无意义的,只不过意味着我们用一种彼岸的生活幻象向生活进行报复;(4)把世界分为一个"真实的"世界和一个"虚假的"世界,无论是以基督教的方式,还是以康德的方式,都不过暗示着生命的衰败。①与此相应,《权力意志》所论的"形而上学的心理学",同样是针对形而上学建制本身的:(1)这个世界是虚假的,因此有一个真实的世界;(2)这个世界是有条件的,因此有一个无条件的世界;(3)这个世界是充满矛盾的,因此有一个无矛盾的世界;(4)这个世界是生成着的,因此有一个存在着的世界。②归结起来,在这些"谬误推论"中实质地起作用的是什么呢?是形而上学的基本建制,是超感性世界和感性世界的分割—对立,是前者作为真实世界的彼岸和后者作为虚妄世界的此岸,是试图通过"超越"由此岸世界抵达彼岸世界。在尼采的批判性视域中,"这是一个悲惨故事:人类在寻求一个使人类能够蔑视自己的原则,——人类虚构出一个[彼岸]世界,为的是能够诽谤和侮辱这一个[此岸]世界……"③。因此,哲学—形而上学乃是一所诽谤成风的大学校,它的历史是一股隐秘的仇恨和怨气:"哲学家们从来不曾迟疑,坚决地肯定一个[超感性的]世界,预设的前提是:它与这一个[感性的]世界相冲突,它提供诋毁这一个世界的把柄。"④

当尼采试图废止那个超感性的所谓"真实的世界"时,他就

① 参看《尼采著作全集》第 6 卷,第 95—96 页。
② 参看《尼采著作全集》第 12 卷,商务印书馆 2010 年,第 372 页。
③ 《尼采著作全集》第 13 卷,商务印书馆 2010 年,第 380 页。
④ 同上书,第 380—381 页。

把自己的哲学理解为对形而上学——柏拉图主义——的反动。虽然他也知道，"随着真实的世界的废除，我们同时废除了虚假的世界"，但他仍还只是对形而上学实行了最极端的反转，即"颠倒"；而这种单纯的颠倒，必如所有的"反……"（Anti-）一样，还拘执于它所反对的东西的本质之中："尼采把感性的东西看作真实的世界，把超感性的东西看作非真实的世界；这样一种对柏拉图主义的颠倒还完全坚持在形而上学的范围之内。"①之所以如此，是因为极端上的单纯颠倒仍然运行在形而上学的建制之中；尽管感性世界现在是夺得了先前超感性世界所霸占的优先地位，但却并未触动两个世界之分割—对立的建制本身，就像奴隶驱逐主人并将之贬为奴隶并不改变"主奴关系"的架构一样。这种情形与费尔巴哈对超感性世界的攻击是很类似的：他同样把感性的东西理解为真实的世界（把现实性首先理解为感性），把柏拉图主义传统上两个世界的位置完全颠倒过来，但费尔巴哈仍然只能在哲学—形而上学对世界的分割—对立中来设想并规定感性。"……他要是不用哲学家的'眼睛'，就是说，要是不戴哲学家的'眼镜'来观察感性，最终会对感性束手无策。"②

因此，对形而上学的更加透彻的批判性分析，不可能满足于两个世界之简单的位置变换，亦即两者在极端上的颠倒性易位。它要求深入形而上学的建制本身之中，并且要求在形而上学的历史中能够清晰地辨明：第一，超感性世界和感性世界的分割—对立是如何——在怎样一些主题上——具体地得到实行的；第二，形而上学建制中的分割—对立是在怎样的原初关联——"共

---

① 海德格尔：《演讲与论文集》，第79页。并参看《海德格尔选集》下卷，第771页。

② 《马克思恩格斯选集》第1卷，第76页注1。并参看第78、97页。

属一体"——的基地上开展出来的,因而分离开的两边如何在这一基地本身中有其已被遗忘了的幽深本质。如果说,这样一种辨明将不可避免地假途于西方哲学—形而上学的历史,那么,这条途径对于理解古代哲学和东方哲学来说是具有决定性意义的;因为唯独经由这样一种批判性的澄清,才不至于将西方形而上学的基本规定现成地——先验地——强加到其他的哲学系统之上。如果说,中国哲学由于其根本上全然不同的建制而一向活动于形而上学之外,那么,充分澄清形而上学的基本建制在西方形而上学历史中的本质来历,就变得至为关键了;因为只有当这一关键能够被牢牢地把握住时,中西哲学的根本差别才会被揭示着前来同我们照面并得到真确的识别。

对"形而上学是什么?"的追问,因此成为对形而上学建制的本质来历的追问,它只有在"问得比形而上学所能问的更原始些"时才能达到自己的目的。①之所以必须要问得"更原始些",是因为我们试图追究的乃是形而上学建制的本质来历,也就是说,试图去把握它的"从何而来"。如果说,形而上学的基本建制首先在于超感性世界和感性世界、形而上的世界和形而下的世界之间的分割—对立,然后才有真与不真在两界中的分别归属以及横跨两界的"分有"与"超越",那么,这样一种决定性的分割—对立,在西方形而上学的历史性生成中,是伴随着以下的四重区分(或"划分")来展开和实现的。在1935年的《形而上学导论》中,海德格尔较为系统地阐论了这样的四重区分:在与形成;在与表象;在与思;在与应当。对此种种区分可以简要地列述如下。

———————

① 参看《海德格尔选集》上卷,第394页。

（二）

（甲）在与形成的区分。这个区分的一边叫"在"（存在），另一边则是"形成"（Werden，又译"生成"或"变易"）。两者之间一开始还只是一般的区别、分别，只是在后来——在特定的转折点上——才成为真正的分割与对立。"如此分开而对立出现在开始追问在的时期。此一分立在今天也还是最流行的靠他者来对在加以限制的办法；因为此一办法是直接从一种对在的已僵化为不言自明的想法来使人明白的。将形成的，还不在。正在着的，用不着再去形成了。"①这就是说，在与形成的区分是终于成为真正的分割—对立了，因而被称为"分开而对立""分立"。这种"分立"可以说是起始于"追问在的时期"，但它一开始并不像后来那样靠"他者"对在加以限制，亦即并未成为一种对在的僵化且自明的想法；只是在往后如此这般的限制性想法中，分割所画出的界限或鸿沟才被确立起来并且被固定下来。

因此，实际上存在着一个酝酿性的过渡时期，这个时期是以巴门尼德和赫拉克利特为代表的。按海德格尔的说法，虽然巴门尼德已经"诗意地思着把在者的在掏出来摆在与形成对立的地位"，但后世对两者之间对立的陈述却"从未再像巴门尼德之说中那样悠然自得"。②诗意的悠然自得之说意味着什么呢？意味着两者之对立的摆置还远没有取得僵硬且不可移易的坚实性，彼此之间还保留着某种亲熟的往来。因此，在这个意义上，哲学史中向来认定赫拉克利特和巴门尼德的对立——前者主张一切皆在流变皆在形成（根本没有在）；后者主张精纯自足的在

---

① 海德格尔：《形而上学导论》，第96页。
② 参看同上书，第97、99页。

(与纷扰变幻无涉的常住)——就是非常不恰当的。虽说黑格尔颇为深刻地思考了赫拉克利特和巴门尼德的原理,但仍逗留在两者的对立中;而尼采则完全采取了"流行而不真的巴门尼德与赫拉克利特对立之说"。就此而言,海德格尔思得更加原始也更加真实:"人们总把形成的学说划归赫拉克利特而认为是和巴门尼德尖锐对立的! 其实赫拉克利特是和巴门尼德说同一回事。"①为什么他们两人说的竟是同一回事呢? 因为彼时"在与形成"之间的决定性壁垒尚未确立;在此情形下,尽管两人所说各有一偏,但他们的所说仍必还是同一回事。

"在与形成"之间的坚实壁垒何时才得以确立呢? 在超感性世界和感性世界的分割—对立已成定局,亦即在形而上学的基本建制已成定局的情况下才真正确立。如果说这一建制是在柏拉图—亚里士多德一线才成定局的,那么,在与形成之间的对立、巴门尼德与赫拉克利特之间的对立,后来便在"效果历史"的意义上起作用了:就像巴门尼德仅只立于"在"而赫拉克利特唯独主于"形成"一样,那正"在着"的(在者),已同一切"形成"之事断绝了往来。这里的关键之点乃是形而上学建制的确立,通过这一关键之点,才既显示出柏拉图、亚里士多德在哲学—形而上学上史无前例的奠基性创制,又展现出巴门尼德、赫拉克利特还属于"显明着思想之另一度"的思者。总而言之,在与形成的分割是在形而上学的建制中成为定局的;并且正因为如此,"我们久已习惯于把存在[在]与生成[形成]对立起来,仿佛生成乃一

_____

① 海德格尔:《形而上学导论》,第 98 页。并参看第 127 页。另请参看黑格尔:《哲学史讲演录》第 1 卷,第 261 页以下,第 294 页以下。另请参看《海德格尔选集》上卷,第 584 页的说法:"这样一来,我们就可以消除一种曲解,按此曲解,人们认为巴门尼德的哲学是关于存在的学说,而赫拉克利特的哲学是关于生成的学说。"

种无(Nichts)，仿佛生成甚至并不属于长期以来仅仅被人们理解为单纯持存的存在"①。

无论"在与形成"的分割—对立同超感性世界与感性世界的分割—对立具有怎样微妙而繁复的关系，这两种分割—对立在西方形而上学的历史中却是互为表里且汇为一途了。如果说，中国哲学依其本质一向就在形而上学之外，那么，就像它在"道器不割""体用不二"的建制中从未将形而上者与形而下者分割开来并对立起来一样，它也向来无意于构造变异者与不变者之间的分割—对立。《易纬·乾凿度》曰："易一名而含三义，所谓易也，变易也，不易也。"郑玄依此义作《易赞》及《易论》云："易一名而含三义：易简一也，变易二也，不易三也。"②后来章太炎先生认为，"变易"之义最为"易"之确诂，而对"易"包"不易"之义则颇生疑虑："惟不易之义，恐为附会，既曰易，如何又谓之不易哉？"③其实对此不必太过诧异，中国古人说"易"向来如此（姑不做深论）；而从中得到极有意义的提示是：易与不易，变化者与常住者虽可区别却不许分割—对立，故大易便是"易-不易"。如果说，西方哲学中"在与形成"的分割—对立伴随着形而上学建制的成立与巩固，那么，在这一建制之外活动的中国哲学则在保有易与不易之原初关联的同时，也坚定地拱卫着道器不割的基本立足点。

（三）

（乙）在与表象的区分。"此一划分与前一划分同样古老，两

---

① 《海德格尔选集》上卷，第554页。
② 引自吕思勉：《先秦学术概论》，中国大百科全书出版社1985年，第56页。
③ 章太炎：《国学讲演录》，华东师范大学出版社1996年，第63页。

套划分(在与形成,在与表象)之同样原始就点出一种更深的联系,此一联系直到今天犹未大白于天下。"①这里的"表象"(Schein)一词亦多译为"假象"(有译者还分别"假相"[Schein]和"假象"[Anschein]),其基本含义有"闪现""发亮""显像"等。②如果我们理解到此一划分同样经历了一个过渡时期的话,那么"表象"和"假象"两种译法就都是可取的。着眼于初始的一般区别来说——在与表象;就其终局的分割—对立而言——在与假象。因为在后一情况下,"在与表象说的是:现实的和不现实的有区别,真的和不真的相反。在此一区分中同时存有一番估量,在此估量中在获得优越地位"③。只是这种分割—对立才使两者在真与不真、现实与不现实之间取得分别归属;当现实或真被指派给"在"时,"表象"便进入不现实或不真之列了,也就是说,成为"假象"。现在要问:真与不真、现实与不现实的两相分配是在何处决定性地获得其根本定向的? 在形而上学的基本建制中,亦即在超感性世界和感性世界的分割中,在前者为真为现实而后者为不真为不现实的对立中。因此,"在与表象"的分割—对立,就像"在与形成"的分割—对立一样,是在形而上学的建制中方始成为定局的。尽管初始的分别还保持着某种彼此渗透的相互往来,但在此一定局中,当"在"翘然上升为超感性世界的理念时,"表象"便沦落下降为名副其实的"假象"了。

　　"在与表象"的区分往往被回溯到前一种区分,即"在与形成"的区分:"表象"就是表面像的,就是偶尔出现又随即销声匿

---

① 海德格尔:《形而上学导论》,第99页。
② 参看海德格尔:《尼采》,第236页注1;海德格尔:《路标》,第314页。
③ 海德格尔:《形而上学导论》,第99页。并参看第115—116页。

迹者;而与之对立的东西就是"在",即常住者。①两套划分同样
原始,因而意味着一种至今尚未被真正把握的更深的联系。什
么样的联系呢? 同形而上学建制之确立的联系——两套划分都
是在形而上学的建制中成为定局的,而这样的联系只有在对形
而上学的批判性视域中才得以大白于天下。批判地理解这种联
系意味着:就像在与形成的区分一样,在与表象的区分并不是对
现成地拥有其性质的、本身在其位置上被固定下来的区分;这样
的区分在本质上出自并且也施行于同一的源泉,而在这隐蔽的
同一源泉中,区分开来的两者乃是原初关联者并因而互相归属。
在与表象的区别长久以来被公认为是不言而喻的,然而,"……
我们并不懂得,到底是在怎样的情况之下恰恰是在与表象原始地
分开来的。总之就是分开来了,此点是由一种互相归属的情况来
表明的。此互相归属情况何在? 这就须先来理解在与表象之隐蔽
的统一。我们现在再也懂不了此互相归属情况了……"②。为什
么再也懂不了呢? 因为在与表象的分开两立已被决定性地固定
在形而上学的建制中了,而在这一建制的视域中,在与表象的两
立乃是理所当然的:前者作为理念现成地为真,后者作为假象现
成地不真。

在与表象的隐蔽的统一意味着两者原初的互相归属,这样
的互相归属在何处得到提示呢? 海德格尔就此举例道:太阳发
光并且表现自身。分开地说,我们碰到两种东西,"表象"
(Schein)和"发光"(Scheinen);然而原始地就其互相归属来说,太
阳发光即是它表现自身(表象)。对希腊早期思想的进一步解说

---

① 参看海德格尔:《形而上学导论》,第 99 页。
② 同上书,第 100 页。

揭示出在与表象的"内在联系":在本身同时就是表现着的出现。古希腊女诗人萨福的诗句"月儿真普照",说的是——"月明";但月明不只是说月散发一个表象或一束光亮,而且是说月在,月在天上,月明亮亮地在(在场)。一句话,"表象在此就和在是一回事"①。后来发生的在与表象的分割一对立,看来是与形而上学建制的确立最为切近的:"在诡辩派与柏拉图哲学中表象才被解释成单纯的表象从而降低了。和表象一起,在作为 ἰδέα(理念)被提升到一个超感觉的去处。在尘世只是看来像是的在者和天上不知在何处的现实之间,划出裂缝,χωρισμός。"②这一过程就是《同一与差异》描述的"区-分"(Unter-Schied)和"分解"(Austrag);或者,就是《哲学论稿》中作为各种超越之本源的"划出裂缝""分离"③;一句话,就是形而上学建制之分割一对立的决定性到达。

这种从隐蔽的统一或原初的关联而来的"分解",即便在柏拉图的理念论——形而上学建制的渊薮——中,也还依稀残存着"在与表象"向来之相互归属的特有印痕。ἰδέα(理念,相)这个希腊词的意思首先是指在看得见的东西上所看到的,亦即有点东西显现出来的"外貌",迎面而来者的"外观""相"。就其原初关联来说,"显现乃是在场的本质结果……唯有显现者才显示出一种外貌和外观"。然而,"随着在之被阐释为 ἰδέα,一种脱离原始开端的情况就出现了"④。虽说柏拉图标志着这种脱离("脱落")的转折点,但"理念"一词也还保持着"外貌""外观"之义的

---

① 参看海德格尔:《形而上学导论》,第 101 页。
② 同上书,第 107 页。
③ 参看海德格尔:《同一与差异》,第 68 页;海德格尔:《哲学论稿》,第 228 页。
④ 《海德格尔选集》上卷,第 584 页;海德格尔:《形而上学导论》,第 184 页。关于理念、概念与"形象"或"外观"的联系,尼采这样写道:"与概念相当的首先是形象。形象是原始的思想,即在眼睛这面镜子中结合起来的事物的外观。"(尼采:《哲学与真理》,第 30 页)

深刻遗存。(陈康先生正是为此而力主将该词翻译为"相"。①)
作为这一转折的后果,"现象"的意义发生了根本的改变,因为
"现象"和"理念"之间的鸿沟也被决定性地开辟出来了。原初地
说来,表象就属于作为"现象"的在本身,在其未经分解的原初关
联或共属一体中,现象意味着"世界的显圣",意味着"在一个世
界的显圣这样伟大的意义上的现象"。②(当代现象学的某些发展
才开始恢复这样的"现象"概念,而在形而上学之外的中国哲学
则是深谙此义的。)只是在理念论—形而上学的建制中,"现象"
才不再是外观之展示自身,而是阴影或摹本的出现;既然"摹本"
决计达不到它的"原型",那么,现象者就仅只是现象一事,便意
味着它其实是一个表象,是一个有缺陷的"假象"。

至于"现象"(phenomena)与"本体"(nomena)的分开两立,则
是理念论形而上学建制较为晚近且经过拉丁化的后果。因此,
当牟宗三先生坚称分开现象与本体"两个世界"乃是一切哲学所
共同的时候,他是说得很不准确的;而当他进一步以此来论到中
国哲学时,则是从一开始就误入歧途了(以至于在讲论和比较中
西哲学时会在整体上陷入严重的混乱之中,并且会滞留在西方
偏于 phenomena 而中国长于 nomena 那种粗疏到令人惊讶的似
是而非之中)。③无论如何,牟氏的立场是与其师尊熊十力先生的
立场截然相反的,因为熊先生对中国哲学的阐述是断然以"本体
现象不二"(以及"道器不二""天人不二"等)为基准的。④这里的

---

① 参看柏拉图:《巴曼尼得斯篇》,第 39—41 页。
② 参看海德格尔:《形而上学导论》,第 62、109 页。
③ 参看牟宗三:《中西哲学之会通十四讲》,第 68—70 页。
④ 参看熊十力:《原儒》,序第 2 页;《体用论》,第 64 页;《十力语要初续》,第
108 页。

问题绝不是枝节上的,而是根本的和具有决定性的;所谓"路头一差,愈骛愈远",此之谓也。如果说,中国哲学的"最高原理"乃是道器不割、体用不二,那么,这一哲学在其根本上就一向运行于形而上学的建制之外,因而就决然不以"现象""本体"之分开两个世界为依归。一个简要的例证就足以提示这一点。我们很熟悉的一段语录说,"子在川上,曰:逝者如斯夫,不舍昼夜"。江水日夜奔流而不息,说的难道不是"现象"吗?但宋代的两位理学大哲却断言,这里说的正是"道体"。程子曰:"此道体也。天运而不已,日往则月来,寒来则暑往,水流而不息,物生而不穷,皆与道为体,运乎昼夜,未尝已也。"又曰:"言道之体如此,这里须是自见得。"朱子曰:"天地之化,往者过,来者续,无一息之停,乃道体之本然也。"①如此这般的说法无非意味着,在形而上学的建制之外根本就没有现象与本体的分割—对立,有的不过是:"本体现象不二。"

（四）

（丙）在与思的区分。这一区分与前述两种区分有着历史上和性质上的不同。从历史上来说,尽管它同样源自柏拉图和亚里士多德建立起来的标准,但却是"在近代开始才获得其本真形态"。从性质上来说,在与思的对立是:"在"被呈现在"思"的面前从而像一个对象一样对立着,而"形成"和"表象"则仿佛和"在"处于同一平面上。这意味着,与"在"区分出来"思"被放到了基础性的位置:在是建基于思之中,思是承担并规定在的根据。"这就出现下述情况:思并不一直只是随便怎样形成的一种

---

① 引自朱熹撰:《四书章句集注》,中华书局 1983 年,第 113 页;朱熹、吕祖谦编:《近思录》,中州古籍出版社 2008 年,第 155—156 页。

区分中的对立一方,而是变成场地与立足点,由此出发来对对立者做出决定,甚至于连在都根本是从思方面来获取解释。"①由于在与思的区分以及在此区分中思起着规定在之根据的作用,所以这一区分便在西方形而上学的历史中"具有举足轻重的统治地位",它可以用来标识"西方精神的那个基本态势",甚至西方人对在的全部看法和传统"都概括写在在与思这一题中了"。②

但是,"在与思"的区分却是最少得到追问因而也是最讳莫如深的,以至于在海德格尔看来,这一区分在历史上是最紊乱的,就其目的来说是最成问题的。因此,为了澄清这一区分,最值得追问的问题是:(1)在和思的原始统一是怎样作为 φύσις[自然]和 λόγος[逻各斯]的统一来活动的? (2)自然和逻各斯的原始分裂是怎样出现的? (3)逻各斯是怎样会出头露面的? (4)逻各斯("合逻辑的")怎样变成思之本质? (5)在希腊哲学开端时,这个逻各斯怎样会作为理性与理智来对在进行统治的?③很显然,这样一些关键而深入的问题不可能在本文中得到相应的展开,而只能就"在与思"之区分开来的要义做出必要的指点。

按历史的和本质的起源来追究,如果在与思的"分裂"乃是一件内涵的和必然的事情,那么,此一分裂就必定是基于一种被分割者的"原始相属关系",也就是说,这样的分割只有在原初关联或相属关系的统一性之上才得以开展出来。只有当这种开端时刻的相属关系得到相应的把握,在与思的分裂才从根本上成为可理解的。如果说在希腊人那里关于思的学说变成了一种关于逻各斯的学说,变成了"逻辑",那么,由此得到提示的是:在这

---

① 海德格尔:《形而上学导论》,第 117 页。并参看第 96、195 页。

② 参看同上书,第 116—117、204 页。

③ 参看同上书,第 96、123—124 页。

里,真正的枢纽乃是在(存在),而"在"便意味着自然和逻各斯之间的一种"原始结合"。赫拉克利特和巴门尼德是站在同一个立足点上,站在一个唯因其处于形而上学之外因而能够观照自然—逻各斯、在—思之本质相属关系的立足点上。当赫拉克利特说,万物都是根据逻各斯而变成在者(逻各斯一向是在在者中在一起)时,巴门尼德声称:"但思与在是同一的。"这意味着什么呢?最为简要地说来,这意味着:一方面,在就是逻各斯(海德格尔解说为"原始的采集");另一方面,思(海德格尔解说为"讯问""承认")与在是同一的——如果说关于思的学说后来变成了一种关于逻各斯的学说,那么原初地说来,思作为逻各斯与在是同一的。正是由于植根于这种原初的同一或相属关系,后来所谓"真理"(命题真理)从根本上必然要求的"符合"——命题与事情的符合一致、陈述与物的符合一致——才是可能的。所以海德格尔在其"转向"的关键时刻要去追究"真理的本质"(1930年),而在这一追究中,问题的核心在于"符合的内在可能性"以及"正确性之可能性的根据"。①

但是,在与思的分割—对立长久以来就被看作现成的和理所当然的了,因为它直接地和顽固地处于近代(现代)的误解之中。现代形而上学的预设是:"在确定在与思是对立的时候,我们是在一种流行的格式中动脑筋的。在是客观的,是客体。思是主观的,是主体。思对在的关系是主体对客体的关系问题。"②所以说,只是从近代开始,在与思的区分"才获得其本真形态"。

---

① 参看海德格尔:《形而上学导论》,第124页。并参看《海德格尔选集》上卷,第213—222页。

② 海德格尔:《形而上学导论》,第137页。恩格斯对此问题的提法是:"全部哲学,特别是近代哲学的重大的基本问题,是思维和存在的关系问题。"(《马克思恩格斯选集》第4卷,第223页)

近代哲学的出发点,是在笛卡尔那里得到决定性奠基的,即通过主体性(Subjektivitaet)来规定意识的存在特性。"但是这个主体性并未就其存在得到询问,自笛卡尔以来,它就是 fundamentum inconcussum(禁地)。"①由于"禁地"意味着阻止进一步的追究,所以思与在的分割、主体与客体的两立便成为现成的和理所当然的了。然而,也正因为如此,那分离—对立者之间的通达就严重地成问题了:如果不是借助绝对者—上帝(笛卡尔的"神助说"、莱布尼兹的"先天谐和"、斯宾诺莎的"上帝"、谢林的"同一者"、黑格尔的"绝对精神"等等),思与在、主体与客体之间的通达就是根本不可能的。而在今天,在绝对者—上帝已然"缺席"并失去效准的情况下,这种不可通达性的克服就只有通过对现代形而上学(即所谓"主体性哲学")的彻底批判才重新成为可能。

由此我们会意识到,将中国哲学称之为"主体性哲学"(以及武断地使用主体、客体,主观性、客观性等等),不仅是望文生义的滥用,而且实在是谬以千里。那种将"主体性"任意地指派给中国的先哲并以此来加以炫耀的花拳绣腿,根本还无从理解到:所谓"主体性"是以超感性世界和感性世界的分割—对立为源头,并且尤其是以现代形而上学的架构为前提的。即使是希腊哲学,也还根本谈不上真正的"主体性";这是否意味着希腊哲学是立足于"客观性"呢? 同样不是。因为这里没有思与在、主体与客体的严格分立,希腊语里甚至还没有一个用来表示"对象"("客体")的词。"对于希腊思想来说没有对象,有的只是:由自身而来的在场者。"这样的在场者意味着"由自身便已在";而对

---

① 《晚期海德格尔的三天讨论班纪要》,载《哲学译丛》2001 年第 3 期。

象的特征则是:"由表象将它保持在对方。"①因此,比照地看来,如果说章太炎先生曾颇得要领地将中国哲学的基本精神概括为"依自不依他"一语②,那么这里的"自"("自身")就绝不意味着什么"主体性"(或其对等物),因为这里根本就没有什么作为"主体"的我思或自我意识,也根本没有与之分开两立的作为"客体"的广延或对象。

(五)

(丁)在与应当的区分。这一区分看来是同"在与思"的区分位置相当但方向相反:当被区分出来的"思"下降为承担并规定"在"的根据时,那被区分出来的"应当"则作为"在"之提高而擢升到"在"的上头了。"在与应当"的区分在古代只是由于将"在者"标明为"善"而有其萌芽状态。个别事物由于"分有"理念而或多或少地为"真",而诸理念的理念,作为最高的理念,也就是柏拉图所谓"善的理念"。最高理念是诸模型的原型,它处于在之彼岸;但只要"在"本身被确定地阐释为理念时,它也就"随身把与可做模式的事与应当作的事的关涉带来了"。在这个意义上,在与应当的区分(该区分长久以来并不作为严格的分割一对立起作用)同理念论一形而上学的建制有着源头上的关联。"只消在把自身规定为理念了,应当就出现来作在之对立面。"③

---

① 参看《晚期海德格尔的三天讨论班纪要》,载《哲学译丛》2001 年第 3 期。并参看海德格尔:《路标》,第 295—296 页。

② 章太炎先生说:"盖以支那德教,虽各殊途,而根原所在,悉归于一,曰'依自不依他'耳。"又说:"孔氏而前,或有尊天敬鬼之说。孔氏而后,儒、道、名、法,变异万端,原其根极,唯依自不依他一语。"(姜义华编:《中国近代思想家文库·章太炎卷》,第 180、182 页。)

③ 参看海德格尔:《形而上学导论》,第 197、196、96 页。

然而真正说来,这一区分"却完全属于近代"。因为在与应当的区分不仅较为遥远地取决于在被规定为理念,而且还较为切近地取决于思——作为说出来的逻各斯——进入一个标准角色来起作用。"因此一旦这个思作为自立的理性在近代取得统治地位了,那么在与应当的区分也就真正布置好了。这道进程完成于康德。……这个应当必须坚持它的要求。这个应当必须力图自成根据。"①在这里,"应当"之所以必须坚持它的要求并且力图自成根据,是因为在19世纪的进程中,在者,即康德意义上的"自然"(可经验者),在各门科学中取得了优先的、权威的统治地位,从而严重地威胁到"应当"的标准角色了。为了捍卫这样的标准角色,作为"应当"的那些"价值"就不能"从其本身方面来在",而是成为与在相分离的对立面,亦即"处于是事实的意义之下的在者之在的对立面"。于是,在与应当的分割—对立也就最终被确定下来,并且获得了所谓"价值哲学"的名号。在海德格尔看来,19世纪乃是"价值思想"的顽固统治,甚至尼采也还完全是在价值的思路中运思的;而尼采之所以没能达到哲学的本真中心,正是因为他被卷入关于"价值"的迷乱之中,却还不理解"价值想法值得追问的来源"。②

因此,即便从西方形而上学的历史来看,也最没有理由拿了康德哲学或价值哲学来比附性地解说中国哲学了,然而这样的解说却似乎愈演愈烈并且还自诩高明。《为中国文化敬告世界人士宣言》常提康德以为楷式,坚称宋明儒之思想实"近乎"康德,并与其下之"理想主义哲学"更为接近;同时又嘤嘤抱怨说,

---

① 海德格尔:《形而上学导论》,第197页。
② 参看同上书,第197—199页。

西方理想主义者"却并不引宋明儒为同调"。①且不论此等说法在攀附"同调"时的矫揉造作,这里的"理想主义"一词是什么意思呢? 如果说它仅仅是在美文学的意义上来使用的,那么这只不过有助于耸动听闻罢了(前述的"主体性"一词与之同例);如果说它是在严整的学理意义上来使用的(Idealism,即理念论、观念论或唯心主义),那么这便是乖张之说或无稽之谈了。因为就哲学的根本而言,整个地运行于形而上学建制之外的中国哲学不能不与西方形而上学相距遥远,与现代形而上学("主体性哲学")更其遥远,与现代形而上学中的主观主义—形式主义一途尤为遥远。

　　西方形而上学历史上的四重区分大体如此。不消说,这些区分都是以形而上学的基本建制——首先是超感性世界和感性世界的分割—对立——为枢轴的,是依此枢轴成其本质或设为定局的;同样不消说,这些区分在西方形而上学的历史中是围绕着"在"——柏拉图首先把"在"把握为"理念"——来施行和展开的(属于"对在的限制"),而那些在区分中离散开来的东西,都"原始地彼此相属而挤入一个统一性中"。关于这个原始地彼此相属的统一性,《形而上学是什么?》将其指示为"存在者整体"之浑然一体或浑为一体。②如果说前两种区分(在与形成、在与表象)甚为古老而后两种区分(在与思、在与应当)只是在近代才获得其本真形态,那么,区分的先后虽然原则上都属于西方形而上学

---

　　① 　参看张君劢:《新儒家思想史》,第 555、569、584、587 页。
　　② 　参看《海德格尔选集》上卷,第 144—145 页。熊伟先生就此"浑为一体",给出了一个很有意思的中国式表达的译法——"离形去智同于大通"。一则是:"存在者整体离形去智同于大通了。"另一则是:"却是要指引向低沉着的存在者整体而又使其离形去智。"这个译法提示出先于形而上学之分割—对立而被经验到的原初关联或相互归属;或许也提示出在形而上学之外的中国哲学是惯于持守此道且深谙此道的。

历史的本质,但对于中西哲学之根本上的比较来说却是尤须分辨的。因为真正说来,后两种区分乃是西方哲学开端之较为遥远的——特别是经历了基督教哲学的——历史性后果。然而无论如何,这些区分所形成的乃是与形而上学的基本建制相一致、相吻合、相表里的分割性对立。"这些对立是与这个在之在西方思想中的标准印记最内在的联系中产生出来的。这些对立就和哲学之追问的开端一同开始。"①

四、作为柏拉图主义的基督教以及形而上学的
"存在—神—逻辑学"机制

(一)

如果说,西方形而上学的开端在基督教世界中结出了意义深远的历史性硕果,那么同样可以说,基督教也非常彻底地——尽管是以或多或少有区别的形式——反映着西方形而上学的本质,并将这种本质充分地展现出来。尼采的著名说法是:"基督教是为大众的柏拉图主义。"②如果说柏拉图主义也就是形而上学,那么这一说法无非意味着:基督教是为大众的形而上学。在这里,当柏拉图主义反映着西方形而上学本质(首先是将存在把握为理念)的同时,它也反映着一般形而上学的本质(首先是超感性世界和感性世界的分割—对立),就像马克思曾指证德意志意识形态和一般意识形态在根本上没有任何特殊区别一样。作为"为大众的柏拉图主义",虽说它的"哲学"也时常会进入某些

---

① 海德格尔:《形而上学导论》,第 199 页。

② 参看同上书,第 107 页。关于"为大众的"一语,可参看黑格尔:《哲学史讲演录》第 3 卷,商务印书馆 1959 年,第 242 页。

特定的领域之中,但它的教义毋宁说是最为广泛地——也至为集中地——活动于此岸与彼岸、感性世界和超感性世界的分割一对立中。柏拉图哲学是"在尘世只是看来像是的在者和天上不知在何处的现实的在之间,划出裂缝,χωρισμόs。于是基督教的教义就移居在此裂缝中同时把尘世者说成是造物并把上天者说成是造物主,然后就用此改铸过的武器来反对古代的非基督徒并阻挡他们"①。如果说主体性哲学乃是柏拉图主义传统较为晚近的现代后裔的话,那么,基督教就更加紧邻着这一传统的开端,并且以特定的方式为"主体性哲学"做好了某种准备(主观自由)。没有什么比基督教及其哲学更加突出也更加充分地展现出形而上学基本建制的本质性一度了:超感性世界和感性世界的分割一对立,以及在这种分割一对立中真与不真、实在与非实在的分别归属。因此,在中西哲学之根本差别的比较中,基督教的形而上学本质是值得高度关注的:唯有这一本质才可能在彼岸世界中构造出神学或教义学的"上帝"和"不死性"。如果说在中国哲学中从未发展出这种彼岸事物及其等价物,那么,这难道不是深刻地提示着形而上学的本质对于中国哲学来说乃是真正的非本质吗?

可以通过一种双重方式来领略基督教及其哲学的形而上学根源。一方面是,柏拉图—亚里士多德哲学的后承如何滋长为并服务于基督教精神的本质;另一方面是,西方哲学"第一开端"所确立的形而上学建制如何在源头上先行预示着基督教精神的本质特征。就这一双重过程来说,特别著名的中介乃是"新柏拉图主义",不过正如黑格尔所说,新柏拉图派哲学也可以称为新亚里士多德派哲学。②因为这里的重点不是对理念的不同阐述方

---

① 海德格尔:《形而上学导论》,第 107 页。
② 参看黑格尔:《哲学史讲演录》第 3 卷,第 155、176 页。

式,而是理念论本身引人注目地指向绝对者——上帝(绝对真理)的立场。且让我们来观察一下新柏拉图派哲学同形而上学建制之间的决定性勾连吧。生年略早于基督的费洛是亚历山大里亚的犹太学者,据说他特别擅长柏拉图派的哲学,并以思辨地阐论犹太圣书闻名。他对《旧约》"创世记"的解说是:太初上帝的圣言创造了天堂,天堂是由最纯粹的存在构成;在其中居住的天使们并不显现,感觉无从认识他们,只有思想才能认识他们——他们就是"理念"。造物主首先创造了无形体的天堂和不可感觉的世界,创造了种种理念、无形体的本质、无形体的光以及种种不可感觉的原型,而可感觉的世界乃是那个超感觉世界的摹本。因此,非常明显的是:"感性的、存在的世界与这个理想的世界对立了起来。感性的世界的根源,在费洛那里,和在柏拉图那里是一样的,乃是 οὐκ ὄν(非存在),物质、消极的东西;上帝既是存在,感性世界的本质也就是非存在。"①

同样,一百多年后的柏罗丁(后世从他的著作中认识到新柏拉图派哲学的大部分内容)最坚决地将超感性世界和感性世界对立起来:感性世界以"物质"为其根源,而物质根本就是一个纯粹的"虚妄";物质是带着存在物形象的不存在的东西,它的本质性便是"非存在"。罪恶的根源在于非存在;罪恶是由不断堕落而降到一个再也不能下降的极端的东西,即物质。物质本身不复具有任何善的因素,但为了产生善就要有物质来做对立面。柏罗丁另一个著名的方面是强调追求超感性东西的精神努力,他提出通过"狂喜""出神"将精神提升到思想活动的境界,即一种"柏拉图式的狂喜"。真正的存在只能通过"出神"而被认识,

① 黑格尔:《哲学史讲演录》第 3 卷,第 167—168 页。

这种境界是灵魂摆脱了肉体并通过纯粹思想而产生的,因而"出神"是一个超脱感性意识内容的纯粹思维过程。通过"出神"所意识到的东西是哲学思想,是思辨的概念和理念。在黑格尔看来,柏罗丁和亚里士多德的类似之处要多于他和柏拉图的类似之处。①

就教父神学和经院哲学来说,他们在教义学和神学方面的推进是沿着形而上学建制的定向来得到——虽然是别具一格但却是更加彻底的——发挥的。基督教发挥于思维中的知识是由教父们完成的,他们有很好的哲学修养,因而把哲学(特别是新柏拉图派哲学)引进了教会。"他们使基督教的原则与哲学理念相符,并使哲学理念深入基督教原则里;他们由此制成了一套基督教的教义,借着这套教义,他们超越了基督教在世界上出现的最初形式。"②如果说,基督教的一般观念在这里表现为作为彼岸的超感性世界和作为此岸的感性世界的分割一对立,并且表现为对感性世界(自然、物质、肉体)的否定或敌视,那么,这种一般观念在经院哲学中依然是决定性的原则,而经院哲学的独特之处在于将理智形而上学或形式的反思运用到教义学和神学之中,从而使基本原则以理智的方式得到进一步的论证、引申和发挥。③例如,托马斯·阿奎那就直接把"第一哲学"(prima philosophia)或"形而上学"(metaphysica)与作为神性知识的神学(theologie)相提并论;这种最高的知识是形而上学的知识、规范的知识(scientia regulatrix),亦即规范所有其他知识的知识。这种知

---

① 参看黑格尔:《哲学史讲演录》第 3 卷,第 198、200—202、184—185、204 页。

② 同上书,第 240 页。

③ 参看同上书,第 234、322—328 页。

识当然是摆脱了质料、摆脱了感性的东西的知识。"于是,形而上学的全部家当,从此就开始定位于基督教意义上的神学而被规定。……从此,神学获得了其真正举足轻重的地位,后来就此的表现有,真正的形而上学在康德那里就被理解为神学。"①

(二)

如果说,神学作为"宗教反思"表现着基督教之主导原则的话,那么,神学作为形而上学亦必从根本上契合于形而上学本身的建制。这一建制不是别的,它首先就是超感性世界和感性世界的分割—对立,只不过这种分割—对立现在要以基督教的方式展示并表现出来。按诗人海涅简要而直截了当的说法,虽然基督教的纯正观念在教义中表现得非常混乱,在教仪中又表达得非常暧昧,"不过我们还是看见善恶两种根源的学说到处出现:邪恶的撒旦和善良的基督对立着,基督代表精神世界,撒旦代表物质世界;我们的灵魂属于精神世界,肉体属于物质世界;从而,整个现象世界,即自然,根本是恶的……因此,必须谢绝人生中的一切感性快乐,对我们的肉体,这个撒旦的采邑,加以折磨,这样才能使灵魂越加庄严地升到光明的天国,升到基督光辉灿烂的国度"②。如果说形而上学建制中的分割—对立在基督教的观念中表现得尤为突出也尤为紧张,那么,我们确实有理由凭借这种发展了的——因而也更加彻底的——形态去比较性地思索一下,在中国哲学中是否具有那种由形而上学的建制来布局的决定性本质。

---

① 海德格尔:《形而上学的基本概念》,第75页。
② 海涅:《论德国宗教和哲学的历史》,第16页。并参看黑格尔:《哲学史讲演录》第3卷,第250页。

　　毫无疑问,基督教神学或教义学是在很大程度上积极调整并重新解释了古代哲学。"基督教教义学本身带着明确的倾向采纳了古代哲学,特别是亚里士多德哲学,以便使基督教信仰系统化,它由此获得了一种确定的形式。"①然而同样毫无疑问,这样的调整或重释必定是在形而上学建制的轨道上运行并开展出来的,否则的话,基督教从根本上来说就可以是其他什么主义,而唯独不是柏拉图主义了。在这样的意义上,作为柏拉图主义的形而上学建制必以某种方式在根本上为基督教教义准备好了哲学地基,从而使教义学或神学在这一地基上营造起它的宏伟建筑。这种作为基本建制的地基是怎样的呢? 它是超感性世界和感性世界之间的分割—对立,是在"尘世"和"上天"之间"划出裂缝",而基督教的教义就是"移居在此裂缝中"活动的。跨越"裂缝"之两界需要一个中介、一个中间人。"从原则上来说是这样:在新约全书中逻各斯的意思……乃是一个特殊的在者,也就是上帝之子。这个儿子又是当上帝与人之间的中间人角色。新约全书对逻各斯的这种想法和斐罗[费洛]所教养出来的犹太宗教哲学的想法是一样的,在斐罗的创世说中就把逻各斯规定为 μεσίτης,即中间人。"②

　　基督教与哲学—形而上学的联系,黑格尔就曾做过恰当而必要的阐述。他指出,首先是基督教在人心中的传播、在大众中的流行,由于这种传播和流行还不涉及哲学,所以是在哲学的考察

---

　　① 海德格尔:《形而上学的基本概念》,第63页。
　　② 海德格尔:《形而上学导论》,第135—136页。黑格尔关于基督作为"中间人"的说法是:"但是意识到神里面具体的环节还是不够的;还必须在与人的联系中意识到它,基督是一个实在的人。这就是与作为这一个人的人相结合;这个'这一个人'是基督教中的一个巨大环节,它是极端不同的对立面的结合。"(黑格尔:《哲学史讲演录》第3卷,第244页)

范围之外的。其次,是由教父们完成的将基督教发挥于思想的知识之中,这些很有哲学修养的人使哲学理念深入基督教原则里,从而制成了一套超出其最初形式的基督教教义。最后,在经院哲学中,基督教会的教义是建筑在形而上学的基础上的,黑格尔为此引证了斯各脱·爱里更的话说:"真的哲学就是真的宗教,真的宗教就是真的哲学。"这不仅是因为经院哲学直接就是神学,而且还因为绝对观念论本身将西方形而上学总结为以绝对者—上帝来定向的哲学(思辨哲学也就是思辨神学)。"……哲学本来就不是与神学无关的,因为哲学正是关于绝对本质的知识,即是神学。"①

黑格尔的这一论断不仅正确,而且恰好就是事情的实质所在。如果说尼采将这一实质批判地发明为真正的问题,那么,对问题之关键的机制性分析则主要是由海德格尔提供出来的。在海德格尔看来,形而上学之所以是神学(一种关于上帝的陈述),是因为上帝进入哲学之中了,哲学史无比清晰地表明了这一现象实情。问题在于:上帝如何进入哲学之中? 不可避免的初步回答是:"……上帝之所以能够进入哲学之中,就只是因为哲学自发地——按照其本质——要求上帝进入它之中,并规定着上帝如何进入它之中。"②而进一步的回答则需要说明,西方哲学—形而上学如何在本质上要求并且诉诸上帝。虽然形而上学在其希腊发端时还并未与"神学"的名称连在一起,但恰恰是形而上学的建制本身为神学的上帝做好了筹划和准备。如果说"第一哲学"在亚里士多德那里被标识为关于存在者整体的知识,那么,由此追溯到最高的和最极致的存在者,就被描画为"最高种属"

---

① 黑格尔:《哲学史讲演录》第 3 卷,第 282 页。并参看第 279、289 页。
② 《海德格尔选集》下卷,第 830 页。

"最原始的存在者"——神；而与神性的东西相关，亚里士多德便将第一哲学称为"神学的知识"（关于神的逻各斯）。这里没有人格神或创世神，而只是意味着质朴地走向最高的神。"所以我们发现，在亚里士多德那里，第一哲学（prima philosophia）和神学之间的这种特有的关系预先就形成了。……于是情况就是，超感事物，流俗概念中形而上的东西，同时就是通过神学知识而被认识的东西，一种神学的知识，不是教义的神学，而是理性的神学，理性神学。"①海德格尔有时亦称之为"哲学的神学"，以区别于"基督教信仰的神学"。

（三）

然而，西方形而上学的本质不仅绽露为神学，而且展示为"存在学"（Ontosophie）或"存在论"（Ontologie）。西方形而上学在其希腊发端时亦未同这个名称有联系。"存在论"，作为关于存在者之为存在者的学问，是在中世纪向近代过渡时期出现的一个学院式的名称。在托马斯·阿奎那的体系中，形而上学最终与神学具有相同含义，而形而上学的特殊含义，又与"存在论"的含义等同起来，存在论被称为"一般形而上学"（metaphysical generlis）。"对于托马斯来说，在这种意义上形而上学等同于存在论。"②在何种情况下形而上学才能够等同于存在论呢？在这样的情况下：第一，超感性世界和感性世界的分割—对立（以真与不真来定向的分割—对立）要一般地作为决定性的建制来起作用；第二，这样的分割—对立要以"存在"为枢轴来达成并施展开来。没有超感性世界和感性世界的分割—对立，就没有一般

①　海德格尔：《形而上学的基本概念》，第64—65页。
②　参看同上书，第72—73页。

意义上的形而上学；而以"存在"（确切些说，以存在与存在者之二重性）为枢轴开展出来的分割—对立则是——或至少是——西方形而上学的本质特征。所以海德格尔把围绕"存在"的四重区分叫作"对在的限制"，并在一个描画这种区分关系的图示中，以"存在"居中，在它的左边和右边，分列"形成""表象"，在它的下边和上边，则分列"思""应当"。①只有在这样一种基本格局的态势下，西方形而上学才在本质上不仅成为"神学"，而且成为以"存在"为中心的形而上学，即"存在论"。换句话说，"形而上学必须从上帝出发来思考，因为思想的事情乃是存在，而存在以多重方式现身为根据，作为逻各斯(λόγοs)，作为基础(ύποκείμενον)，作为实体，作为主体"②。

还不止于此。当西方形而上学在本质上关涉神（上帝）和存在（被把握为理念）时，它是神之"学"、存在之"学"。此间的"学"(-logie)这个后缀固然看起来和例如心理学、生物学、宇宙学等名称中的用法一样，粗略地表示"关于……的科学"；但在-Logie之中，不仅隐含着一般所谓逻辑上的东西（das Logische），而且所谓"学"始终是论证关系的整体，是诸科学对象在其中就其"根据"方面被表现和理解的整体。因此，如果说，在西方形而上学的历史中，存在以多重方式"现身为根据"，如果说，存在学和神学是因其探究存在者之为存在者和论证存在者整体而成为"学"的，那么，理所当然的是，"它们对作为存在者之根据的存在作出论证。它们面对逻各斯(λόγοs)做出答辩，并且在一种本质意义上是遵循逻各斯的，也即是逻各斯(λόγοs)的逻辑学"③。在这样的

---

① 参看海德格尔：《形而上学导论》，第 195、201 页。
② 《海德格尔选集》下卷，第 833 页。
③ 同上书，第 832 页。

意义上，"存在论"毋宁更准确地叫作"存在—逻辑学"（Onto-Logik），就像"神学"毋宁更准确地叫作"神—逻辑学"（Theo-Logik）一样。作为西方形而上学的完成者，黑格尔把真正的哲学即思辨哲学称为"逻辑学"，也就是说，黑格尔与整个传统相一致，把形而上学命名为"逻辑学"了。在这样的意义上，一般地合乎逻辑或合乎陈述意义上的"逻辑的东西"乃是派生的和非本质的，而根源性的和本质性的关键在于：思想的事情始终是存在者之存在（从亚里士多德到黑格尔）；如果存在论或神学是要对作为存在者之"根据"的存在做出论证，那么，逻各斯便是"奠基性的根据"——与存在共属一体的、作为根据的存在（详参海德格尔）。

因此，如果说，一般形而上学是依循超感性世界和感性世界（形而上的世界和形而下的世界）之分割—对立的基本建制来定向的，那么，西方形而上学便是通过以"存在"为中心的四重分割来呼应并实现这一定向的。如此这般的形而上学因此在本质上既是"神—逻辑学"（神学），又是"存在—逻辑学"（存在论）；更加准确并且也更加完整地说来，形而上学乃是"存在—神—逻辑学"（Onto-Theo-Logik）。①海德格尔关于这个主题的详尽阐述，以下述标题闻名于世："形而上学的存在—神—逻辑学机制。"（1957 年）这一机制或许仅属于西方，至少它是从西方形而上学历史的批判性分析中得出的。所以，"……我们在此是要强调：我们所谓的'形而上学基本立场'是为西方历史所专有的，而且从本质上参与规定了西方历史"②。

---

① 参看《海德格尔选集》下卷，第 829、832 页。
② 海德格尔：《尼采》上卷，第 437 页。

（四）

如果说，以"存在"为中心的四重区分是特别地——或许是唯一地——属于西方的，那么，更加普遍地说来，超感性世界和感性世界的分割—对立乃是更为一般也更具决定性的建制，我们可以在其他民族的宗教和哲学中观察到这一建制的种种表现。我们可以设想一种不是以"存在"为中心的四重区分来构筑的形而上学，只要它能够以某种别的方式来满足并贯彻形而上学的基本建制。同样，正如我们在上述分析中已经看到的那样，以"存在"为中心的四重区分真正说来是以超感性世界和感性世界的分割—对立为枢轴并取得基础定向的：如果四重区分并不导致且服务于超感性世界和感性世界的分割—对立，那么它就不会是形而上学；反过来说，如果超感性世界和感性世界的分割—对立不采取以"存在"为中心的四重区分来达成和实现，那么它就不会是西方形而上学。因此，虽说上述的四重区分的发生或早(在与形成、在与表象)或迟(在与思、在与应当)，但它们都是围绕着形而上学基本建制的枢轴旋转的，都是从柏拉图—亚里士多德一线的根源上获得其本质规定的，从而便作为柏拉图主义展开在西方形而上学的历史中。

也正因为如此，西方形而上学才在本质上是"存在—神—逻辑学"，并且才将这种本质长久地隐藏在存在与存在者的二重性("存在论差异")之中。导致这种二重性差异的关键乃是"分解"(Austrag)，是将存在者之存在把握为理念，因而是契合于并且听从于理念论—形而上学基本建制的"分解"。"形而上学的存在—神学机制源于差异[存在论差异]的支配作用，差异使作为根据的存在和被奠基的—论证着的存在者保持相互分离和相互并存,这种保持是由分解来完成的。"①因此,由"分解"而来的"存在论差异"构成"形而上学之本质的构造中的基本轮廓"。随着上帝通过"分解"进入哲学之中,对一切存在者之为存在者的共同根据和最高论证就或者是"作为存在之逻辑学的逻辑学",或者是"作为神之逻辑学的逻辑学"。②一句话,就像一般形而上学是以超感性世界和感性世界的分割—对立为前提的一样,西方形而上学不仅分享着这一基本前提,而且是以"存在—神—逻辑学"机制建构起来的。

尽管我们在这里尚未涉及中西哲学比较的广泛内容,但中西哲学之根本差别的决定性基准或尺度却由此而绽露出来了。如果说,中国哲学立足于自身之上的基本建制最坚决地抵制着超感性世界和感性世界的分割—对立,因而依其本质一向就在形而上学之外,那么,它在特定的机制上也同样与西方哲学—形而上学云泥殊路。如果说西方形而上学的本质机制乃是"存在—神—逻辑学",那么由之而来的提示性问题就会是:(1)中国哲学会有一种存在论(Ontologie)吗? 由于这个术语向来被译为"本体论"并且同中国哲学所谓"本体"一词纠缠混淆到无以复加的地步,才会出现如此之多由望文生义而来的任意和武断。但是,除非中国哲学果真将例如"形成"或"表象"等等与"存在"分割—对立起来,并且由"分离"制造出所谓"存在论差异",否则就根本谈不上真正的 Ontologie。如果说中国哲学毕竟还有某种内容可以叫作"本体论"(或应更恰当地称为"本末论")的话,那么,它与西方所谓"存在论"(常译作"本体论"或"万有论")无疑是两种截然不同的东西。(2)中国哲学能够是一种神学吗? 显然不

---

① 《海德格尔选集》下卷,第 841 页。
② 同上书,第 840—841 页。

是。但这绝不意味着中国哲学不会涉及神或不能通达神性的东西(神明、神灵、精-神,或用熊十力先生的术语:"体神""居灵"),而是意味着它根本没有通过"分解"构造出一个唯独属于神、属于超感性世界的领域,亦即一个"上帝"和"不死性"在其中驻留盘桓并获得决定性意义的彼岸世界。只有在这一世界得以确立的地方,才谈得上真正的 Theologie。(3)中国哲学是否还包含有一种逻辑学呢?在这里会生发出种种不同意见。不少人认为中国先前是有逻辑学的(例如从先秦诸子那里搜罗各种证据),另一些人则认为中国在这方面向来薄弱且从未发育成熟;但他们似乎共同主张中国学术最终还是由于缺失真正的逻辑学而阻滞了赢得现代科学的机会。诸如此类的揣测或假设是全然不及根本的。因为这里被谈到的仅仅是某种作为形式的逻辑,而不是逻辑形式以之作为前提的决定性的东西——逻各斯(λόγος)的原始本质("逻各斯的逻辑学");这种原始本质即使在柏拉图、亚里士多德那里也已开始隐遁了,而单纯形式的逻辑——无论在黑格尔看来还是在海德格尔看来——并不值得特别推崇,或许只是学院教师适合于教学的制作。当逻辑学远离其本质根源之时,它也就成为单纯表面或单纯形式的东西了。如果我们在中国学术中也能找到某些看起来颇为相似的东西,那么这实在不足为奇;但除非我们能够批判地深入西方逻各斯的原始本质之中,否则就根本无法分辨种种相似底下的根本差别以及由之而来的不同历史性命运了。我们何以要如此艳羡地设想在鲸的嘴巴里长出鲨鱼的牙齿来呢?如果说形式逻辑果真在300年前功勋卓著地助长了现代科学的话,那么,须知它早已劳苦功高地为基督教教义学和神学服务了1500年。

总而言之,在没有超感性世界和感性世界之分割—对立的地方,也就没有一般意义上的形而上学;在西方形而上学的"存在—神—逻辑学"机制不起作用或无从起作用的地方,才是中国哲学在其中活动和展开的那个领域——由此辨析厘定的分野乃从源头的实质上标志着中西哲学的根本差别,正是此种差别在决定性的大端上规定着中西哲学不同的性质、内容与走向。

三论中西哲学之根本差别

任何一个文明的整体都生存于特定的民族精神之中,而特定的民族精神又将其本质最集中地反映在它的哲学之中。在这样的意义上,哲学作为文化的主干、思想的母体、精神的核心,对于不同的文明类型来说便是其具有决定性意义的"根本"。如果说,在"世界历史"的基本态势下,对于中国哲学的理解不能不假途于中西哲学的比较,那么,牢牢地把握中西哲学的根本差别,对于中国哲学的自我理解来说,便是其具有决定性意义的"根本"。我们在这双重的意义上强调"根本"在整个理解过程中的基础性地位:"要从根本求生死,莫向支流辩浊清。"

在《论中西哲学之根本差别》一文中,我们对这一主题的追究是以不同哲学立足其上的基本建制为枢轴来展开的;由之得出的基本结论是:"西方哲学的实质是形而上学,而中国哲学则在形而上学之外,并且依其本质一向就在形而上学之外。"为了使这一初步结论得到更加深入的阐述与论证,我们在《再论中西哲学之根本差别》一文中,大体完成了关于西方哲学基本建制的进一步探究,而本文则要求开展出深入于中国哲学基本建制的具体化研究。因此,作为前两篇论文的继续,本文的主旨是:在中西哲学之"根本差别"的问题背景中,考察整个中国哲学运行其上的基本建制以及它在这一建制中的独特展开方式,以使通

过考察的具体化而将结论引向深入。这一考察的具体化节目
是:(1)"道器不割""体用不二"的基本建制意味着什么;(2)作
为中国哲学本质特征的"政治—哲学";(3)作为中国哲学本质特
征的"历史—哲学";(4)大道不离人生日用。

一、"道器不割""体用不二"的基本建制意味着什么

(一)

在前此的论文中已经得到充分论证的是:西方哲学的本质
乃是形而上学,即柏拉图主义。这样的本质植根于形而上学的
基本建制中,而这一建制的要义在于:将超感性世界和感性世界
(形而上的世界和形而下的世界,彼岸的世界和此岸的世界)分
割开来并且对立起来;认"真理"或"实在"仅仅属于超感性世界
而不属于感性世界。在这里,超感性世界和感性世界的分割—
对立是首要的和基本的:如果没有这两个世界的分割—对立,就
根本不可能有真与不真、实在与非实在的分别归属;进而言之,
如果没有在这种分割—对立中真与不真、实在与非实在的分别
归属,也就根本无须乎横跨两界的所谓"分有""超越"或诸如此
类的东西(无论它们以何种形式出现)。正是由于西方哲学的决
定性开端和历史性进程是在这一基本建制的规定中运行的,所
以它才从根本上将自身确立为并且展开为哲学—形而上学。

在这样的比照背景中,如果说中国哲学的基本建制在于"道
器不割""体用不二",那么,如此这般的独特建制从根本上来说
意味着什么呢? 它意味着:道与器、体与用——形而上者与形而
下者、超感性之物与感性之物——不许被分割开来,尤不许被对
立起来。它进一步意味着:在道与器、体与用之间,根本不存在

分离开两个世界——形而上的世界和形而下的世界——的鸿沟或壁垒,因而根本不存在使两界得以确立起来的固定疆界和独占领域。最后,它还意味着:在两个世界的分割—对立不被允许的地方,就根本不存在真与不真、实在与非实在的分别归属,也就根本不存在由这种分别归属来制定方向的形而上学与形而下学。因此,总括地说来,只要中国哲学的整个传统是在道器不割、体用不二的基本建制中运作展开并得到规定的,那么这一建制就意味着形而上学——任何一种形而上学——的不可能性,意味着形而上学的本质对于中国哲学来说一向就是它的非本质。

然而,道器不割、体用不二果真是中国哲学始终运行其中——不曾移易且一以贯之——的基本建制吗?是的,正是如此——这里需要清晰阐明并给出论证的就是这一点。众所周知的出发点来自《易传》关于道与器的简要区分:"形而上者谓之道,形而下者谓之器。"可以根据这一区分来断言中国哲学分离开两个世界(道的世界和器的世界,形而上的世界和形而下的世界),并据此来指证中国哲学的形而上学吗?绝对不能。正如我们曾再三强调的那样,一般的区分、区别,全然不同于分割、对立;只有在形而上的世界和形而下的世界被决定性地分割开来并对立起来时,才开始出现形而上学的基本建制,才开始有真正意义上的形而上学(以及形而下学)。例如,在赫拉克利特和巴门尼德那里,固然已出现"存在"与"形成"(Werden)、"存在"与"表象"(Schein)之间的区别,但这样的区别还根本谈不上是形而上学的;只有在肇始于柏拉图的理念论—形而上学的建制中,"存在"与"形成"、"存在"与"表象"的区别才被建立为决定性的分割—对立,也就是说,才在此定局中被形而上学化了。

那么,《易传》所做的区分——形而上者谓之道,形而下者谓之器——意味着什么呢？它意味着：中国哲学不仅懂得道与器的一般区别，而且能够知晓所谓"道"，亦即能够理解所谓"形而上者"。但这一区别还不涉及把握形而上者的方式或途径，而这样的方式或途径看来至少有两种：其一是，将形而上者与形而下者分割为两个彼此对立的世界，并且通过这种分割—对立的建制去把握形而上者；其二是，拒绝形而上者与形而下者的分割—对立，并且通过两者的彼此相属或互为一体的建制以通达形而上者。如果说，前一种建制乃是形而上学的，那么，在后一种建制中活动的哲学便是非形而上学的，也就是说，它整个地生存于形而上学之外。那种以为唯独在超感性世界和感性世界的分割—对立中才可能触动并把握形而上者的观点，实际上已经非批判地先行屈从于形而上学的偏见了：这种偏见根本无法理解"道器不割"建制中的形而上者与形而下者，就像按照这种偏见也根本无法理解"天人无二"（大程子："天人本无二，不必言合"）视域中的天与人一样。

（二）

中国哲学自古以来并且无一例外地运行于道器不割、体用不二的建制性轨道之上。康有为在讲论"周公之制"时说："其法人与天祭，器与道合，粗与精均，贯上下合，事物无不周遍。此周公所以位天地，育万物，尽人性，智周天下，道济生民，范围而不能过，曲成而无有遗。"[1]这样的评论是否溢美，可以不去计较；然而在当时的时代条件下，"器与道合"的情形想必是确凿无疑的——也就是说，道与器，就像天与人、精与粗、上与下一样，依

---

[1] 谢遐龄编选：《变法以致升平——康有为文选》，第32页。

然保持在它们的原初关联之中而未曾分解离散。如康氏所说，治家须备米盐锅灶之物，治国当搜巫医农牧之官，这是理所当然的："有精与不精，无才与不才，皆不能缺少。必不能座谈高义，舍器言道，遂可家有衣食，国备兵农也。"[①]为了突出地表明这一点，无论是有意还是无意，康氏往往在溯源时把通常所谓"周公之道"写为"周公之道器"[②]；这般写法虽似累赘，但就中国哲学的根基来说却是非常恰当的：形而上者与形而下者可分（一般的区分）却不许割（分割一对立），所以"道与器"便是"道一器"。

如果说"周公之道器"尚在轴心期的突破之前，那么，大体可以代表这一精神性突破的孔孟老庄学说，难道没有像古希腊的柏拉图、亚里士多德一样，以其形而上学的决定性建制来分割形而上者与形而下者并将之构造为两个对立的世界吗？没有，根本没有。不要以为轴心期的精神突破只有创制形而上学一途，这种突破对于中国哲学来说完全是在另一意义上的；如果说中国哲学是在形而上学之外为自己开辟出道路的，那么，这条道路由以形成的基本建制——道器不割、体用不二——恰恰规定着中国哲学之非常独特的性质与定向（以至于谢林要将中国人称为"第二人类"了）。若论中国精神的轴心期突破，章太炎先生有一精要的提示，他写道：孔子以前或有尊天敬鬼之说；"至于破坏鬼神之说，则景仰孔子，当如岱宗北斗。然其言曰：鬼神之为德，体物而不可遗。此明谓万物本体，即是鬼神，无有一物而非鬼神者，是即斯比诺沙泛神之说。泛神者，即无神之逊词耳。盖孔子学说，受自老聃，老子言象帝之先，既谓有先上帝而存者；庄生继之，则云道在蝼蚁、稊稗、瓦甓、屎溺，而终之以汝唯莫必，无乎逃

①　谢遐龄编选：《变法以致升平——康有为文选》，第 32 页。
②　同上书，第 28 页。

物,则正所谓体物而不可遗者。无物非道,亦无物非鬼神,其义一致,此儒、老皆主泛神之说也"①。

章氏此论,大醇而小疵。就中国哲学而言,泛神论——斯宾诺莎的泛神论——可以作为就近的指点,却不可作为实质的定名。虽说泛神论的上帝非常不同于自然神论的上帝,但它作为"实体"仍必是绝对者一上帝;因此,当它在一方面可以作为无神之逊词时,也可以在另一方面作为无世界之逊词。黑格尔就是从后一方面来把握斯宾诺莎的"实体"的,他断言:立足于这一实体的泛神论根本不是"无神论",而是真正的"无世界论"。②同样因为这个缘故,费尔巴哈称斯宾诺莎是近代"思辨神学"的罪魁祸首,谢林是它的复活者,黑格尔是它的完成者。然而,太炎先生借此"泛神之说"所要传达、所意味着的东西却是不错的,并且是有洞见的:就像晚近的斯宾诺莎试图以泛神论方式解除神与世界的两立以及笛卡尔的实体二元论(思维、广延)一样,中国哲学在其初始的决定性开端上就全面地制止了道与器、形而上者与形而下者、鬼神与物的分割一对立,从而将道器不割、体用不二的建制确立为中国哲学运行其上的"常川决定"。

太炎先生关于此点的见解可大体申说如下:(1)无物非道,无物非鬼神;也就是说,无"形而下者"非"形而上者",无形下之物不具鬼神灵明。孔曰鬼神体物周遍,庄云道在梯稗屎溺;至若无乎逃物,正所谓"体物而不可遗"者,此皆泛神之义,而孔庄一致。(2)孔庄皆出老氏,老言"吾不知谁子,象帝之先",此说最为关键。先象帝而生者谓何? 曰道——道冲而用之,乃为"万物宗"。故道非上帝、神帝而体万物为宗:"挫其锐,解其忿,和其

---

① 姜义华编:《中国近代思想家文库·章太炎卷》,第182—183页。

② 参看黑格尔:《哲学史讲演录》第4卷,第98—99页。

光,同其尘。"既曰和光同尘,则道不与万物为二;是故庄生继之以"每下愈况""无乎逃物"也。照此看来,以为老氏之道孤悬万物之上,如神如帝如主宰,又执此以屏障物用而独赞玄览,最为错谬(虽说"效果历史"的解释不无理由地具此倾向)。太炎先生尝论曰:"老聃据人世嬗变,议不逾方;庄周者,旁罗死生之变,神明之运,是以巨细有校。儒法者流,削小老氏以为者,终之其殊在量,非在质也。"①此论由基本性质来观照开端性建制,最具卓识。(3)开端性大哲言"天",并非切指天神,不过本诸往古沿袭之语。"故孔子虽言鬼神体物,而仍言齐明盛服,以承祭祀。公孟虽拨无鬼神,而仍言祭祀之当有。然孔子言'如在'。如在者,明其本不在也。"②于是,太炎先生乃据语言文字解说鬼神曰:"鬼"本非直指幽灵(禺本母猴,若鬼为幽灵,无形之物何以得像其头?);"天神"一语或本于印度(据合音、双声、叠韵),由"天"而"帝"而"神",此自有形移于无形者;由"天"而"地",此自有形移于有形者;由"地"而"祇",此自有形移于无形者。"然言神、言帝,有时或以天字代之,具体抽象,不甚分殊。"③章氏的语文学解说,未必确凿可凭,但在哲理上须得把握的关键之处恰恰在于:有形无形,如何得以互移(有形移于有形不必论)? 具体抽象(实则仍是有形无形),何以不甚分殊? 答曰:因为这里没有形而上者与形而下者的分割—对立,没有以此分割—对立而来的两个世界,没有在这两个世界之间构成此岸和彼岸的鸿沟壁垒——这便是中国哲学在其开端上确立起来且一以贯之的基本建制。

---

① 姜义华编:《中国近代思想家文库·章太炎卷》,第 210 页。
②③ 同上书,第 183 页。

（三）

如果说，道器不割、体用不二乃是中国哲学统摄其全体且贯彻其始终的基本建制，那么，作为基本建制，它便不允许出现无法理解的例外，就像整个西方哲学必不能外于柏拉图主义一样。由于本文不可能就此一一列论，所以，清晰地表明所谓典型"例外"的无法成立，就是一条便捷的途径。在中国哲学中，最容易也最经常被当成这一典型的就是朱熹哲学（特别是他的"理气论"）。冯友兰先生在讲到朱熹哲学时，便很明确地将之称为"柏拉图式理念学派"（The School of Platonic Ideas）。①朱子立说的一个基本区分是："形而上者，无形无影是此理。形而下者，有情有状是此器。""天地之间，有理有气。理也者，形而上之道也，生物之本也；气也者，形而下之气也，生物之具也。是以人物之生，必禀此理，然后有性，必禀此气，然后有形。"②此种一般区分还谈不上真正的形而上学，但指其为柏拉图主义的主要论据则有以下诸条：（1）"天地只是天地万物之理。……未有天地之先，毕竟是先有此理。"③（2）"未有天地之先，毕竟也只是理。……有理便有气，流行发育万物。"④（3）"未有这事，先有这理。如未有君臣，已先有君臣之理；未有父子，已先有父子之理。"⑤就以上诸条概括言之："理在气先。"冯先生据此乃以希腊哲学方式解释之："理"如形式（Form），"气"如质料（Matter）；又指"形而上之

---

① 冯友兰：《中国哲学简史》，第 251 页。
② 朱熹：《答黄道夫书》。
③④ 《朱子语类》卷一。
⑤ 《朱子语类》卷九十四。

理世界"①成立(此世界必分割—对立于"形而下之气世界")——
于是朱子哲学便可归入"柏拉图式理念学派"了。

然而,"理在气先"之说,纯全出自一种特殊且极端的语境,
此等语境由以下两条可见分明:"问:先有理抑先有气?曰:理未
尝离乎气。然理形而上者,气形而下者。自形而上下言,岂无先
后?"②又,"或问必有是理,然后有气,如何?曰:此本无先后之
可言。然必欲推其所从来,则须说先有是理"③。故朱子理气论
之根基,已在"理未尝离乎气""此本无先后之可言"二语中充分
表明;先后之说,不过从其一偏,或从其俗成不得已而姑言之,一
如说天—人、阴—阳、魂—魄之类,总有一先一后罢了。中国哲学
绝无"依逻辑言""就事实言"④之两分,不过使小者从于大者,令
一偏合于正途而已。上引朱子条(3)说,未有君臣父子,先有其
理;船山反是,曰:"洪荒无揖让之道,唐虞无吊伐之道,汉唐无今
日之道,则今日无他年之道多矣。"⑤朱子、船山,所论或各有一
偏,却从未逾于立论之大者——道器不割、体用不二——一步,不
是因为他们的小心谨慎,只是因为他们作为中国哲学家必在如
此这般的建制中思想而已。既然形而上者与形而下者从未被分
割开来,既然二者从未被对立为"形而上之理世界"与"形而下之
气世界",难道我们可称朱子为理念论者或唯心论者,并因而称
船山为质料论者或唯物论者吗?(若在此分割—对立中"形而下
之气世界"能够成立,则举凡主张"一气流行"的哲学家,例如张
载,甚或庄子,又当如何说?)

---

① 参看冯友兰:《中国哲学史》下卷,第281、277页。并参看冯友兰:《阐
旧邦以辅新命——冯友兰文选》,第218—219页。

②③ 《朱子语类》卷一。

④ 参看冯友兰:《中国哲学史》下卷,第283页。

⑤ 王夫之:《周易外传》。

看来朱子在特定语境下的措辞被完全不恰当地夸大为某种口实,从而进一步开启了用西方形而上学的建制来解说中国哲学的方便之门,尽管这样的解说已成流行风习并且绝不仅限于朱子。但是,只要不是先行就囿于形而上学的哲学建制,朱子立论的基石——道器不割、理气不二——便会十分清晰地进入我们的理解性视域中:(1)"有道须有器,有器须有道,物必有则。"①(2)"有此器则有此理,有此理则有此器,未尝相离。却不是于形器之外别有所谓理。"②(3)"天下未有无理之气,亦未有无气之理。"③(4)"无极而太极,不是说有个物事,光辉辉地在那里。"④(5)"专下学者,不知上达而滞于形器;必上达者,不务下学而溺于空虚。"⑤(6)"若起一脱去之心,生一排遣之念,则理事却成两截,读书亦无用处矣。"⑥(7)"《大学》所谓'格物致知',乃是即事物上穷得本来自然当然之理。"⑦此等说法,多到不计其数,缘何竟不能见到? 事实上对于整个中国哲学来说,道器不割、体用不二乃是一切立说之不可移易的前提,并且作为传统的开端性"决断"无可究诘,理所当然。不过我们还可再引陈淳——朱子门人及朱子学说的忠实捍卫者——两条,以备参看:(1)"道非是外事物有个空虚底,其实道不离乎物,若离物则无所谓道。"⑧(2)"学者求道,须从事物千条万绪中磨练出来。"⑨

---

① ② 《朱子语类》卷七十五。
③ 《朱子语类》卷一。
④ 《朱子语类》卷九十四。
⑤ 李绂:《朱子晚年全论》,中华书局 2000 年,第 364 页。
⑥ 同上书,第 110 页。
⑦ 同上书,第 113 页。
⑧ 陈淳:《北溪字义》,中华书局 1983 年,第 39 页。
⑨ 同上书,第 40 页。

（四）

这里的要点绝不在于可引证的语录各有多少,也不在于拿了不同的语录去折合出一个比分来;真正的要点在于某一学说规定其各个部分的总体,在于某一哲学类型引领其全部道说的基本建制。只有当这样的总体和基本建制被牢牢地把握住时,理解某一学说(如朱子理学)或某类哲学(如中国哲学)的"大者"才得以立,其"小者"才不足以乱也。事实上,所谓"理先气后"的独特语境足可表明朱子理学的根基,只是因为拿了西方哲学——形而上学的建制来剪裁中国哲学,才会引起如此巨大的紊乱,就像作为虚假观念的意识形态足以遮蔽事物的真相并给出其颠倒的反映一样。当我们的学者一力将朱子哲学、宋明理学乃至整个中国哲学——或明或暗地——置放到柏拉图主义的建制中去加以解释时,近代西方的一些早期哲学家(例如马勒伯朗士和莱布尼兹)却对此种设想表示否认或怀疑;他们不见得对中国哲学(主要是理学)有太多的了解,但他们却在某些主要之点及历史性后果方面分辨出决定性的差别,尽管这种分辨也还是较为粗疏的。

马勒伯朗士有一篇论文,其标题就是令人感兴趣的:《一个基督教哲学家和一个中国哲学家的对话——论上帝的存在与本性》(1703—1708 年)。对话中的"中国人"对"基督徒"说:你来向我们宣说天主,但我们却无法相信。"只有明摆着让我们相信的事,我们才相信。这就是为什么我们只承认气(物质)和理的原故。理是永恒地存在于气中,它做成气并且把气安排在我们所见的这种完美的秩序之中,它也光照着这一部分净化了的、有机化了的气的这种至高无上的真理、智慧、正义,而我们就是由这一部分物质组成的。"①对话中的基督徒之所以完全无法承认这种理—气学说，是因为上帝作为没有任何条件、没有任何限制的存在体(存在者)，作为全部实在性和完满性的存在体，虽说"……也包含了万物中最末的、最不完满的东西的物质里边有实在性或完满性的东西，但是并不包含它的不完满性、它的限制性、它的无，因为在存在体里边没有无，在无限里没有任何种类的限制"②。

由此可见，这里的根本差别在于，基督教哲学家是一个柏拉图主义者：上帝是包含全部实在性和完满性的唯一的存在体，"而万物不过是它的本质的无限多的限制的一些分有……无限不完满的一些模仿"③。中国哲学家则截然不同，他是一个理—气论者，就像他不曾将理与气分割—对立起来一样，他也无法由此而把"理"做成一个上帝。于是他对基督徒说道："你们显然是把这个[至上的]智慧放在你们的上帝之内，而我们认为它是存在于气(物质)之中的。气肯定是存在的……"④上引对话的一些表述诚然是粗疏甚或错误的，例如把"气"称为"物质"。但是，除非"理"与"气"被分割—对立为两个世界，除非"理"是作为"理念""观念"或"形式"来起作用，"气"才可以被归入"物质"或"质料"——而这就意味着柏拉图主义，意味着形而上学的建制性分割。马勒伯朗士显然是体会到这一建制与中国哲学的格格不入，所以他才将根本分歧指示在"理"同"气"(物质)的牵扯沾染上——这一点无疑是非常正确的：因为如果理与气果真分立(且作为实在与非实在分属两边)的话，那么，"气世界"就没有理由

———————

① 何兆武、柳卸林主编：《中国印象——世界名人论中国文化》上册，广西师范大学出版社 2001 年，第 16 页。

② 同上书，第 17 页。

③④ 同上书，第 22 页。

不是"理世界"的分有或模仿,而与"气"撇清关系的"理"就没有理由不成为真正的实在或完满的存在者——上帝。

莱布尼兹不仅同样体会到了中西哲学在基本建制上的重要差别,而且以更加审慎的姿态表述了他对于传教士各种断言的深切怀疑:"首先值得怀疑的是中国人是否承认或已经承认了精神实体,尽管他们也许不认为精神实体是可以同物质分开并且完全在物质以外的。"①他也无法赞同一些耶稣会士关于中国人的"偶像崇拜"以及中国哲学"无神论"倾向的说法,而是意识到其间存在着虽然难以理解但却更加深刻的问题。最后,这些更加深刻的问题体现在龙华民神父对中国哲学所谓"理"的自相矛盾的解说之中:一方面,"理"是一切种类的完满性、至高无上的道和至高无上的精神性,因而几乎就是西方在上帝名下的所谓"至上实体";另一方面,"理"又不能真正被视为这样的至上实体,因为如果深入根基上去的话,它不过是西方哲学家所谓的"原始物质"——而这就是隐藏在"理"这一名称之下的"毒素"。对于这样的矛盾,莱布尼兹写道:"我的看法是这样:如果中国人坚持用好像如此矛盾的方式来说话的话,那就不应该肯定中国人的理是原始物质,而应该说它是上帝。但是应该把这个问题先不做决定,看看两方谁最有道理。"②

莱氏以他的敏锐估量出这一矛盾的巨大分量,又以他的宽博将矛盾的应答暂时搁置起来了。两方——"理"作为"上帝"还是作为"原始物质"——谁更有道理呢?都有道理又都没有道理,它完全取决于不同哲学运行其上的基本建制:这样的矛盾在西方形而上学建制的观照中是不可排除的,因为"理"在超感性

---

① 何兆武、柳卸林主编:《中国印象——世界名人论中国文化》上册,第132页。
② 同上书,第137页。

世界和感性世界的分割—对立中,无论归属哪一方都不能成立;而这样的矛盾在道器不割、体用不二的建制中则断然不会出现,因为根本就不存在"理"必归属于两方之一的先行设定,即根本不存在两方的分割与对立。

二、作为中国哲学本质特征的"政治—哲学"

(一)

只有当中西哲学有以立足的基本建制得到充分的把握时,中西哲学的决定性差别才会真正绽露出来;只有当西方哲学—形而上学的基本建制能够从根本上得到批判性的理解时,中国哲学立足于自身之上的独特建制才会被揭示着前来同我们照面。如果说,在解说中国哲学的各种尝试中到处充斥着对西方形而上学的非批判观点,那么,某些零星出现的、以粗浅体会为依据的、时常被自诩为真知灼见的"批判",却往往还只是表面的、美文学的和不及根本的,甚至只不过是从根本上屈从于西方形而上学建制的粉饰性伪装而已。与此不同,在这方面特别值得称道的乃是章太炎先生。虽然他对西方哲学所论不多亦非系统(他完全无意于成为这方面的专家),但他的哲学立脚点却实在是批判的——唯因其批判的锋芒直指西方形而上学的建制本身,且尤以这一建制之诸种分割—对立为敌国。

对于西方形而上学的批判,太炎先生以追究理念论的建制为能事,可谓直截根源也:"如柏氏[柏拉图]可谓善说伊跌耶['理念'之音译]矣,然其谓一切个体之存在,非即伊跌耶,亦非离伊跌耶。伊跌耶是有,而非此则为非有,彼个体者,则兼有与非有。夫有与非有之不可得兼,犹水火相灭,青与非青之不容也。伊跌耶既是实有,以何因缘不遍一切世界,而令世界尚留非有?复以何等因缘,令此有者能现景于非有而调合之,以为有及非有?若云此实有者,本在非有以外,则此非有亦在实有以外。既有非有,可与实有对立,则虽暂名为非有,而终不得不认其为有,其名与实,适相反矣。"[1]不仅如此,对于现代形而上学的批判,太炎先生乃以康德为鹄的,可谓握其枢机也:"又如康德既拨空间、时间为绝无,其于神之有无,亦不欲遽定为有,存其说于纯粹理性批判矣。逮作实践理性批判,则谓自然界与天然界,范围各异。以修德之期成圣,而要来生之存在,则时间不可直拨为无;以善业之期福果,而要求主宰之存在,则神明亦可信其为有。夫使天然界者,固一成而不易,则要求一何所用;知其无得,而要幸于可得者,非愚则诬也!康德固不若是之愚,亦不若是之诬,而又未能自完其说。意者与两界之相挤,亦将心憬意乱,如含蒜齑耶?"[2]

且不论章先生的哲学立场谓何(要之终归吾国学问),上引两条所触动、所纠弹者,正是西方哲学—形而上学的基本建制:前者揭超感性世界和感性世界的分割—对立,曰"犹水火相灭,青与非青之不容也";后者诘理论理性和实践理性的分割—对立,曰"意者与两界之相挤"。直待穷根究底辨明此种建制的实质,中国哲学的独特建制方得以清晰揭橥,而中西哲学的根本差别才能够昭彰显现。中国哲学的流俗解说者们何曾留意于此,其间的奥秘又何曾梦见?他们往往不知就里而好言"推扩""遥契""上通""下贯"[3]之类,殊不知此等说法固属吾国传统且有经

---

① 姜义华编:《中国近代思想家文库·章太炎卷》,第 161 页。

② 同上书,第 161—162 页。

③ 参看牟宗三:《中国哲学的特质》,第 27—28、42、45、71、91、95 页。

典来历,但唯独在道器不割、体用不二的建制中方可得而言之;若依了形而上学建制的鸿沟壁垒(无论是柏拉图式的还是康德式的),则"推扩""遥契"如何能够无阻?"上通""下贯"又如何得以畅行?

如果说中西哲学的根本差别在于其全然不同的基本建制,那么,这种建制上的分野必充分体现在哲学之不同的性质、取向和构造上,就像这种不同的性质、取向和构造必植根于并运作于它们各自所属的建制中一样。因此,当我们一般地分辨出西方哲学立足于形而上学的建制而中国哲学立足于非形而上学的建制之后,这种分辨的具体化就必须围绕着道器不割、体用不二的建制本身而进入中国哲学之特有的性质、取向和构造的领域中,并使之在整体上与西方哲学形成决定性的比照。这样的比照空间将是非常广阔的,但这里只能在篇幅允许的范围内,就大而易见的——最富特征且最切近于基本建制的——主题,给出若干提示性的解说,以便使作为枢轴的基本建制在其内容丰富、辐射辽远的具体化中以多重方式显现出来。

(二)

首先值得关注的是中国哲学与政治之间至为密切的勾连,或可将此主题写成"政治—哲学":它意味着哲学与政治的内在贯通和相互归属,意味着这种哲学向来在性质、取向和构造上直接就是"政治的"(无论采取什么样的政治姿态)。因此,这里的"政治—哲学"与通常所说的"政治哲学"非常不同,后者是作为"纯粹哲学"或"理论哲学"的衍生系统或应用领域(要之两者不在一个等级上)出现的,因而便作为"实践哲学"或"精神哲学"的组成部分。不仅如此,对于中国哲学来说,"政治"一词也与西方

（特别是近代西方）多有差别，它与典籍中的所谓"治国""治民"
"治天下"之义相吻合，或许也与海德格尔讲到"真理之原初发
生"时所用的"建国"（die staatgruendende Tat.）一词较为接近。①
然而无论如何，中国哲学的本质特征突出地表现为它与政治的
直接贯通，这种贯通植根于道器不割、体用不二的建制中；与此
相反，西方形而上学建制的确立则意味着哲学与政治的分离，意
味着政治进入一个与真正的哲学相当不同的领域之中，意味着
政治家对于哲学家来说不再是合适无间的身份。

　　人们或许会因了柏拉图所谓"哲学王"的说法而对此产生疑
虑，但这一说法正就意味着哲学与政治的决定性分离（而不是相
反）。苏格拉底、柏拉图以前的哲人看来都是政治家或与政治关
系密切的人物。黑格尔曾有一个精要的概括，表明了哲人与政
治的原初一致以及后来的分解离散："我们看见：（一）希腊'七
贤'都是政治家、统治者、立法者；（二）毕泰戈拉派的贵族联盟；
（三）哲学——为学术而学术的兴趣。"②除了生平完全缺失的以
外，据说赛诺芬尼写了两千句长诗来讲爱利亚的殖民地开拓，巴
门尼德曾为爱利亚制定法律，而芝诺则参加了一个密谋活动去
推翻僭主。又据说毕达哥拉斯疏远了先前与政治的牵涉，而成
了第一个"民众教师"，并且第一个用"爱智者"（φιλόσοφος 即哲学
家）这个名词来代替"智慧者"（σοφός），而爱智者即哲学家又"特
别和参与实际事务亦即和参加公共的政治事务，有着相反的意
味……"③。但是，将分离于政治的纯学术兴趣指定在赫拉克利
特那里看来并不恰当，因为偶然的情形、苗头和措辞可以不论，

---

① 参看《海德格尔选集》上卷，第 282 页。
② 黑格尔：《哲学史讲演录》第 1 卷，第 295 页。
③ 同上书，第 208—209 页。并参看第 254、263、273 页。

决定性的转折必出于理念论—形而上学建制的鼎定。"哲学——为学术而学术的兴趣"只是在亚里士多德的说法中才具有完足的意义:哲学是"为这门学术本身而探求的知识",哲学家"为求知而从事学术,并无任何实用目的",因此,"所有其他学术,较之哲学确为更切实用,但任何学术均不比哲学为更佳"①。

柏拉图本人正处在这一转折的决定性时刻。在青年时代,"他一心一意想献身于政治",后来由于当时政治败坏,曾试图与之完全脱离关系,但不久便"故态复萌",又想参加政治活动了;直到最后,"我反复思之,唯有大声疾呼,推崇真正的哲学,使哲学家获得政权,成为政治家,或者政治家奇迹般地成为哲学家,否则人类灾祸总是无法避免的"②。在这里,真正重要的不是个人兴趣的改变,而是哲学被确立在形而上学的建制中;正是这种确立才决定性地使哲学家和政治家成为完全不同的两种人,因而才或者要使政治家成为哲学家——这看来无比艰难("奇迹般地");或者要让哲学家来掌权而成为政治家——这便是《理想国》所做的史无前例的筹划。于是我们看到,《理想国》第七卷在以洞穴比喻阐述了理念论—形而上学的建制性原理之后,立即启动了"哲学王"的政治方案:"苏[苏格拉底]:我说,我们关于国家和政治制度的那些意见并非全属空想,它的实现虽然困难,但还是可能的……只要让真正的哲学家,或多人或一人,掌握这个国家的政权。"③

在这里出现的是一个无与伦比的重大转变,真正的哲学与

① 参看亚里士多德:《形而上学》,商务印书馆 1959 年,第 4、6—7 页。
② 柏拉图:《理想国》,译者引言第 2 页。并参看黑格尔:《哲学史讲演录》第 2 卷,第 154—155 页。
③ 柏拉图:《理想国》,第 310 页。

政治被决定性地分割开来了；但这并不意味着哲学不再会去涉及政治，而是意味着政治之"学"成为由形而上学所掌控和把持的领域，就像形而下学（物理学）成为由形而上学所支配和统治的领域一样。这样一来，关于政治的真正知识就要成为"政治哲学"，确切些说，要成为"政治形而上学"（就像"道德形而上学"等等那样）。就此而言，政治哲学的实质乃是理念论—形而上学的：柏拉图的《理想国》是如此，亚里士多德的《政治学》也是如此；康德的《永久和平论》是如此，黑格尔的《法哲学原理》也是如此。在政治和哲学分立之开端上出现的"理想国"，后来就"成为一个成语，指空虚理想而言"，那里"提出了一个国家制度的理想，这理想已经是有口皆碑地被了解为一个幻想"。①尽管黑格尔在形而上学的制高点上充分指明了"理想国"的深远意义，并对之做出了有力的辩护，但是，这里出现的裂缝则是清晰可见的。已对形而上学采取批判立场的尼采更深切地感受到这里所发生的真正裂变："早期希腊哲学是政治家的哲学，我们今天的政治家是多么可怜！这也是把前苏格拉底哲学同后苏格拉底哲学分开来的最好标志。"这一标志意味着开始出现"实践生活"和"沉思生活"的虚假对立，因此，"我们必须时刻记住较晚的类型以免把它们与更古老的类型混为一谈"②。

（三）

反观中国哲学，情形则截然不同。那里没有也不会出现由形而上学的基本建制而来的"实践生活"和"沉思生活"的真正对

---

① 参看黑格尔：《法哲学原理》，序第 10 页；黑格尔：《哲学史讲演录》第 2 卷，第 246 页。

② 尼采：《哲学与真埋》，第 162、164、160 页。

立,相反,它建基于根本不同的——非形而上学的——立脚点之上:道器不割、体用不二的建制在不造成哲学与政治分裂的同时,也绝不导向"为学术而学术"的哲学,尽管在此建制中运作的学术方式和政治姿态可以千差万别甚至背道而驰。因此,中国哲学作为"政治—哲学",意味着它持续地保持着哲学与政治的内在贯通,意味着它在性质、取向和构造上始终是并且不能不是"政治的"。这样一种本质特征乃是中国哲学的开端性"决断",并且因此而成为在其整个传统中起主导作用的"常川决定"。

就中国哲学的决定性开端而言,孔孟的"政治—哲学"看来是直截了当且易于了解的,若干引证便足以清晰地表明这一点。《论语》几乎就可作为政治之学来读,即便是论道德的修为养成,亦不外于政治。"子曰:其身正,不令而行;其身不正,则虽令不从。"①又,"名不正,则言不顺;言不顺,则事不成;事不成,则礼乐不兴;礼乐不兴,则刑罚不中;刑罚不中,则民无所措手足"②。又,"子夏曰:仕而优则学,学而优则仕"。(朱子注云:"优,有余力也。"章太炎曰:"《说文》云:'仕,学也。'仕何以得训为学?所谓宦于大夫,犹今之学习行走尔。是故非仕无学,非学无仕,二者是一而非二也。"③)又,"子贡曰:有美玉于斯,韫匮而藏诸?求善贾而沽诸?子曰:沽之哉,沽之哉,我待贾者也"④。至于《孟子》,则同其如此,或又甚焉:"谷与鱼鳖不可胜食,材木不可胜用,是使民养生丧死无憾,王道之始也。"⑤又,"[齐宣王]曰:

---

① ② 《论语·子路第十三》。
③ 《论语·子张第十九》。参看姜义华编:《中国近代思想家文库·章太炎卷》,第295页。
④ 《论语·子罕第九》。
⑤ 《孟子·梁惠王章句上》。

德如何,则可以王矣?〔孟子〕曰:保民而王,莫之能御也"。又,"孟子曰:人有恒言,皆曰'天下国家'。天下之本在国,国之本在家,家之本在身"①。又,"周霄问曰:古之君子仕乎?孟子曰:仕。传曰:'孔子三月无君,则皇皇如也,出疆必载质。'"②以上诸条所举,不过一鳞半爪,却足以表明:孔孟之道,皆贯彻通达于政治;孔孟之学,亦以平治天下国家为能事。

那么,老庄之学,是否亦可说为"政治—哲学"?正是如此。在形而上学的建制未成定局或不起作用的地方,就不会生发哲学与政治的决定性分离,就不会有"理想国"之类的政治形而上学。孔、老虽异,有其同;其同之显著者,正在政治—哲学也。太炎先生称"老聃据人事嬗变,议不逾方";又说"孔父受业于征藏史,韩非传其书"。因推原老子学术之旨,亦在开物成务以前民用,而知此者韩非最贤。故"后有说老子者,宜据韩非为大传,而疏通证明之。其贤于王辅嗣远矣。……《解老》《喻老》未尝杂以异说,盖其所得深矣"③。辅嗣天纵才情,注《老》大有发明,开玄家之宗;但就老学大旨本原而论,则韩非近之(太史公深明就里,老庄申韩同传)。至若玄家末流,则愈骛愈远,故太炎先生说,"若夫扇虚言以流闻望,借玄辞以文膏粱,适与老子尚朴之义相戾"④。这里且引《老子》数条,以明其政治—哲学之本旨:"不尚贤,使民不争;不贵难得之货,使民不盗;不见可欲,使心不乱。圣人治:虚其心,实其腹,弱其志,强其骨。"⑤又,"昔之得一者:

---

① 《孟子·离娄章句上》。
② 《孟子·滕文公章句下》。
③ 姜义华编:《中国近代思想家文库·章太炎卷》,第 211 页。并参看第 210 页。
④ 同上书,第 213 页。
⑤ 《老子》三章。

天得一以清,地得一以宁,神得一以灵,谷得一以盈,万物得一以生,侯王得一以为天下正"①。又,"其政闷闷,其人醇醇;其政察察,其人缺缺"②。又,"治人事天,莫若啬"③。又,"治大国若烹小鲜"④。凡此种种,不一而足。

至于《庄子》,既曰无乎逃物,则何来避离人世、弃绝政治之谈?开篇题名《逍遥游》,船山解之曰:"寓形于两间,游而已矣。……小大一致,休于天均,则无不逍遥矣。……故物论可齐,生主可养,形可忘而德充,世可入而害远,帝王可应而天下治,皆吻合于大宗以忘生死,无不可游也,无非游也。"⑤既生于人间世,则乱世不能逃也,要之在何以远害;既有问于政治,则帝王可应,要之在何以郅治。故船山解《人间世》要义曰:"此篇为涉乱世以自全而全人之妙术,君子深有取焉。"⑥解《应帝王》主旨曰:"应者物适至而我应之也。不自任以帝王,而独全其天,以命物之化而使自治,则天下莫能出吾宗,而天下无不治。"⑦(此篇还载无名人说"天下之治",又载老聃论"明王之治"。)太炎先生以为老子务简,"绝圣去智"以极于道义之根、政令之原;然于人生、政治,"名其为简,繁则如牛毛。夫繁,故足以为简矣。剧,故足以为整暇矣。庄周因之以号齐物。齐物者,吹万不同,使其自己。官天下者以是为北斗招摇,不纂往古,不师异域,清问下民以制其中"⑧。是故庄子哲学,不离人世俗务,而于政治又有绝大意义存焉。《天

① 《老子》三十九章。
② 《老子》五十八章。
③ 《老子》五十九章。
④ 《老子》六十章。
⑤ 王夫之:《庄子解》,中华书局 1964 年,第 1 页。
⑥ 同上书,第 34 页。
⑦ 同上书,第 70 页。
⑧ 姜义华编:《中国近代思想家文库·章太炎卷》,第 211 页。

下》一篇,推尊古之道术以评骘时流方术,于政治可谓三致意焉。由此看来,在中国哲学的开端性决断中,"政治—哲学"乃是其最关本质的特征之一,孔孟老庄虽趣舍各殊,其致一也。

(四)

不仅如此,诸子百家学说的本源来历,盖出于王官。继司马谈《论六家要指》之后,刘歆进而分别十家,特别重要的是,他还试图系统地指证各家在历史上的政治源头:(1)儒家者流,盖出于司徒之官;(2)道家者流,盖出于史官;(3)阴阳家者流,盖出于羲和之官;(4)法家者流,盖出于理官;(5)名家者流,盖出于礼官;(6)墨家者流,盖出于清庙之守;(7)纵横家者流,盖出于行人之官;(8)杂家者流,盖出于议官;(9)农家者流,盖出于农稷之官;(10)小说家者流,盖出于稗官。"诸子十家,其可观者九家而已。"诸子出于王官之说,向来得到基本认同;近人或有辩驳者,以胡适先生为最:"若谓九流皆出于王官,则成周小吏之圣知,定远过于孔丘、墨翟。"因此,"吾意以为诸子自老聃、孔丘至于韩非,皆忧世之乱而思有以拯济之,故其学皆应时而生,与王官无涉"①。然而,胡氏驳论,难以持立。某种学说的思想渊源为一事,此种学说的时代条件为又一事,二者皆可谓"出于……";但我们不能说某一学说(例如马克思的学说)因时而起,故与其思想渊源(例如德国观念论)无涉。吕思勉先生说得对:"近人胡适据《淮南要略》作《九流不出王官论》,以驳《汉志》,殊不知《汉志》言其由来,《淮南》言其促进之动机(所谓救时之弊)。二者各不

---

① 俞吾金编选:《疑古与开新——胡适文选》,上海远东出版社 1995 年,第 462—463 页。

相妨,互相补足也。"①

冯友兰先生亦较为持中,以为"九流出于王官论"(以及后来章学诚、章太炎的发挥)反映的事实是:周朝前期"官与师不分";但后来整个社会制度解体了,其结果就是"师与官的分离"——贵族或官吏流落民间,成为私人传授学术者或职业教师。因此,可对刘歆的理论修正如下:(1)儒家者流,盖出于文士;(2)墨家者流,盖出于武士;(3)道家者流,盖出于隐者;(4)名家者流,盖出于辩者;(5)阴阳家者流,盖出于方士;(6)法家者流,盖出于法述之士。②冯先生此说的用意是不错的,但其意义却变得极为有限;而若论刘歆"把各家各归一'官'有时也是任意的",那么这里把各家各归一"士"恐怕就同样是任意的了。要言之,"诸子出于王官说"的意义,不在于各家各归一官(此处不可拘泥),而在于各家哲学皆有其政治上的源头;更加重要的是,即使在先前制度解体从而师与官分离之后,各家哲学仍一以政治为归宿——就此而论,诸子乃各立其"政治—哲学"也。正如《淮南子》所说:"百家异业,而皆务于治。"③

康有为对此颇具卓识,盛赞诸子出于王官的同时,更申之以"六艺出于王官":刘向、刘歆"犹能溯其源于先王之官守,可谓深通学术之流别矣。惜其于'六艺',如《易》掌于太卜,《书》领于外史,《诗》掌于太师,《礼》典于宗伯,《乐》掌于司乐,《春秋》为方志隶于小史,小学出于保氏,不能溯其出于王官。……向、歆之识似未及是也"④。六艺典籍,原出王官,孔子有祖述删定之大

---

① 吕思勉:《国学知识大全》,吉林出版集团 2012 年,第 11 页。
② 参看冯友兰:《中国哲学简史》,第 30—34 页。
③ 《淮南子·俶真训》。
④ 谢遐龄编选:《变法以致升平——康有为文选》,第 29 页。并参看第 46 页。

功,而诸子百家各有所取。所以康有为说:"战国名士大师,若墨翟、庄周、吴起、荀卿,皆传六艺于孔门。"①章太炎亦认为,六艺原非儒家专擅,周秦诸子皆有所承(《易》尤著,有"权舆三教,钤键九流"之说);虽各各推迹古初,承受师法,其要在于不离政治,乃说为"出于王官"也。"周时诸学者已好谈政治,差不多在任何书上都见他们政治的主张。"②"是故九流皆出王官,及其发舒,王官所不能与。王官守要,而九流究宣其义,是以滋长……"③

由此可见,在中国哲学的伟大奠基时期,"政治—哲学"就被确立为一个具有决定性意义的本质特征,而这一特征深深植根于中国哲学所固有的——非形而上学的——基本建制之中。这并不是说所谓"政治"与"哲学"之间没有任何分别(这两个术语总已表示某种至少是形式的分别),而是意味着它们之间绝无那种在形而上学的建制中才被设定起来的分割—对立。只有在如此这般分割—对立的建制中,就像真正的哲学即形而上学是在超感性的(形而上的)世界中活动的一样,政治则是在感性的(形而下的)世界中运作的;进而言之,由于在形而上学的等级制中超感性世界对于感性世界具有无所不在的优先地位,所以,前者对后者的支配和统治就将关于政治的真正知识设定为"政治形而上学",亦即通常所谓"政治哲学"。与此完全不同,我们用"政治—哲学"来表示在形而上学建制之外的中国哲学的一个本质特征,它决定性地意味着:哲学与政治向来保持着它们的内在贯通,它们之间不存在超感性世界和感性世界的分割—对立,因而其政治的实践、思考和学术根本就无须乎通过"分有"超感性世

① 谢遐龄编选:《变法以致升平——康有为文选》,第34—35页。
② 章太炎:《国学概论》,上海古籍出版社1997年,第4页。
③ 姜义华编:《中国近代思想家文库·章太炎卷》,第207页。

界的理念才开始成为"哲学的"。

"政治—哲学"既为中国哲学立于其独特建制之上的本质特征,则这一特征就成为源头主流,成为基本取向,并且在其历史性展开的总体上概莫能外。孔孟是如此,老庄亦是如此;杨墨是如此,申韩亦是如此;贾董是如此,程朱陆王亦是如此。后世或有责宋儒性理之学为虚空之学("置四海之困穷不言,而终日讲危微精一之说"),此乃末流无稽之过,散宕之失,其原盖非如此:《近思录》除"道体"一篇,岂无"齐家之道""治国平天下之道""制度""处世之方"等等诸篇? 概而言之,中国哲学就其总体、就其主流、就其基本取向来说,皆为"政治—哲学"。典籍史迹犹存,在在皆是。此间或值得一议且颇多启发者乃魏晋玄学。一般以为玄学完全隔绝于政治而纯为蹈空之谈,其实就其根底来说则不然。魏晋清谈者可区分为三:(1)正始名士(老学较盛);(2)元康名士(庄学最盛);(3)东晋名士(佛学较盛)。汤用彤先生就此议之曰:魏初名士究心于政治人伦(朝廷社会、政事人物),"然纯粹高谈性理及抽象原则者,绝不可见"[1]。魏晋间学术风气及其与政治关系的转变(学术由切近人事而趋于玄远理则)或可以嵇、阮为代表说明之:"按自东汉党祸以还,曹氏与司马历世猜忌,名士少有全者。士大夫惧祸,乃不评论时事,臧否人物。"[2]故嵇康见杀,因于政治;阮籍至慎,本非避于政治也,避祸而已。若就学术而言,这正表明嵇、阮绝非无涉于政治或无意于政治;若就避祸而言,则高明如孔孟老庄辈,岂非同然? 因此,这里出现的情势绝非"政治—哲学"之本质特征的反证,毋宁倒是此种特征在非常情势下的确证罢了。从玄学理论的根基来说,王弼

---

[1] 汤用彤:《魏晋玄学论稿》,上海人民出版社 2015 年,第 11 页。
[2] 同上书,第 13 页。

虽为玄宗之始，却绝不离间道体、器用为两截（向秀、郭象亦然）。故"玄学主体用一如，用者依真体而起，故体外无用。体者非于用后别为一物，故亦可言用外无体。……玄学即体即用，实不可谓无用而有空洞之体也（体超时空）"[1]。最后，若就玄学时代的社会风尚而言，恰恰是非常守礼因而礼学也十分发达的。章太炎先生说，在守礼和礼学两个方面，清谈家要远胜于宋代的理学家："魏晋人最佩服老子，几个放荡的人，并且说：'礼岂是为我辈设'，却是行一件事，都要考求典礼。晋朝末年，礼论有八百卷……那时候人，非但在学问一边讲礼，在行事一边，也都守礼。"[2]同样，汤用彤先生亦指出，即便是嵇康、阮籍，也并非全然反对礼教及君臣关系："嵇、阮激愤之言，实因有见于当时名教领袖（如何曾等）之腐败，而他们自己对君臣大节太认真之故。嵇康《家诫》即说不要作小忠小义，而要作真正之忠臣烈士。"[3]所谓"礼""礼学""礼教"或"名教"等等，皆属政治之大端，故玄学虽在学理上确有一偏（虚胜、玄远），却绝非有悖于"政治—哲学"之本质特征也。

在这里，可以用来进行决定性比照的西方哲学，由于其形而上学的基本建制使哲学与政治的分离成为定局，因而在其历史性展开的后果中便愈益清晰也愈益充分地反映出此种分离的实质及其尖锐性。马克斯·韦伯的《学术与政治》在这方面可说是这一传统的现代典型，是一个"为学术而学术"的哲学与实际政治分离开来的标准范例。在这个范例中，"知识上的诚实"意味着："确定事实、确定逻辑和数学关系或文化价值的内在结构是一回事，而对于文化价值问题、对于在文化共同体和政治社团中

---

[1] 汤用彤：《魏晋玄学论稿》，第 55—56 页。
[2] 姜义华编：《中国近代思想家文库·章太炎卷》，第 198 页。
[3] 汤用彤：《魏晋玄学论稿》，第 177 页。

应当如何行动这些文化价值的个别内容问题做出回答,则是另一回事。……这是两个完全异质的问题。"①约言之,对实际政治问题所持的"意见",同对政治结构等等的"科学分析"完全是两码事:在前一个领域中发声的是先知和煽动家,在后一个领域中活动的则是学者和教师。因此,出于"纯粹科学的利益",韦伯说:"一名科学工作者在他表明自己的价值判断之时,也就是对事实充分理解的终结之时。"②在这里,所谓"纯粹科学"便是"为学术而学术的兴趣",它是"价值中立"的——就其对政治和任何实际事务的"无立场"而言乃是中立的。然而,这样一种源远流长的、由形而上学基本建制来制定方向的分裂——学术与政治、理论与实践,知识与行动的截然两分——已经达到了它的极致,即使是新康德主义者李凯尔特也意识到了这种截然两分所造成的严重困境。他说,看来韦伯本人的存在就是对这种分裂的反驳:"虽然他要让事情保持分离,但他仍然是一个马克斯·韦伯,无论他是在用科学为世界'除魅',还是以政治的角色,用他的人格去吸引人们。"③至于趋向于形而上学之外的海德格尔,则十分明确地将所谓"价值中立"——"无立场"的观察的要求——揭示为一种无批判的虚假观念:"……因为凭着它所表达的表面上的科学性和客观性的最高理念的口号,它实际上将无批判提到原则性的高度,并使一种根本的盲目性蔓延。它培养了一种奇怪的素朴性(Bedurfnislosigkeit),并借助于它所要求的不言而喻性,普遍消除了批判性的追问。"④

---

① 韦伯:《学术与政治》,第 37 页。
② 同上书,第 38 页。
③ 同上书,第 141 页。
④ 海德格尔:《存在论(实际性的解释学)》,第 96—97 页。

三、作为中国哲学本质特征的"历史—哲学"

（一）

由于中国哲学整个地植根于道器不割、体用不二的基本建制之中，所以它的本质特征不仅展现为"政治—哲学"，而且展现为"历史—哲学"。换句话说，就像中国哲学向来内在地贯通于政治一样，它也始终内在地贯通于历史，它在性质、取向和构造上直接就是"历史的"（无论它采取什么样的历史态度）。因此，这里的"历史—哲学"与通常所说的"历史哲学"根本不同，后者真正说来乃是"历史形而上学"，因而同样是作为"纯粹哲学"或"理论哲学"的衍生系统或应用领域出现的。如果说，形而上学的历史哲学特别是在例如基督教哲学和黑格尔哲学中取得了特定的成功，那么，希腊哲学开端时期——由于形而上学基本建制的确立——毋宁说是排斥历史甚至是反历史的。因为在超感性世界和感性世界的分割—对立中，在由之而来的真与不真、现实与非现实的分别归属中，"历史"恰恰属于感性世界，属于变幻无定的、意见杂陈的、时间性的领域。因此，当我们用"历史—哲学"来标识中国哲学的本质特征时，就像"哲学"一词绝不意味着形而上学一样，这里的"历史"一词也绝不意味着它处在超感性世界和感性世界的分割—对立中：历史确实是感性的、时间性的，但却绝不是超感性世界的阴影领域；"历史"确实具有本质性的一度，但这种本质性唯在其自身的行程中展开和实现，而绝非来自超感性世界的理念规定。约言之，中国哲学的本质特征突出地表现为它与历史的直接勾连，而这种勾连同样植根于非形而上学的建制之中。因此，如果说章太炎先生的见地——自老、孔以来,中国学术的要件乃"历史""政事""哲学"三项①——是不错的,那么,以上三项在与西方哲学—形而上学的决定性比照中,毋宁更恰切地解说为"政治—哲学""历史—哲学"。

就像柏拉图要求在"理想国"中驱除诗人一样,西方哲学自其开端以来便非常坚决地排斥历史。这种排斥绝不是出于个人的偏爱好恶,而是最关本质地取决于形而上学的基本建制,取决于这一建制所固有的衡准尺度。正是在这样的意义上,当科林伍德概述"希腊—罗马的历史编纂学"时,专门写下了"希腊思想的反历史倾向"一节。在他看来,古希腊思想整个地具有一种十分明确的倾向,这种倾向不仅与历史思想的发育扞格不入,而且本质上"是基于一种强烈的反历史的形而上学的"。这种形而上学之所以强烈地反历史,是因为历史学家的题材乃是人类过去所做的事情,而这些事情恰恰属于一个变化着的——在其中事物不断生灭的——世界;"这类事情,按照通行的希腊的形而上学观点,应该是不能认识的,所以历史学就应该是不可能的"②。在这里,我们理应意识到形而上学基本建制的决定性作用:当"存在"与"形成"(Werden)的分离在超感性世界和感性世界的分割—对立中终成定局时,那永恒、不变、无限且完美的事物便居于独擅真理或实在的形而上学世界,"而对瞬息万变的事物之这一瞬时的感官知觉不可能成为科学或科学的基础,这一点乃是希腊人的观点中最本质的东西"③。

因为这个缘故,当稍早于柏拉图的希罗多德和修昔底德以其卓越的天才开启出历史学之后,他们的历史学不久竟成绝响,

---

① 参看姜义华编:《中国近代思想家文库·章太炎卷》,第 197 页。
② 柯林武德:《历史的观念》,第 22 页。
③ 同上书,第 24 页。

"希罗多德没有任何后继者";与其说修昔底德继承了希罗多德的传统,毋宁说他倒是结束了这一传统:"当修昔底德结束它的时候,又有谁把它传下去呢? 唯一的答案是:没有人把它传下去。"①同样是因为这个缘故,当柏拉图攻击诗人的时候,亚里士多德则认为诗歌还稍稍优越于历史学,前者比后者更科学一些:"因为历史学只不过是搜集经验的事实,而诗歌则从这些事实中抽出一种普遍的判断。"②洛维特在《世界历史与救赎历史》中更深入地讨论了这种情形。在他看来,希罗多德和修昔底德还完全在形而上学之外,并且因为这种非形而上学的思想特性,所以才未曾消除古希腊人对于历史的原初见地。在希罗多德那里,人间事物与神界事物的界限是模糊不清的;历史"所报道的事件的'意义'并没有说出来,但它不在报道的事件的彼岸,而在叙述本身之中"③。在修昔底德那里,虽然历史叙述的那种宗教背景和史诗特色趋于消散,但历史叙述的时间图式——一种周期性的循环运动——依然与先前希腊人的理解完全一致:如果所有事物的自然本性乃是不断的生灭,那么,未来就将始终以同样的(或相似的)方式重新出现。

然而,当西方哲学的形而上学"决断"真正降临之时,整个情形就发生了根本的改变:历史事件的"彼岸"出现了,历史叙述的"意义"不再居于这种叙述本身之中,它的内涵现在是要通过"目的"(Zweck)来确定了。正是由于这一决定性的转变,"甚至亚历山大大帝的那位教师[亚里士多德],也没有一部作品是探讨历史的,与诗相比,他对历史的评价很低。……对于古希腊的思想

---

① 参看柯林武德:《历史的观念》,第 32 页。

② 同上书,第 27 页。

③ 洛维特:《世界历史与救赎历史》,上海人民出版社 2006 年,第 35 页。

家来说,'历史哲学'是一个悖论。历史是政治的历史,作为这样的历史,也就是政治家和政治史学家的旨趣"①。就此而言,哲学同政治的分离以及哲学对历史的贬抑,可以说是同出一源:如果像修昔底德所主张的那样,历史乃是政治斗争的历史,而政治历史的最高法则就是无尽的变化(甚至从一个极端突然翻转到它的反面),那么,当形而上学的建制将真正的哲学同政治分割开来时,它也将历史贬黜到不真的阴影领域中去了。政治与历史的勾连,看来在早期希腊人那里还是极为紧密的(列奥·施特劳斯主编的《政治哲学史》第一章就是"修昔底德"),而这两者的联袂失势,则是由形而上学的建制性知识架构所决定的。

(二)

与此形成鲜明对照的是:中国的历史学源远流长,并且在其哲学的决定性开端之后依然长盛不衰。这种情形无论如何让西方的学者们——尤其是让那位在现代形而上学中重建历史性原理的黑格尔——惊愕不已。黑格尔说,中华帝国处于高度良好秩序的政治之中,它的政府极为公正、极为温和、极为睿智;"更令人惊叹的是,这个民族拥有自远古以来至少长达五千年前后相连、排列有序、有据可查的历史,记述详尽准确,与希腊史和罗马史不一样,它更为详实可信。世界上没有任何国家拥有这样一部连续详实的古老历史"②。如果说,印度的古老文献展现出它富于精神和深湛思想的无数宝藏,那么,在这些文献中却找不到任何"历史"的踪迹。在这一点上,中国和印度形成了最强烈的对照:前者有一种非凡卓越且能够回溯到太古的"历史",而后

---

① 洛维特:《世界历史与救赎历史》,第33—34页。
② 黑格尔:《世界史哲学讲演录》,第114页。并参看第147页。

者却没有"历史"。①不管怎样,中国的历史学成就看来是让黑格尔这位大哲印象深刻并赞叹不置了:"这种人口数量和那个国家规定的无所不包的严密组织,实在使欧洲人为之咋舌;而尤其令人惊叹的,便是他们历史著作的精细正确。"②

　　然而尽管如此,黑格尔却坚称"东方世界"——中国和印度——是在严格意义的"历史"之外的,中国的历史学在其历史方法的分类("原始的历史""反省的历史""哲学的历史")中,大概也只能算作希罗多德、修昔底德那样的"原始的历史",却无论如何不可能是"哲学的历史"。在其自身的立场上,黑格尔说得不错,他所规定的"哲学的历史"具有一种互为表里的双重意义:它在一方面意味着历史的形而上学(作为历史哲学),在另一方面又意味着形而上学的历史(作为历史构造)。就前一个方面来说,既然中国哲学始终生存于形而上学的建制之外,所以它就没有也根本无意于成为某种历史的形而上学;就后一个方面来说,既然中国哲学从来不是作为某种历史形而上学来运作的,所以它也就绝不会以一种形而上学的方式来构造历史。黑格尔的"历史哲学"乃是完成了的历史形而上学,所以它一方面要求从"原始的历史""反省的历史"上升到"哲学的历史",另一方面又将世界史行程的决定性转折点指定在形而上学的本质开始绽出的地方(波斯:"光明"与"黑暗"的对立——一种"绝对的对峙")。③这样一来,就像中国的历史学要被贬抑到较低的等级中去一样,中国的历史还根本没有进入真正的历史性行

---

① 参看黑格尔:《历史哲学》,第 57 页。
② 同上书,第 112 页。
③ 参看黑格尔:《历史哲学》,第 160—161 页;黑格尔:《世界史哲学讲演录》,第 208—211 页。

程呢。

但是，形而上学的等级制怎么能够用来强制非形而上学的历史学和哲学呢？如果说，希罗多德和修昔底德历史叙述的"意义"不在历史事件的彼岸而就在其叙述本身之中，那么，就不能说它们是没有意义的，而只能说它们没有形而上学所规定的那种意义。同样，如果说中国的历史学始终是在形而上学之外运行的，那么，黑格尔的标准对它来说就是没有实际效准的。按照黑格尔的标准，《史记》中栩栩如生的历史记述固然可算作"原始的"，但在这样的标准之外，"太史公曰"难道不是"反省的"吗？"通古今之变，究天人之际"难道不是"哲学的"吗？全部问题的核心正在于形而上学基本建制的去留取舍之间：当这一建制使希腊历史学忽忽凋零之际，在这一建制之外的中国历史学却繁花盛开；当这一建制在基督教时代锻造出"历史神学"并在近代建立起"历史哲学"时，在这一建制之外的中国历史学则既与"一种救赎史的终极目的的末世论"毫不沾边，也不像黑格尔那样将历史的本质性导回到思辨的"逻辑学"并将其完成为"真正的辩神论"（真正在历史上证实了上帝）。[1]要言之，在中国的思想史进程中，由于根本未曾发生超感性世界和感性世界的分割—对立，所以哲学与历史的原初关联——就像哲学与政治的原初关联一样——就未曾真正离散，而是依然保持着它们的内在贯通和相互归属，即"历史—哲学"：就像它的哲学始终是"历史的"一样，它的历史学也始终是"哲学的"。

中国哲学同历史的密切关联以及对历史的特别注重，在晚近的学者中是得到承认并且也时常被当作"特征之一"来谈论

---

[1] 参看黑格尔：《历史哲学》，第59、426页。

的,这里就不烦列举了。然而真正重要的是,这一特征恰恰要被理解为"本质特征",而这样的本质特征恰恰是最深刻地植根于中国哲学之本己的——非形而上学的——建制之中。因此对于我们的主题来说,需要说明的是:第一,先于中国哲学之决定性开端的原初思想状况是怎样的;第二,中国哲学的决定性开端如何在其基本建制中保持着哲学与历史的内在贯通,亦即使自身成立为"历史—哲学"。就原初的思想状况而言,刘师培先生在《攘书》"史职篇"中,据印度、欧西之例溯及原始宗教(案:彼时的情形大略相近,与轴心期突破后的"分岔"大不相同)时写道:"及反求之中土,知三代之初最崇祭祀,天事人事相为表里,而天人之学史实司之。盖称天而治,自古已然,故司天之史,或史祝并称,或史卜并列,掌祭祀而辨昭穆,非史莫由矣。……是则史也者,掌一代之学者也。一代之学即一代政教之本而一代王者所开也,故六艺之道凭史而存,九流之名离史而立,术数方术之学由史而生,综师儒之长,达政教之本,龚仁和谓周史之外无文字语言并无人伦品目,讵不然哉。"[①]刘氏此说,在细节上或有未必,在大端上却颇具卓识,不可移易也。若六艺之道凭史而存,则"道之学"即"史之学",一损俱损,一荣俱荣,内在贯通而不得相割分离:"如韩宣子观书太史,见《易》《春秋》,《书》掌于外史,《诗》采于𫐐轩,老聃苌弘以周史而存《礼》《乐》,皆六艺出于史之证。龚定庵以六经为周史之大宗,岂不然哉。"[②]由此可见,在中国较为原初的思想状况中,学不离于史,经不离于史,政教之本不离于史也。

　　然而,更加重要的是,在中国哲学的决定性开端鼎定之时,

---

① 李妙根编:《刘师培论学论政》,复旦大学出版社 1990 年,第 320—321 页。
② 同上书,第 321 页。

它的基本建制是否从根本上造成哲学与历史的分离,并且像西方形而上学的照临那样导致其历史学的迅速衰败呢? 显然不是,并且就其本质来说不是。中国哲学的开端性人物,非老、孔莫属,所以章太炎先生说,"后来老子、孔子出来,历史、政事、哲学三件,民间渐渐知道了"①。这里固然出现了根本性的精神突破(所谓"轴心期突破"),但这一"突破"却绝不像西方那样以形而上学的基本建制来定向并构造哲学,从而使政治、历史与真正的哲学分离开来,并在两个全然异质的世界中取得它们的分别归属。因此,如果说,中国哲学是以全然不同的——非形而上学的——建制来定向和构造的,因而在此建制中决然没有超感性世界和感性世界的分割—对立,那么,这一哲学之所以保持在它与历史的内在贯通之中,就像这一哲学之所以居留在它与政治的相互归属之中一样,恰恰是由道器不割、体用不二的建制来决定的。在这一建制的基础上,中国哲学之展现为"历史—哲学",就像它也展现为"政治—哲学"一样;或者毋宁说,它径直展现为"政治—历史—哲学"。

(三)

在中国哲学的开端时刻,就像孔老皆究心于政治(章太炎:"盖儒以修己治人为本;道家君人南面之术,亦有用世之心")一样,他们的哲理唯逗留盘桓于历史的近处。《史记》称老聃为柱下史,《庄子》称老聃为征藏史,《汉书艺文志》则称道家固出于史官。"孔子问礼老聃,卒以删定六艺,而儒家亦自此萌芽。"②无论问礼一事是否确然,孔子之学与历史至为切近(刘师培:"孔子

---

① 姜义华编:《中国近代思想家文库·章太炎卷》,第197页。
② 同上书,第295页。

之初亦出于史"①），而于"历史—哲学"的定向及构造居功至伟。或许主要是为了简便明白起见，章太炎先生将两位开端性大哲的功绩分别解说为：孔子宣布历史，而老子发明哲理。其说曰：孔子因不满于当时的政治，所以就去找到一个叫老子的史官，拜他为师；又和一位叫左丘明的史官一起，把《春秋》修改完全，宣布出来，传给弟子并流布到民间。此说是否确凿可以不论，但孔子"宣布历史"的莫大功绩却是毋庸置疑的："假如没有孔子，后来就有司马迁、班固，也不能作史。没有司马迁、班固的史，也就没有后来二十二部史，那么中国真是昏天黑地了。"②至于老子，其大功在于"发明哲理"。后人读《老子》五千言，对其哲理之精微深湛，定然是没有疑义的。不过太炎先生补充说，老子正因在周朝做史官，所以人事变迁看得极为分明。道家一派的伊尹、太公，无书传世，而流传的《管子》则兼杂阴阳一派，便有许多鬼话。"老子出来，就大翻了，并不相信天帝鬼神和占验的话。孔子也受了老子的学说，所以不相信鬼……以前论理论事，都不大质验，老子是史官出身，所以专讲质验。"

由此可见，在中国哲学的开端性筹划中，历史与哲理是一同进入决定性的根基中去了，而这种"历史—哲学"的通同一体则是由中国哲学的独特建制来制定方向的。只是章氏将"宣布历史"和"发明哲理"分别归于孔、老，却未必尽然。毋宁说，孔、老的奠基性功业正在于基本建制的确立，并以此建制将中国的哲

① 李帆编：《中国近代思想家文库·刘师培卷》，中国人民大学出版社2015年，第38页。

② 姜义华编：《中国近代思想家文库·章太炎卷》，第366页。并参看章氏下述说法："《春秋》始有编年之法，史法于是一变，故不可谓《春秋》之作专为拨乱反正也。"（章太炎：《国学讲演录》，第113页）

学决定性地导入"历史—哲学"的轨道上去了;因此,同样毋宁说,孔、老的学说及其划时代贡献皆在于历史—哲学,只不过在此基础上各有一偏罢了。这样的"一偏"在后来解释的"效果历史"中无疑是被极端夸大了,仿佛老子是离了历史、政治专论玄妙哲理似的,又仿佛孔子是只讲历史、政治而并无什么高明之处似的。殊不知两者是立于同一建制的基础之上,并且同样是就"历史—哲学"(以及"政治—哲学")来做出不同的阐说与发挥罢了。老子与历史的贯通看来不难辨明,孔子哲理的高明亦有一些学者出来予以指证(以康有为先生为最)。无论如何,《易传》和《中庸》皆出于孔门。所以太炎先生后来在回顾自己的学术转变时说,先前"以为仲尼之功,贤于尧舜,其玄远终不敢望老庄矣"。后来曾厄于龙泉,重籀《论语》,明作《易》之忧患,知孔子所云,理关盛衰;又以庄证孔,乃"知其阶位卓绝,诚非功济生民而已"[①]。

　　嗣后中国学术的整个发展,一以"历史—哲学"为本质特征;虽说不同的学者学派各有偏至,却无碍于哲学与历史的内在贯通。某些偏至的观点甚至会引起激烈的冲突和争执(例如朱熹同吕祖谦兄弟争论史学地位、又同陈亮争论王霸关系等),但这样的冲突争论恰恰是在——完全是在——"历史—哲学"的基地上开展出来的;离开了这一共同的基地,他们之间的争论就根本不会发生。最能表明"历史—哲学"这一本质特征的,莫过于"六经皆史"的说法了。《说文》曰:"织之从丝谓之经。必先有经而后有纬。是故三纲五常六艺,谓之天地之常经。"用现在的话来讲,"经"就是恒常的原则、原理;"经书"就是讲原则、原理的典

　　① 　参看姜义华编:《中国近代思想家文库·章太炎卷》,第245—246页。

籍。经即史,意味着原则、原理出于史,不离于史,与史相贯通;"六经皆史"意味着中国最古的六部经典出于史,不离于史,与史相贯通。"六经皆史"的大意,说之者甚藩,王通、陈傅良、王阳明、王世贞等皆有表述,但论说最详且发挥最力者当推章学诚,以至于人们常将章氏思想的主旨概括为"六经皆史也"。

"六经皆史"的一般含义是说:六经的根源在于史,并且和史有莫大的联系。关于这种情形,太炎先生解释得很明白。他说,《诗》《书》《礼》《乐》《春秋》,很显然是史的一部分或含史的性状,其中"只有《易经》一书,看起来像是和史没关,但实际上却也是史。太史公说:'《易》本隐以之显,《春秋》推见以至隐。'⋯⋯简单说起来,《春秋》是显明的史,《易经》是蕴着史的精华的"①。要理解或证明六经与史的这种关联并不太难,而在这里远为重要的是:在章学诚看来,"六经皆史"的根据实出自道器不割的立足点:"若区学术与道外,而别以道学为名,始谓之道,则是有道而无器矣。学术当然,皆下学之器也,中有所以然者,皆上达之道也。器拘于迹而不能相通,道无所不通。是故君子即器以明道,将以立乎其大者也。"②因此,若言道,言理,言天人性命之学,都不可以离开人事历史来做空论。"故善言天人性命,未有不切于人事者。三代学术,知有史而不知有经,切人事也。"③在这个意义上,"六经皆史"也就是"六经皆器";不可以离器言道,也就意味着不可以离史说经。就像舍人事而言性天,不足以知性天一样,守六经以言道,固不可以与言道也。同样是在这个意义上,那本身根源于历史且不离于历史的六经,作为原则或原理

---

① 章太炎:《国学概论》,第 18—19 页。
② 章学诚:《与朱沧湄中翰论学书》。
③ 章学诚:《文史通义·浙东学术》。

之总汇,亦必贯通于历史并不断使自身成为历史的:"事变之出于后者,六经不能言,固贵约六经之旨,而随时撰述以究大道。"①

切不可以将"六经皆史"仅仅理解为一个历史学的题材,仿佛它不过是要表明这些经典是出于往古的历史因而具有历史根源似的。毋宁说,它在作为一个历史学论说的同时,乃是一个关于中国学术的历史性(命运性)本质的道说——哲学(哲理、哲思、原则、原理)与历史(人事、政事、事变、历程)的不相分离和内在贯通,而这种"历史—哲学"的不相分离和内在贯通,又最深刻地植根于中国哲学所特有的基本建制中。因此,比如说,当王阳明和章学诚在申说"六经皆史"时,其意义是较少在于历史学的论证方面,而更多地在于宣示中国学术依其本质而来的基础定向和渊源有自的传统,以便决定性地阻止学术末流在其极端上的决堤泛滥。总而言之,正是由于中国哲学立足于非形而上学的建制之上,所以其本质特征不仅表现为"政治—哲学",而且也表现为"历史—哲学",甚至这两种本质特征在其开端性上就是互为表里和彼此一致的。正如太炎先生所说:"要之,立国[建国、政治]不可无史,《春秋》之作,凡为述行事以存国性。以此为说,无可非难。……此史之所以可贵,而《春秋》之所以作也。"②

四、大道不离人生日用

(一)

中国哲学的本质特征,今举"政治—哲学""历史—哲学"二端(其余姑不论)。但凡说为本质特征者,则必及于这一哲学之根

① 章学诚:《文史通义·原道下》。
② 章太炎:《国学讲演录》,第113—114页。

本,亦即必深深地植根于其基本建制之中。如果说,中国哲学的本质特征是植根于其独特的、非形而上学的基本建制,那么,这里就需要更加深入地考察一下这个建制本身,并使之与形而上学的建制形成更加明确的比照。我们把中国哲学立足其上的基本建制解说为"道器不割""体用不二",这两个说法的意思在这里是完全一致的和等价的;只不过"道器"之说出自中国古代典籍,而"体用"之说则本出于佛法。但后来一向就有"道体"和"器用"的对举,并将两方面的"合一"(不许分割—对立)把握为整个学术传统的根本。王弼注《老》说体用曰:"虽盛德大富而有万物,犹各得其德。虽贵,以无为用,不能舍无以为体也。"①又注《易》说体用曰:"九,刚直之物,惟乾体能用之。"(乾元用九)又:"体健居中,而用乎泰。"(泰九二)又:"体能谦谦,其惟君子。用涉大难,物无害也。"(谦初六)至于体用之归结处,则曰"体用一如"——体外无用,用外无体;即体即用,即用显体。朱熹说道器不割曰:"有道须有器,有器须有道,物必有则。"②又说道之体用曰:"大本者,天命之性,天下之理皆由此出,道之体也。达道者,循性之谓,天下古今之所共由,道之用也。"③船山说体用不二曰:"天下之用,皆其有者也。吾从其用而知其体之有,岂待疑哉。用有以为功效,体有以为性情,体用胥有而相需以实。故盈天下而皆持循之道。"④不必再行列举,对于中国哲学传统的整体和主流来说,在在皆是,概莫能外。各家各派虽歧见纷呈,趣舍万殊,但都立足于"道器不割"的固有基地之上,运作于"体用不

---

① 王弼:《老子注·上德不德章》。
② 《诸子语类》卷七十五。
③ 朱熹:《周易本义》。
④ 王夫之:《读四书大全说·中庸》。

二"的常川决定之中。是故熊十力先生晚年作《体用论》(且决然云,此作与唯识之论毫无相近处,故《新论》宜废),乃以"体用不二"为中国哲学传统(尤其是"吾儒"传统)之"最高原理"。①

大体自佛教在中国生根之后,"道器"和"体用"两说并存,时常相兼,其致一也。"体用"之说虽然晚出,却更经常地被使用;看来它有一个优点,不仅切近地合于道器不割的古义,而且更突出了"体"之所"用",亦即突出了道器不割之中大可言说的"用"的那一度。在中国哲学的基本建制中,道器之不割在于"用",道体不可以独存,道体之存"根据用";废"用"则道器相割,废"用"则"体"无以立。《易传》固深于大道,而曰"藏诸用",所谓"显诸仁,藏诸用,鼓万物而不与圣人同忧,盛德大业至矣哉!"②熊十力先生就此评论道,此一言而发体用不二之蕴:"余读《易》之显仁藏用处,深感一'藏'字下得奇妙。'藏'之为言,明示实体不是在功用之外,故曰藏诸用也。藏字,只是形容体用不二,不可误解为以此藏于彼中。体用哪有彼此?"③同样,《庄子》亦精于大道,而曰"寓诸庸",所谓"道通为一。其分也,成也;其成也,毁也。凡物无成与毁,复通为一。唯达者知通为一,为是不用而寓诸庸。庸也者,用也;用也者,通也;通也者,得也。适得而几矣,因是已"④。此处明大道"寓诸庸",与"藏诸用"一也:庸即用,用则通,道与器通,器与器亦通;废用则不通,道与器不通,器与器亦不通,如是则道不能立。故船山就"寓诸庸"解之曰:"立言者,析至一而执一偏以为一,以为道体。夫缘用而体始不可废,如不适于用

---

① 参看熊十力:《体用论》,第6页。
② 《易传·系辞上》。
③ 熊十力:《体用论》,第71页。
④ 《庄子·齐物论》。

而立其体,则骈母枝指而已。达者不立体而唯用之适。……用乎其不得不用,因而用之,其用也亦寓焉耳。适得而几,奚有于自立之体哉?"①因此,真正说来,"道惟无体"②:非谓绝无道体,明道体之不自立,寓诸庸而已矣。由此最易知晓"藏诸用""寓诸庸"的真义,亦最可明了中国哲学立足其上的基本建制。为了使"用"的意义更其显著,为了使"道器不割""体用不二"能得一言以蔽之,或可将中国哲学的基本建制在其同样完整的意义上解说为:"大道不离人伦日用。"亦可据《北溪字义》说为:"大道不离人生日用。"

这里之所以要使"用"的意义更其显著,是因为形而上学的基本建制最为决绝地将"用"从本质性的领域中排除出去,将"用"从其原初关联者那里拆解开来并且脱落开去,从而使"用"同超感性世界——亦即真正的哲学在其中活动的那个世界——的分离终成定局。在这样的意义上,"用"的那一度就在形而上学的世界中销声匿迹了。正如海德格尔所说:"关于'用'一词中真正还有待思的东西,也许 τò χρεών 指示出一条踪迹;而此踪迹很快就在存在之命运——它世界历史地展开为西方形而上学——中消匿了。"③这条踪迹的追寻牵涉对阿那克西曼德一则箴言(西方思想最古老的箴言)的翻译解说。尼采的译法是:"万物由它产生,也必复归于它,都是按照必然性,因为按照时间的程序,它们必受到惩罚并且为其不正义而受审判。"④编纂出版了《前苏格拉底残篇》的第尔斯(Hermann Diels)的译法并没有原则

---

① 王夫之:《庄子解》卷二。
② 王夫之:《庄子解》卷二十七。
③ 《海德格尔选集》上卷,第583页。
④ 参看同上书,第531页。

上的不同。此间最为关键的核心语词是："按照必然性。"与此完全不同，海德格尔对该词的翻译解说却是："根据用。""此翻译听来让人诧异，并且目前还容易引起误解：τò χρεών，我们译为'用'。"①

海德格尔是对的——从原则上来说是对的：只有在对形而上学的批判性自觉中，才可能给出对古代思想（以及东方思想）之合乎其本己性质的解说。如果说，西方哲学—形而上学的决定性开端始于柏拉图—亚里士多德一线，那么，以形而上学的建制方式及其衍生物来解说前苏格拉底的思想就只能是外在的和疏离其本质的。在阿那克西曼德那里，既没有什么逻辑学，也没有什么概念语言（概念语言"只有基于对作为'相'的存在的解释才是可能的"②），因而也没有由此而被设定起来的所谓"必然性"。按海德格尔的看法，在形而上学的建制尚未起作用的思想领域中，巴门尼德将"一"这个统一者的统一性思为"命运"，而这个得到思考的"命运"相应于赫拉克利特的"逻各斯"。"而在阿那克西曼德的'用'τò χρεών 中，命运 μοίρα 和逻各斯 λόγος 的本质先行得到了思考。"③在这样一种非形而上学的视域中，阿那克西曼德箴言中的 τò χρεών 就不是"必然性"，而要被解说为"用"（der Brauch）：就像在通常的情形和话语中"被用的东西在用中（in Brauch）"一样，"'用'现在指的是存在本身的现身方式，即存在本身作为与在场者的关系——关涉和牵连在场者本身——而成其本质的方式：τò χρεών"④。这意味着：当存在者的存在还未曾在柏拉图或亚里士多德那里被思为"相"或"实现"时，存在者根

① 《海德格尔选集》上卷，第580页。
② 参看同上书，第533、552、563—564页。
③ 同上书，第583页。
④ 同上书，第581页。

本就无须乎通过"分有"或"超越"而跃向存在;毋宁说,存在者本身便直接"关涉"和"牵连"存在,而这种关涉和牵连就是"用":让某个在场者(存在者)作为在场者而存在(在场)。

孙周兴教授在汉译此文时给出了一个译注:"阿氏箴言中的 τὸ Χρεών 通译为'必然性',而海德格尔以德文 der Brauch 译之;我们中译为'用',似可以与中国思想中的'体-用'之'用'互诠。"①这是一个颇有见地的解说。因为这里的"用"正表明在形而上学之外的那种未经离散的原初关联,即"关-系"(Ver-Haeltnis):"用(Brauch)与大道(Ereignis)[该词后译为"本有"]相互归属的地方(Ortschaft)。"②在解说巴门尼德的一则箴言时,海德格尔再度专注于"用",特别是作为动词的"需用"(Brauchen)——集"需要"与"使用"于一体(而"利用"只不过是"需用"的变异和退化)。"需用包含着适应性的应合。本真的需用并不贬低所需用者,相反,需用的规定在于,它让所需用者在其本质之中。"③只有在形而上学的建制已成定局的情况下,超感性之物才与感性之物决定性地分离开来,两者才不再保持一种"适应性的应合";相反,前者不仅开始贬低后者,而且将后者判归为纯全非本质的:超感性世界自立为真正本质性的领域,并且唯当它分离隔绝于感性世界时才实际地构成这一领域。这无非意味着:本真的"用"(需用)——与"大道"(本有)相互归属相互应合的"用"——从其原初的"关-系"处脱落了,确切些说,消匿隐遁了。

(二)

然而,"大道不离人生日用"说的是什么呢? 说的是道器不

---

① 参看《海德格尔选集》上卷,第 580 页注 1。
② 参看海德格尔:《在通向语言的途中》,第 237 页注 4。
③ 海德格尔:《什么叫思想?》,第 215 页。

割、体用不二,说的是与形而上学立足其上的基本建制根本不同的建制,说的是在此建制中"道体"与"器用"的相互归属和相互应合,说的是"所需用者"在其自身的本质中即是在"需用者"的本质之中。如果说,所谓"藏诸用"或"寓诸庸"说的就是道体与器用的"关-系"(两者相"关"相"系"),那么,《老子》所谓"道冲而用之""绵绵若存,用之不勤""反者道之动,弱者道之用"①等等,说的也是这种"关-系";而《中庸》引孔子之说曰:"道不远人,人之为道而远人,不可以为道。"②又有所谓"百姓日用而不知",所谓"君子之道,造端于夫妇;及其至也,察乎天地"③等等,同样是说这种"关-系"。尽管诸大哲论道主旨不同,取向殊异(故韩愈有"道与德,为虚位"之说),但大道不远于人间事务,不离于日用常行,却是非常一致的。唯诸家各异,而又有根本之同者,方可说为"基本建制"。在这个意义上,章太炎先生总括中国思想由国民性而来的"常轨"说:"盖自伏羲、炎、黄,事多隐怪,而偏为后世称颂者,无过田渔衣裳诸业。国民常性,所察在政事日用,所务在工商耕稼。志尽于有生,语绝于无验。人思自尊,而不欲守死事神,以为真宰,此华夏之民,所以为达。"④也是在这个意义上,刘师培先生概述中国学术自源头而来的基本取向说:"《礼记·中庸篇》之言曰,故君子之道本诸身,征诸庶民,考之三王而不谬,建诸天地而不倍,质诸鬼神而无疑,百世以俟圣人而不惑。……是则古人析理必比较分析,辨章明晰,使有绳墨之可循,未尝舍

① 《老子》四章、六章、四十章。
② 《中庸》十二章。
③ 同上。并参看刘师培的说法:"又《三礼目录》:'名曰中庸者,所以记中和之为用也。'《中庸注》:'中含喜怒哀乐,礼之所从生,政教所自始也。'又:'用其中于民,贤与不肖皆能行之也。'"(李帆编:《中国近代思想家文库·刘师培卷》,第213页)
④ 姜义华编:《中国近代思想家文库·章太炎卷》,第236页。

事而言理,亦未尝舍理而言物也。"①

如果说,周末诸子乃以此种方式来从事学术,那么后世各派的学术又如何呢?既指"大道不离人生日用"为中国哲学的基本建制,则诸派大宗必以不同的方式归属此建制,概莫能外。或有疑虑者就此生出异议,以为持道器相割、体用两立观点的大有人在,他们不是还因此而饱受批评指责吗?然,其实不然。中国哲学——只要它是中国哲学——就运行在道器不割、体用不二的建制性轨道上,诸家各派从未真正越出过这一轨道,只不过在此轨道上或有一偏而已;并且只要这一偏(特别是其末流极端)的倾向开始有可能妨碍到或威胁到建制本身时,它就立即会遭遇到最强有力的遏制——这种遏制之所以是强有力的,恰恰是因为它出自"大道不离人生日用"这一建制本身,亦即出自诸家各派不言而喻且理所当然地一向听从的根源性指令。

我们且以程朱理学为例来表明这一点。之所以选择程朱理学,是因为它常被后世批评为有道器体用相分相离之倾向,是因为它近来又常被看作是属于(或近于)"柏拉图学派"的。其实绝非如此:(1)大程子曰:"盖'上天之载,无声无臭',其体则谓之易,其理则谓之道,其用则谓之神,其命于人则谓之性。"②(2)大程子曰:"仁至难言,故止曰:'己欲立而立人,己欲达而达人。能近取譬,仁之方也。'欲令如是观仁,可以得仁之体。"③(3)小程子曰:"凡物有本末,不可分本末为两段事。洒扫应对是其然,必有所以然。"④(亦常说为"洒扫应对,便是形而上者")(4)小程子

---

① 《刘师培论学论政》,第 79 页。
② 《二程遗书》卷一。
③ 《二程遗书》卷二上。
④ 《二程遗书》卷十五。

曰:"至微者理也,至著者象也。体用一源,显微无间。"①(5)杨中立问曰:"《西铭》言体而不及用,恐其流遂至于兼爱,何如?"伊川先生曰:"……子比[墨氏兼爱]而同之,过矣。且彼欲使人推而行之,本为用也,反谓不及,不亦异乎?"②(6)小程子曰:"性命孝弟,只是一统底事,就孝弟中便可尽性立命。"③(7)朱子曰:"仁者体之存,知者用之发,是皆吾性之固有,而无内外之殊。"④(8)朱子注"志于道"曰:"志者,心之所之之谓。道,则人伦日用之间所当行者是也。"⑤(9)朱子曰:"言天者,遗人而无用;语人者,不及天而无本。专下学者,不知上达而滞于形器;必上达者,不务下学而溺于空虚。"⑥(10)《北溪字义》"中庸"一条曰:"文公解庸为平常。非于中之外复有所谓庸,只是这中底发出于外,无过不及,便是日用道理。"又"道学体统"一条曰:"圣贤所谓道学,初非有至幽难穷之理,亦不外乎人生日用之常耳。"⑦

所举既繁,俯拾皆是,就不再赘述了。以此足见道学先生亦立于"大道不离人生日用"的建制之上。宋明理学或有一偏,其偏或在末流的极端处有越界之虞,于是便有矫枉的发生(如明末三家,如颜习斋,如戴东原,如章实斋等等)。矫枉时或过正,过正亦是一偏;得一偏而有发越,发越至极则复归于正——中国学术常以这种方式发展,而其基本建制则正由此种发展而显现出来。此种发展固有偏至,固有流弊,要之终归于"大道不离人生

---

① 陈颐:《易传序》。
② 朱熹、吕祖谦编:《近思录》,第117页。
③ 《二程遗书》卷十八。
④ 朱熹:《中庸注》。
⑤ 朱熹:《论语集注》。
⑥ 朱熹:《韶州州学濂溪先生祠记》。
⑦ 陈淳:《北溪字义》,第48、75页。

日用"也。是故玄学家亦称"体用一如",亦称"名教内自有乐地";而禅宗大德乃说"担水砍柴无非妙道",甚至说"吃饭睡觉无非妙道",诚所谓"真佛只说家常话"也。

（三）

如果说"藏诸用"或"寓诸庸"尤为清晰地揭示出中国哲学立足其上的基本建制，并且尤为突出地强调了"用"在此建制中的持存及其不可予夺的地位和意义，那么，比照地看来，正是形而上学的基本建制在西方哲学的开端处将"用"或"根据用"从真正的哲学中决定性地驱逐出去，以至于海德格尔要从阿那克西曼德的古老箴言中去重新找回"用"（需用）与"大道"（本有）的原初"关-系"，并试图在《存在与时间》中将"用"重新置入超出形而上学的哲思之中。①由形而上学来定向的西方哲学之排除"用"的那一度，在亚里士多德那里已经说得再明确不过了：较高的学术乃是研究原理与原因的学术，而最高的原因作为终极目的乃是"至善"；因此，哲学家根本无意于制作，也无意于切合实用："他们探索哲理只是为想脱出愚蠢，显然，他们为求知而从事学术，并无任何实用的目的。"②这样一来，就像整个学术进入形而上学的等级安排中并由此来制定方向一样，最高的学术，模范的学术，即哲学，便生存于并且活动于最纯粹的"为学术而学术"的境域之中。

与之截然不同的是，由于中国哲学的基本建制拒绝超感性世界和感性世界的分割—对立，拒绝"真与不真"在两个世界中

---

① 参看海德格尔：《存在与时间》，生活·读书·新知三联书店 1987 年，第 21—22、54—55、83—89、220 页。

② 参看亚里士多德：《形而上学》，第 48 页。

的分别归属,所以,"用"不仅被稳固地保持在哲学学术之中,而且直接意味着形而上者与形而下者之间活动着的通达,意味着两者之间的原初关联和相互归属。"藏诸用"或"寓诸庸"指示的正是这样的情形,而这样的情形又在中国的哲学乃至于整个学术中得到充分的表现和反映。梁启超先生在写《儒家哲学》时说,这个标题只能算是"吾从众"而姑且用之,因为"单用西方治哲学的方法研究儒家,研究不到儒家的博大精深处"。最恰当的用语乃是"儒家道术",亦即《庄子·天下》篇所谓"古之道术有在于是者"的"道术"二字。"道是讲道之本身,术是讲如何做去,才能圆满。""道术交修,所谓'六通四辟小大精粗其运无乎不在'。儒家全部的体用,实在是如此。"①梁先生说得对:若"道"指"体","术"便指"用",而"道-术"无非意味着"体-用"。

可以补充的是,"道-术"之义绝不仅限于儒家哲学,"古之道术"固不必说,即便后来诸子各得一偏而为"方术"者,亦古"道-术"之流裔,而绝非割"体-用"为二也。正如刘师培先生所说:"然《庄子·天下篇》谓诸子之起源,均谓'古之道术有在于此',某某'开其风而说之'。……又《庄子·天下篇》以诸子为方术,谓'天下之治方术者多矣'。盖方术者,各推所学以求致用之谓也。"②《说文》训"道"为"所行道也",故亦谓之"行",引申为"道理";训"术"为"邑中道也",引申为"技术"——此即"道-术",与现代所谓"技术"全然不同,或可从《庄子》寓言中得到某种提示:庖丁为文惠君解牛毕,释刀对曰:"臣之所好者道也,进乎技矣。……动刀甚微,謋然已解,如土委地,提刀而立,为之四顾,踌躇满志,

---

① 王德峰编选:《国性与民德——梁启超文选》,上海远东出版社 1995 年,第 334—335 页。

② 李帆编:《中国近代思想家文库·刘师培卷》,第 273 页。

善刀而藏之。"①这意味着:道之行即是道之用,确切些说,即道即用,即用即行,道之行也。执此而谈,则所谓"道术",正是依循"大道不离人生日用"的建制来取得基础定向的。中国传统哲学(乃至于如章学诚所说的全部"文章学问")既为"道术",亦必是在此建制的定向中生存、运行和发展的。因此,中国哲学就其本质来说一向就在形而上学之外,一向就不依形而上学的基本建制来驱离"用"的那一度,而且一向就绝非通过排除"用"来构造"为学术而学术"的纯粹性,并使自身登临这种纯粹性的顶峰。

这样一来,中国不是就没有所谓"纯粹的哲学"了吗? 是的,确实如此。不过我们一点都不必为此感到惋惜或不安,因为这样的"纯粹性"正是通过使超感性世界分离隔绝于感性世界而成为可能的,是通过拒斥"用"的那一度而得以形成的,一句话,是在形而上学的建制及其等级框架中才成为定局的。而一向在形而上学之外生存的中国哲学唯在"道-术"之中,在"大道不离人生日用"的建制中居有自己的本质并因此而得到满足,为什么要去企慕那种与本己的生存格格不入的"纯粹性"呢? (就像好酒的人为什么要去企慕只有化工厂才会用到的纯酒精呢?)不唯如此,在形而上学的基本建制尚未起作用或从不起作用的地方,根本就不存在这种意义上的纯粹性和非纯粹性、纯洁之物和粗糙之物、高贵等级和低贱等级之间的壁垒鸿沟,根本就不存在由这样的等级制来作为标准的评判尺度。所以海德格尔在提及西方形而上学久已荒疏的"用"("需用",Es brauchet)时,引用了荷尔德林题为《泰坦》的赞美诗:"因为在牢靠的尺度下,也需用粗糙之物,使纯洁之物得以自识。"并就此解说道:"'……在牢靠的尺

---

① 《庄子·养生主》。

度下'，也即在大地上天空下，唯当纯洁之物准许粗糙之物接近自身而进入本质近处并且把它保持于其中时，纯洁之物才可能作为纯洁之物而存在。"①这绝不意味着否定纯洁之物却只肯定粗糙之物，而是认粗糙之物作为如此这般被需用的东西在本质上是理所当然的。"因为在'牢靠的尺度'下，既没有纯洁之物的骄横，也没有粗糙之物的专断——与它所需用的它者相分离。"②

由此可见，在形而上学的建制不起作用的地方，亦即在形而上者与形而下者不被分割—对立的地方，粗糙之物就始终伴随在纯洁之物的近处，纯洁之物就始终贯穿于粗糙之物的运行之中。正如《易传》所说："是以明于天之道，而察于民之故，是兴神物以前民用。"③或如《中庸》所说，神"洋洋乎如在其上，如在其左右"④。在这样一种根本性的建制中，何来分开两立的超感性世界和感性世界，何来各属一边的纯洁之物和粗糙之物，又何来在此分别高下的等级中居于顶端的神或上帝？在这样的哲学建制中，若说理一气之关联便会陷入非存在的"物质"之中，若说魂不过是魄上的光亮便属于纯粹的唯物主义，实在是无稽之谈；在这样的哲学建制中，若在一路向上的等第中安排出诸种"境界"（执此而谈者甚多且往往以此自诩高明），则尤为不伦。殊不知在中国哲学中，"天视自我民视，天听自我民听"⑤；殊不知在中国哲学中，"涂之人可以为禹"⑥；殊不知在中国哲学中，"学于圣人，斯为贤人。学于贤人，斯为君子。学于众人，斯为圣人"⑦。要言之，在中国哲学

---

① ② 海德格尔：《什么叫思想？》，第 224 页。

③ 《易传·系辞上》。

④ 《中庸》十六章。

⑤ 《尚书·泰誓》。

⑥ 《荀子·性恶》。

⑦ 章学诚：《文史通义·原道上》。

的基本建制中,道无乎逃物,道不离于人生日用,故绝无此种意义上的上下隔绝、贵贱相分。太炎先生说:"言道在稊稗、屎溺者,非谓惟此稊稗、屎溺可以为道;言墙壁、瓦砾咸是佛性者,非谓佛性止于墙壁、瓦砾。"①这里的要义恰恰在于:道无处不在,形而上者与形而下者绝不可割裂开来。不割,则上通而下达;不割,则真正说来无所谓上与下:上者必及于下,而下者必不止于下也。

这里确实没有所谓"纯粹哲学",因为纯粹哲学是在形而上学建制的蒸馏中才被不断羽化为纯粹者的。按照这种"纯粹"的标准,运行在道器不割、体用不二的建制——非形而上学建制——之中的中国哲学,确实包含着无穷无尽的"杂质"。然而如此这般的种种"杂质",难道不是属于这一哲学植根其中的大地之本质吗?难道不是供养这一哲学得以生存的源头活水吗?看来只有在对形而上学的批判性意识中,我们才能真正理解中国哲学:它无意于构造出一个纯粹的、自身透明的、"水晶宫般的"世界,也无意于飞升到一个适合于"空中生物"的、居住着柏拉图主义信徒的"拉普特飞岛"②,而是一双脚踩在唯因其多有杂质才如此丰饶而坚实的大地上,并抬起头来从事于和生活水乳交融的哲思。这根本不是什么缺陷,而不过是表明中国哲学的非形而上学本质罢了。作为这种非形而上学本质的某种提示,或如海涅所说的那样:唯因马丁·路德身上沾带了那么多的"大地因素",那么多的"热情渣滓"和"尘世混合物",他才能够成为伟大的"身体力行者"③;或如马克思所说的那样:在形而上学的

① 姜义华编:《中国近代思想家文库·章太炎卷》,第162页。
② 参看巴雷特:《非理性的人》,上海译文出版社1992年,第124—127页。
③ 参看海涅:《论德国宗教和哲学的历史》,第38—39页。

魔法被解除的地方,人对世界的任何一种人的关系(视觉、听觉、嗅觉、味觉、触觉、思维、直观、情感、愿望、活动、爱等等),便通过自己同对象的关系,在占有对象的同时占有自己的人的现实:"人以一种全面的方式,就是说,作为一个总体的人,占有自己的全面的本质。"①

① 《马克思恩格斯全集》第 3 卷,第 303 页。并参看第 302—304 页。

由"生活世界"的趣舍综观中西哲学之根本差别

    任何一种民族精神的本质特征总是最集中地反映在它的哲学中,尽管这样的本质特征又更深刻地植根于该民族生活于其中的社会现实之中。在"世界历史"的基本态势下,中国哲学的自我理解在很大程度上需要通过与西方哲学的决定性比照才成为可能,而这种比照的真正意义又只有在牢牢地把握住中西哲学之"根本差别"时才开始显现出来。在前此的论文中,我们从关于中西哲学之根本差别的整个探讨中得出的基本结论是:"西方哲学的实质是形而上学,而中国哲学则在形而上学之外,并且依其本质一向就在形而上学之外。"

    这一结论是以追究不同哲学立足其上的"基本建制"为枢轴来展开的。西方哲学的本质性出自形而上学的基本建制,即超感性世界和感性世界的分割—对立,以及在此分割—对立中真与不真、实在与非实在的分别归属。与之截然不同的是:中国哲学立足于"道器不割""体用不二"的独特建制之中,亦即立足于一种使形而上学从根本上成为不可能的建制之中。当这样一种由哲学基本建制而来的决定性分辨大体达成之际,本文试图在"生活世界"的主题上对此种分辨做一个总结性的探讨,以便更加集中也更加充分地表明:中西哲学在其开端性决断上的根本差别如何贯穿于并且支配着中西哲学全然不同的历史性进程。这个主题之所以在这里尤为合适,是因为对"生活世界"的趣舍——确切些说,对生活世界的守护或是贬黜——不仅能够成为标识中西哲学判然两途的分水岭,而且由于它特别地切近于两类哲学植根其中的基本建制,所以该主题的阐明对于中西哲学之"根本差别"的整全理解来说,就会具有非同寻常的概括作用或统摄意义。本文考察的要点是:(1)形而上学的基本建制及其对生活世界的贬黜;(2)"道器不割""体用不二"的基本建制及其与生活世界的本质勾连;(3)中国哲学对于生活世界的居有与守护;(4)形而上学的历史性解体与"生命哲学"的当代意义。

一、形而上学的基本建制及其对生活世界的贬黜

(一)

"生活世界"的概念,特别地关联于胡塞尔的晚期著作《欧洲科学危机和超验现象学》(1936年)。这部著作的一节标题是:"生活世界是自然科学的被遗忘了的意义基础"。在此节中,关于"生活世界"的基本表述如下:"然而,最为重要的值得重视的世界,是早在伽利略那里就以数学的方式构成的理念存有的世界开始偷偷摸摸地取代了作为唯一实在的,通过知觉实际地被给予的、被经验到并能被经验到的世界,即我们的日常生活世界(unsere alltaegliche Lebenswelt)。"①这是一个"前科学的"世界,在这个世界中,我们还根本看不到什么理念式的存在,也看不到几何的空间、数学的时间以及它们的一切形状。但是,正因为生

---

① 胡塞尔:《欧洲科学危机和超验现象学》,上海译文出版社1988年,第58页。

活世界是一个前科学的世界,它才能够成为自然科学立足其上的意义基础。而这一基础之被遗忘了的意义首先就在于:科学为之服务的根本目的必存在于这种前科学的生活之中,并且必与其生活世界相关联。"人们(包括自然科学家)生活在这个世界之中,只能对这个世界提供出他们实践和理论的问题,在人们的理论中所涉及的只能是这个无限开放的、永远存在未知物的世界。"①正是基于这种"可能的经验的开放的无限性",我们才通过几何的和自然科学的数学化为生活世界裁制了一件"理念的衣服"(Ideenkleid),即客观科学之真理的衣服。这意味着,只是在生活世界广阔无垠的基础之上,才生发出并且构造起穿着理念衣服的"科学世界",而这一世界却以其庞大的建筑掩盖了它本源的意义基础。在胡塞尔看来,这一进程是特别地以伽利略为起点的:伴随着生活世界隐退到它的理念的衣服——代表生活世界或装扮生活世界的"符号的衣服"——背后并因而被遗忘,前科学的"直观的自然"也就决定性地被"理念化了的自然"取而代之了。②

很明显,"生活世界"的概念在这里是特别地和反思"欧洲科学危机"这一思想任务相联系的;同样很明显,这一思想任务的深刻程度将不可避免地触动现代形而上学——由笛卡尔肇其始端的"我思哲学"或"主体性哲学"——的构造本身,并导致对这一构造的意义深远的批判。在胡塞尔的批判中,伽利略所构造的"世界"是一系列抽象的结果:它抽象掉了"作为过着人的生活的人的主体",抽象掉了一切精神的东西以及物在人的实践中所具有的文化特性,结果就使事物成为纯粹的物体(对象);而对象

① 胡塞尔:《欧洲科学危机和超验现象学》,第60页。
② 参看同上书,第58—62页。

的总体就是"世界",即"封闭的物体世界"。但是,只要这样的对象世界是封闭的,那么与之对待的"主体"就势必同样是封闭的,也就是说,对于封闭的物体世界来说它是自我封闭的。"显然,这就为二元论开道铺路。此后不久,二元论就在笛卡尔那里产生了。"①笛卡尔的二元论设定物理实体和心理实体由于根本属性上的差别而彼此分离隔绝,这就意味着世界被分裂为二:自然世界和心灵世界;或者,自在的自然和心理方面的存在者。②如果说,在胡塞尔看来,以这种分裂为前提的心理学的物理主义和自然主义根本无法理解起主导作用的"主体性",而克服欧洲科学危机的关键又恰恰在于批判地深思主体性之谜("一切谜的谜中之谜"),那么,生活世界的概念无疑是同这种深入于主体性——现代形而上学的真正出发点——的批判性努力本质相关的:为了深入地反思自然科学(特别是精确自然科学)的原初意义,为了消除科学自身无法理解的意义转移和误入歧途的自我解释,"我们处处想把'原初的直观'提到首位,也即想把本身包括一切实际生活的(其中也包括科学的思想生活),和作为源泉滋养技术意义形成的、前于科学和外于科学的生活世界提到首位"③。

至于胡塞尔对现代形而上学出发点的批判以何种方式来达到自己的目的,还不是这里要讨论的;至于他对"主体性之谜"的沉思采取何种定向并推进到何种程度(在这方面有许多不同的理解和争论),也不是现在就须关注的。对于我们的主题来说,在这里特别重要的是:胡塞尔的批判性反思如何不可避免地引达"生活世界"的概念,而这一概念又如何不可避免地——并且

---

① 胡塞尔:《欧洲科学危机和超验现象学》,第71页。
② 参看同上书,第71、73页。
③ 同上书,第70页。

是意义深远地——大大超出了胡塞尔本人对之加以运用的初始取向与目标。从较为限制的方面来说，"生活世界"的概念在于揭示"科学世界"的意义基础；从更为广泛的哲学议题来说，这一概念的内容和含义是如此地丰富而辽远，以至于它几乎完全不可能被局限在特定意图的范围内或定向上。对于胡塞尔来说，现象学的早期工作就并不限于论证科学知识合理性的任务，而是更多地指示着"我们关于世界的自然经验的总体"。如果说，这一工作已表明在思维方式上与当时占统治地位的新康德主义（后者从未对所谓世界的自然经验发生过兴趣）相对立，那么，胡塞尔试图深入"直接生活"意识的领域，就在很大程度上为生活世界的概念做好了准备，就像这一概念也为哲学上相当不同的意图和取向做好了准备一样。伽达默尔曾就此写道："生活世界没有把哲学的任务限制在科学的基础方面，而是把它扩展到日常经验的广阔领域。从而，不难理解胡塞尔后期著作中提出的生活世界概念的丰富含义为什么可以被许多学者所承认和接受，尽管这些学者本来并不打算遵循他的超验还原方法。"①

看来，"生活世界"是为数不多地获得了巨大成功的一个新词——它"在当代思想界引起了令人震惊的反响"。如果像伽达默尔所说的那样，"生活世界"不仅集中着胡塞尔自己探索的东西，而且是"长期以来一直被寻求和探索的东西"，那么，我们就不难理解为什么这个词在当代思想界引起的反响会是"令人震惊的"了。②尽管胡塞尔非常不同意舍勒和海德格尔对其现象学原则的批评性改变（坚称他们两人没有理解"超验还原"的真正意义），但是，这样的改变不仅声势浩大地发生了，而且特别是由

---

① 加达默尔：《哲学解释学》，第181页。
② 参看同上书，第150—151页。

于海德格尔同学院派哲学传统的决裂,其结果竟"像是向未知领域所作的一种新的突破"①。这个未知领域就像长期以来一直被寻求和探索的东西一样,似乎都意味深长地汇聚着也应和着来自"生活世界"的呼声和指引。如果说,海德格尔以"此在在世"的纲领开展出他对"意识"主体所做的本体论批判,从而彻底颠覆了现代形而上学的立足点,那么,制订一种"生活世界的本体论"就会是一项真正的、不可避免的任务(胡塞尔本人也承认这一任务,尽管是第二位的任务)。②

就事情的实质来说,这样的任务有其更早的源头,而它的历史性展开——无论以何种方式,也无论进展到哪一步——都卓有成效地开启出一种前所未有的哲学视域:这样的视域在多大程度上触犯并动摇一般形而上学的基本建制,它也就在多大程度上敞开并绽露生活世界的隐秘边缘;因为形而上学的建制正就意味着生活世界的跌落,意味着这一世界在此跌落中被普遍地遮蔽起来并因而成为须得突破的"未知领域"。决定性的转折点是伴随着"绝对精神的解体过程"开始的,正是在这里出现了哲学立场上真正的划时代意识:它不仅是意识到离开了一种恒久稳固的立场,而且更主要的是有意识地退出和拒斥这样的立场。当黑格尔站在形而上学的制高点上,将超感性世界的统治权扩展到无远弗届的尽头时,形而上学历史的命运性转折却由"上帝死了"一语被道说出来:超感性世界腐烂了、坍塌了,不再具有约束力了。正是在这样的意义上,洛维特在谈论此种哲学上的划时代意识时写道:"费尔巴哈对黑格尔哲理神学的感性化和有限化绝对是我们如今所有人——有意识地或无意识地——处身于

---

① 参看加达默尔:《哲学解释学》,第 224 页。
② 参看同上书,第 181 页。

其上的时代立场。"①如果注意到这样的时代立场是伴随着对一般哲学—形而上学的批判来为自己开辟道路的,如果还注意到对整个哲学—形而上学的批判又引人注目地以"生活""生命""实践""生存""存在"等名义(如费尔巴哈、马克思、基尔凯郭尔、尼采、狄尔泰、柏格森、舍勒、海德格尔等)来为自己制定方向,那么,我们就很容易理解"生活世界"这一概念所特有的感召力和启发作用了。它极具特征地指示着时代立场的基本趋势,也最富内容地开展出一个在以往的哲学中被锁闭的辽阔领域,尽管由之而来的种种探索及其取向不可避免地超出——极大地超出——胡塞尔本人对这一概念的运用方式。

由此可见,"生活世界"的概念是获得了一个至为广大的意义领域,这个领域是在对形而上学的批判性意识中被有力地扩展开来并得到广泛采纳的。我们在这里不想涉及"胡塞尔新型生活世界实践的思想"在他本人那里被推进到何种程度,也不必去追究生活世界的概念是否"具有驳倒胡塞尔超验思想框架的革命力量"。②对于本文的论题来说重要的是:"生活世界"的概念为相当不同的哲学派别和哲学活动留下了广阔的探索空间,尤其是为批判地理解形而上学本质的时代立场找到了一个尽管笼统但却能够汇聚多方意图的共同口号。之所以如此,是因为这一时代立场的趋势是要去触动并揭破被哲学—形而上学所贬黜、所遮蔽的那个领域,而"生活世界"——无论以何种方式、在何种取向上被吁求——却总是有力地指向并提示着这个领域。"生活世界"的概念,就其并不局限于某位哲学家的用法而言,正

---

① 洛维特:《从黑格尔到尼采》,生活·读书·新知三联书店 2006 年,第108 页。

② 参看加达默尔:《哲学解释学》,第 193—194 页。

是在如此这般的意义领域中活动和起作用的；如果说，这样的意义领域最关本质地牵涉对现代形而上学乃至对一般形而上学的批判性意识，那么，我们也就有理由在此种意义上来使用"生活世界"一词了。

（二）

对生活世界的贬黜和遮蔽，在尼采所谓"形而上学的心理学"中得到了非常清晰而明确的批判性揭示："这个世界是虚假的——因此有一个真实的世界。这个世界是有条件的——因此有一个无条件的世界。这个世界是充满矛盾的——因此有一个无矛盾的世界。这个世界是生成着的——因此有一个存在着的世界。"[①]在这里，两个尖锐对立的世界被构造出来：所谓有条件的、充满矛盾的、生成着的世界，即虚假的世界，也就是我们生活于其中的那个世界——在此种意义上"生活世界"；而与之截然相反，所谓无条件的、无矛盾的、存在着的世界，即真实的世界，也就是从根本上有别于"生活世界"的另一个世界——我们姑且称之为"太上世界"。这两个世界不仅是相互分离隔绝的，而且就其本质来说是彼此尖锐对立的：虚假的世界对立于真实的世界。如果说，我们生活于其中的那个世界是令人痛苦的，那么，在尼采看来，由痛苦激发出来的愿望就通过"形而上学的心理学"来形成一系列的"谬误推论"。在这样的谬误推论中，人们从想象中建筑起了另一个世界，即"太上世界"。这个世界的横空出世意味着什么呢？它意味着对生活世界——我们生活于其中的那个世界——的敌视与怨恨。

---

① 《尼采著作全集》第 12 卷，第 372 页。

如果说形而上学在心理学上起源于对生活世界的敌视与怨恨,那么,它在哲学上又是以何种方式被筹划出来并且被构造起来的呢？以这样一种方式：它被称为"柏拉图主义",而柏拉图主义首先就意味着形而上学的基本建制,意味着这一建制在思想史行程中的决定性到达。我们在前此的论文中曾把形而上学的基本建制最简要地概括为：(1)将超感性世界和感性世界(形而上的世界和形而下的世界)分割开来并且对立起来；(2)认真理或实在仅仅属于超感性世界,而不属于感性世界；(3)如果感性世界中的个别事物或多或少可被视作真的或实在的,那么这只是由于它们"分有"了超感性世界的理念。正是在这样的基本建制中,两个世界的分割—对立乃成定局：一个有条件的、充满矛盾的和变化着的世界乃是感性的世界,而另一个无条件的、无矛盾的和存在着的世界则是超感性的世界；就像前者乃是形而下的、世俗的和此岸的世界一样,后者乃是形而上的、神圣的和彼岸的世界。同样是在这样的基本建制中,两个世界在真实对立于虚假意义上的分别归属乃成定局：由于真理或实在仅仅属于超感性世界,而不属于感性世界,所以这个有条件的、充满矛盾的和变化着的感性世界乃是"虚假的世界",而与之相反的那个无条件的、无矛盾的和存在着的超感性世界则是"真实的世界"。最后,也是在这样的基本建制中,一切事物(无论是感性事物还是超感性事物)得以布列置放的等级制乃成定局：就像诸理念依其同最高理念的切近程度而属于不同的等级一样,诸感性事物依其同理念世界的关联情形而具有不同的等级；但在这样的等级制中,最关本质且最具决定性意义的等级被截然分判为两个世界：真实的和虚假的,形而上的和形而下的,彼岸的和此岸的,原型和摹本,真理的国度和阴影的领域。

生活世界——我们在其中生活的那个世界——属于哪一边或哪一界呢？毫无疑问，只是在形而上学的基本建制已然确立的情形下，才会出现这样的问题，才可能去询问它在两个分割——对立的世界中属于哪一边或哪一界；同样毫无疑问，只是在形而上学的建制性布局中，生活世界才恰恰属于那个有条件的、充满矛盾的和变动不居的世界，也就是说，属于依这样的本质特征而被规定的"感性世界"，即形而下的世界、世俗的世界，并因而对立于那个以相反的本质特征而被规定的"超感性世界"，即形而上的世界、神圣的世界。如果说，形而上学的基本建制不仅决定性地分割开超感性世界和感性世界，而且从根本上将两者标识为真实的世界和虚假的世界，那么，这一建制就还意味着前者对于后者来说的优先地位，意味着前者对于后者无所不在的支配和统治，并且意味着后者的本质性将最终被导回到前者之中。在如此这般地分割开来的两个世界中，"生活世界"便沦为下界或此界，就像"太上世界"擢升为上界或彼界一样；两界之间的关系在形而上学的建制中被设定为"分有"，就像此界向彼界的过渡在这一建制中被命名为"超越"一样。

由此可见，正是在形而上学的历史性开端已然确立、在形而上学的基本建制起支配作用的地方，"生活世界"——我们生活于其中的那个世界——才开始属于和超感性世界分离隔绝的感性世界，才开始成为与"神圣的世界"相对立的"世俗的世界"，并且才由此遭遇到决定性的贬黜而从此处于就其本身来说是在真正的"存在"之外的、非本质的卑下地位，以至于要到超感性世界的腐烂和坍塌（"上帝死了"）之际，要在对形而上学的批判性意识成为时代立场的趋势之时，"生活世界"才仿佛从其向来所属的无限黝暗中重新冒出头来，并且成为对于哲学思想来说尤其值得一问的基础性领域："'生活世界'这个词在当代思想界引起了令人震惊的反响。一个词往往是一个答案。'生活世界'这个新词回答的是什么问题呢?"①这个新词虽然主要是由胡塞尔提供出来的,但它的意义取向却指示出一个在形而上学的基本建制中一向被锁闭的问题领域;这个问题领域的解锁在一种划时代的意识——对形而上学的批判性意识——中汲取了巨大的动力,正是这样的动力使得"生活世界"一词收获了广泛的关注和意义深远的成功。

(三)

如果说,对生活世界的多重贬黜是通过形而上学的基本建制而成为定局的,那么,事实上在西方形而上学的"前史"中,感性事物和超感性事物的渐次分离以及两者间的高低分判,就已经处在快速的积累和酝酿中了。例如,在赫拉克利特看来,感觉的确信是没有真理的,因为感觉确信的东西实际上并不是真正的存在,而思想(被思维的存在)才是真正的存在。在这样的意义上,"人的眼和耳是最坏的证人,如果他们有着粗野的灵魂的话。理性(λόγos)是真理的裁判者……是唯一神圣的、普遍的裁判者"②。同样,巴门尼德的告诫是:你必须保持你探究的思想,使之远离你习惯于遵从的"意见"的道路,你也不要顺从轻率马虎的眼睛和声音嘈杂的耳朵,而必须单用理性来引导你思想的道路。黑格尔就此评论说:这意味着你要使自己从一切的表象和意见中解放出来,并且否认它们有任何真理;尽管这一点一开始还朦胧不明确,但"与这点相联结,就引起了这样的辩证法,

---

① 加达默尔:《哲学解释学》,第150页。
② 黑格尔:《哲学史讲演录》第1卷,第313页。

即:变化的东西没有真理;因为当人们把这些规定当作有效准时,他们就会遇到矛盾"①。

　　我们在这里不是已经看到两种非常不同的东西——有矛盾的东西和无矛盾的东西、变化着的东西和存在着的东西、不可凭信的东西和唯一值得凭信的东西,一句话,感性知觉的东西和超出感性知觉的东西——之间分开两立的迹象了吗? 是的,确实看到了,但也还只是尚不明确地涌动着的迹象而已。因为决定性的分开两立是以它们被分割—对立为两个世界(超感性世界和感性世界)为前提的,是以这两个世界被分判为真实的世界和虚假的世界为根据的,而这样的分割—对立以及它们在真实与虚假意义上的分别归属则是在形而上学的基本建制中方始成为定局的,就像"生活世界"从其原初的关联域中脱落开来并遭遇其命运性的贬黜同样是在这一建制中方始成为定局的。如果说,哲学—形而上学的真正开端取决于形而上学基本建制的确立,那么,对生活世界的贬黜也就在此获得了它的立脚点和出发点。确实,赫拉克利特的箴言中还保持着"诸神也在场"的生活场景,甚至有关苏格拉底的种种记述也与柏拉图相当不同,还存留着他与生活世界的就近联系:"他的哲学和他研讨哲学的方式是他的生活方式的一部分。他的生活和他的哲学是一回事;他的哲学活动绝不是脱离现实而退避到自由的纯粹的思想领域中去的。……他研讨哲学的方式本身毋宁说就包含了同日常生活的联系,而不像柏拉图那样脱离实际生活,脱离世间事务。"②

　　然而尽管如此,苏格拉底是已经处在形而上学建制之决定性到来的那个前夜了,而他的哲学还同日常生活维系着的关联

---

① 黑格尔:《哲学史讲录》第 1 卷,第 267 页。
② 黑格尔:《哲学史讲录》第 2 卷,第 51 页。

看来已是以往时代留下的遗风，就像柏拉图的"理念"（相）一词也还依稀残存着"外貌""外观"等含义的遗迹一样。①尼采之所以不遗余力地将苏格拉底当作形而上学的罪魁祸首来加以攻击，并不是没有理由的；至少在柏拉图的诸多对话集中，苏格拉底已经用标准的形而上学口吻来说话了。例如，《斐多篇》中的苏格拉底说："对于追求真理——这是哲学的唯一任务——，肉体或与肉体有关的东西乃是一种障碍，因为感性的直观不能表明任何纯粹的东西像它本身那样，而真理必须在远离肉体的情形下才可以被认识。因为正义、美和同类的理念是唯一的真实存在，不会遭受任何变化和毁灭；这些理念不是凭借肉体所能认识，只有通过灵魂才看得见。"②在这样的说法中，形而上学基本建制的构成性要件，看来是已然齐备并且在相当的程度上准备好了：感性事物的领域（感觉、感官、肉体、变灭中的物质）与超感性事物的领域（思维、理念、灵魂、唯一真实的存在）正在决定性地分离开来并且进入敌对状态中去。这样的分离与敌对在当时究竟达到何种程度，可以从流传下来的一则故事中去加以衡量并得到印证。德谟克利特——他是苏格拉底的同时代人——终于发现，自己的学说是无可救药地陷入理性思辨的客体世界和感性现象的真实性这样一种对立中去了；为了从这样的对立中摆脱出来，"据说德谟克利特自己弄瞎了自己的眼睛，以使感性的目光不致蒙蔽他的理智的敏锐"③。这个故事可以被视为形而上学之命运性到达的深刻寓言：它意味着超感性世界和感性世界之间的截然分割和尖锐对立，意味着在这一建制性的分割——

① 参看海德格尔：《形而上学导论》，第 180—181 页。
② 转引自黑格尔：《哲学史讲演录》第 2 卷，第 191 页。
③ 《马克思恩格斯文集》第 1 卷，第 24 页。

对立中前者对于后者的支配和统治,因而也意味着哲学—形而上学在独占超感性世界真理的同时开始了它对感性世界这个阴影领域的历史性讨伐。

只是从这时候起,确切些说,从柏拉图制订出并立足于严整的形而上学建制时起,对生活和生活世界的贬黜才开始成为决定性的和不可避免的。因为只有在形而上学的基本建制中,感性世界的跌落才无可挽回地伴随着超感性世界的擢拔一并发生;只有在这样的跌落和擢拔已成定局的态势下,"生活世界"才在其一切本质特征上归属于这个感性的世界,而人们的日常生活便是在这个作为阴影领域的世界中活动和展开的。正是在这样的意义上,我们生活于其中的那个世界就理所当然地被视为此岸的世界、世俗的世界,或严格地说来,虚假的——"堕落的"——世界,就像在这个世界最遥远的对方,矗立着彼岸的世界、神圣的世界或真实的世界一样。因此,对生活和生活世界的贬黜是最关本质地、决定性地与形而上学的基本建制相联系的:这一建制在怎样的意义上拒斥感性世界,它也就在怎样的意义上拒斥生活世界;它在怎样的程度上鄙薄感性世界,它也就在怎样的程度上鄙薄生活世界。一句话,哲学—形而上学在其开端上就是对生活世界的决定性贬黜。只是在大约 2500 年后,当柏拉图主义本身进入解体过程时,"生活世界"才在对形而上学建制的批判性意识中,出现为航海远眺时目力所及的"陆地",并开始要求自身的权利。正如尼采在他的形而上学批判中所揭示的那样,把世界分割为一个真实的世界和一个虚假的世界,无论是以基督教的方式还是以康德的方式,都不过意味着生命的衰败,意味着用一种彼岸的生活幻想来向生活本身进行报复。"哲学史就是一种隐秘的怒气,怒火指向生命之前提,指向生命的价值感,指向对生命的祖护。"①

二、"道器不割""体用不二"的基本建制及其与生活世界的本质勾连

(一)

既然对生活世界的贬黜最关本质地出自形而上学的基本建制,那么,任何一种哲学—形而上学,无论它是东方的还是西方的,都必以自身的本质来宣示并施展它对生活世界的贬黜。至于这样的贬黜采取何种特定的方式,在这里是无关紧要的。只是为了在相关的探讨中获得一个鲜明而直接的标志物,我们且以基督教为例来给出某种提示——不仅因为如尼采所说,基督教乃是"为大众的柏拉图主义",而且因为对一般形而上学的划时代批判,也是从对基督教本质的批判开始的(费尔巴哈、马克思)。关于基督教的形而上学本质,黑格尔早就说过:"柏拉图是具有世界历史意义的人物之一,他的哲学是有世界历史地位的创作之一……包含这一崇高原则于自身之中的基督教,曾凭借柏拉图早已做出的那个伟大的开端,进而成为这个理性的组织,成为这个超感性的国度。"②

然而这个理性的组织,这个超感性的国度,却是与感性的世界分割开来并且尖锐对立的,因而必然是以对生活世界的敌视为基础定向的。海涅在《论德国宗教和哲学的历史》中曾讲过一个"巴塞尔夜莺"的故事,说是 1433 年 5 月在巴塞尔有一个宗教会议,会间休息时一群僧侣一起到附近的树林去散步。当这些

---

① 《尼采著作全集》第 13 卷,第 380 页。
② 黑格尔:《哲学史讲演录》第 2 卷,第 152 页。

主教、博士和修士们在散步中继续着他们有关教义和各种神学问题的争辩探讨时,却突然停下了脚步也停下了讨论:他们面对着一株盛开的菩提树,而树上的一只夜莺正千回百转地歌唱着悠扬悦耳的曲调。当这些僧侣们开始沉浸到这和煦春天的奇妙视听中并享受着感官生活的无限美好时,其中的一位学者却一下子觉得事有蹊跷——这夜莺很可能是个魔鬼,想用它的美妙歌声来诱使他们离开教义的主题而堕入感官快乐的罪行中去。于是,一众修士便念起了当时通行的驱魔咒语;听到咒语,这鸟竟阴险地笑了起来:"哈哈,我就是一个邪恶的精灵!"随即就飞走了。据说听到那夜莺歌声的人们当天便患上重病,不久之后就陆续死去了。"这个故事不需要什么注解了。它整个儿带着一个把一切甜蜜的可爱的东西都当作妖魔来加以咒骂的时代的凄惨印记。甚至连一只夜莺也要遭受诬陷,当它歌唱时,人们便在自己身上画十字。真正的基督徒就这样战战兢兢,闭目塞听,活像一个抽象的阴魂,漫游在鲜花盛开的大自然中。"①

然而,这样一种对感官和感性事物的诅咒,对生活和生活世界的敌视,是早在形而上学的基本建制中就已经种下根苗并且布局好了的:其决定性的转折点是以苏格拉底和柏拉图为标志的,并且以此划界分别出与所谓"柏拉图主义"在性质上迥异的"希腊早期哲学"。所以尼采说,早期希腊哲学是艺术的姊妹,它不是生活的其他部分的否定,而是从中生长起来的美妙花朵,是生活被道说出来的秘密。苏格拉底分子是坐在一个美的(感性的)海洋中间,然而他们对于遍地盛开的艺术之花(感性学领域)却充满着敌意并且板起一副学究面孔。②正是"民族的丑八怪"苏

---

① 海涅:《论德国宗教和哲学的历史》,第19页。
② 参看尼采:《哲学与真理》,第163、32页。

格拉底以"知识"的名义让后来的希腊人忘掉了"美的生活"及其无穷无尽的可能性,而未曾遭遇形而上学毒害的早期希腊人才是真正健康的:"我相信不管是谁看到这些希腊人,最后都会惊呼:'美哉斯人!'我在他们中间看不到教士嘴脸,半死不活者,形容枯槁的荒漠隐士,透过玫瑰色眼镜看世界的狂热者,神学骗子,郁郁寡欢面无血色的学者……。我也看不到他们中有谁认为'灵魂的拯救'或'什么是幸福'是如此重要,以致他们因此把人和世界丢在了脑后。"①

(二)

与这种对生活世界的贬黜和敌视截然不同的是,在中国哲学中却绝无此种情形的发生;毋宁说,中国哲学依其本质而始终保持着对生活世界的忠诚、信赖、敬畏与守护。在中西哲学的比较有以开展出来的地方,几乎所有的研究者都不能不对此昭彰的分别无动于衷,并且都不能不就此鲜明的对照生发出种种体会来。例如,在钱穆先生看来,中国思想的道路一向与西方不同,若以西方哲学的"格套"来看,中国思想仿佛总是缺乏一种超越现实的高远想象,也没有各是其是的独特创见;殊不知其间潜藏着的,正是中国思想最独特的智慧。"尤其是儒家哲学,总喜欢体民之情、遂民之欲,只见眼前可见的人情、人欲,抱一种深透博大的同情敏感,来切近立说,平易教人。此所谓'以人治人,其则不远。'"②与之相类似,冯友兰先生从思想与生活的关涉出发,试图指点出中国哲学家的知识类型极大地不同于亚里士多

---

① 尼采:《哲学与真理》,第 176—177 页。
② 钱穆:《中国思想史》,第 267 页。

德所谓"为知识而求知识的类型"——它诉诸人生幸福的增进并要求其在生活中的实行:"不但不为知识而求知识也,即直接能为人增进幸福之知识,中国哲学家亦只愿实行之以增进人之幸福,而不愿空言讨论之。所谓'吾欲托之空言,不如见之行事之深切著明也'。"①牟宗三先生在讲论"中国哲学的特质"时,同样突出地强调了中国哲学(特别是儒教)与"日常生活"的密切联系。在他看来,周公制作礼乐,乃是确定日常生活的轨道,既是"圣人立教",又是"化民为俗";而孔子则就此进一步说明其意义,从而开示指导精神生活之途径。但"孔子开精神生活的途径,是不离作为日常生活轨道的礼乐与五伦的。……中国人重伦常,重礼乐教化,故吉、凶、嘉、军、宾都包括在日常生活轨道之内,并没有在这些轨道之外,另开一个宗教的日常生活轨道,故无特殊的宗教仪式"②。

有意思的是,金岳霖先生用苏格拉底来比拟中国哲学,以提示这一哲学与生活世界的接近。尼采对苏格拉底的激进攻击,是因为苏格拉底导向并开启了柏拉图主义;而金岳霖先生的比拟,则是因为在苏格拉底那里还保有与日常生活的亲密接触。正如黑格尔所说,一方面,苏格拉底研讨哲学的方式本身还包含着同日常生活的联系,而不像柏拉图那样脱离世间事物;另一方面,西塞罗为屈从世俗的方便,夸大地将苏格拉底奉为"通俗哲学"的祖师,以至于后人常以为,苏格拉底是把哲学从天上带到了地上,带到了家庭中和市场上——带到了人们的日常生活中。③大体在这样的意义上,金岳霖先生说:"中国哲学

---

① 冯友兰:《中国哲学史》上卷,第 7 页。
② 牟宗三:《中国哲学的特质》,第 87 页。
③ 黑格尔:《哲学史讲演录》第 2 卷,第 51、43 页。

家都是不同程度的苏格拉底。……他像苏格拉底,他的哲学不是用于打官腔的。他更不是尘封的陈腐的哲学家,关在书房里,坐在靠椅中,处于人生之外。对于他,哲学从来就不只是为人类认识摆设的观念模式,而是内在于他的行动的箴言体系;在极端的情况下,他的哲学简直可以说是他的传记。"①

至于国外的研究者和学者,他们是同样感受到中国哲学与生活世界的紧密关联的。对于他们来说,由于同中国哲学不可避免的陌生感,这样的观感甚至更为鲜明也更加强烈,以至于在他们的评论或分析中几乎无不涉及并突出这一点。两个简要的引证便足以说明问题。例如,面对"周初迅速增强的理性精神",牟复礼提出的问题是:圣贤传统到底离百姓生活有多远?他的研究试图表明:在中国文化传统的历史性开展中,朝仪国典、《易经》占卜,以及人们所信奉的宗教都是彻底"世俗的"。因此,"中国的世界观关注此地当下的生活,促使思想家们制定这种生活的形式和模式(forms and patterns)。只有按照中国的宇宙论才能合理地解释仪式化了的中国社会。两者之间的关系是直接而原初的"②。如果以此来比较基督教和其他启示宗教(revealed religion),那么,在中国的哲学传统中,人们的世俗生活——"此地当下的生活"——就不会遭到系统性的敌视和贬抑,就像人本身不会在一个全知(omniscient)、全在(omnipresent)、全能(omnipotent)的造物主面前变得卑微一样。③

不过在这一主题的阐述与分析方面,尤其值得关注的是韦伯1915年的《儒教与道教》。看来这位"伟大的外行"在论说的精审

---

① 转引自冯友兰:《中国哲学简史》,第9—10页。
② 牟复礼:《中国思想之渊源》,第29页。
③ 参看同上书,第28—30页。

及透彻方面,要远远超过几乎所有的"内行"。韦伯的宗教学分析力图表明:(1)从基本特征来看,中国的宗教,无论是巫术性的还是祭奠性的,其意义领域都是"面向今世的"。祭奠是国家的事务,不由教士负责,而由政权掌握者来主持,因此乃是一种真正的"俗世宗教"(Laienreligion)。如果说,这种宗教唯独专注于"此岸"的命运,而全然不是为了"彼岸"的命运,那么这一点便与埃及人保护死者(Totenpflege)而重视来世的命运形成鲜明的对比。①(2)若依"救赎宗教"的尺度来说,则中国宗教从来没有成为一个具有"超世取向的独立宗教"。在中国语言中甚至连特指"宗教"的词都没有,有的只是"教"(Lehre)和"礼"(Riten)。前者表示教化类型的"学说",儒教的官方称呼即为"士人之学说"(Lehre der Literaten);后者则意指各种礼法,无论是宗教性质的还是传统性质的礼法。整个教与礼的意义领域指向今世,而不以来世及彼岸为念。②(3)虽说儒教乃是中国的正统,但由于道教(不同于道家哲学)专事以巫术为取向的救世技术(Heilstechnik),因而在本质上比儒教更具传统主义的性质。"尽管道教徒把自己的注意力集中到不朽与来世的惩奖上,然而他们和儒教徒一样,也是以此世为考虑的出发点。传说道教教权制的创建者已明确地采用了哲学家庄子的一番话:'龟宁生而曳尾于涂中,不愿死而藏之庙堂之上。'"③(4)就主流的正统而言,儒教徒除了要求摆脱无教养的野蛮外,并不祈求任何救赎。他们只是愿望着此世的健康、长寿、财富,以及死后的声名,并把这些东西的获得看作是对德行的酬答。因此,他们就像异教的古希腊人一样,既没有事先确定的超验的伦理,也没有超世的上帝

---

① 参看韦伯:《儒教与道教》,江苏人民出版社 1995 年,第 168—170 页。
② 参看同上书,第 169 页。
③ 同上书,第 231 页。这一说法包含着某种不准确的用词和难以避免的笨拙,但还是突出地强调了儒教与道教的重大一致——"以此世为考虑的出发点"。

律令;既没有对彼岸目标的追求,也没有极恶的观念。"根据我们的回忆,在中国从未出现过与'现世'的紧张对峙,因为从来没有一个超世的、提出伦理要求的上帝做过伦理的预言。"①(5)尽管韦伯的分析集中于宗教学特征的比照而并非在哲学上追究其本质来历,但他还是或多或少提示了儒教与道教(特别是前者)专注于此世的哲学根由:第六章的内容是"儒教的生活取向",此章第五节的标题则是"形而上学的摆脱与儒教的入世本质"。这就极大地牵涉到儒教的哲学基础。就此韦伯写道,儒教虽然发展了一种宇宙起源论,但本身却"极无形而上学的兴趣",它可以被称为"教派","然而,正统的教义并不是一种教义宗教,而是一种哲学与生活学(Lebenskunde)"②。

这是一个很具启发且关乎根本的描述:正统的儒教摆脱了形而上学,或"极无形而上学的兴趣"——这一点既联系着它的"入世本质",又使之无从成为一种"教义宗教"。它是一种"哲学与生活学"。或许一个更合适的名称应该是:哲学—生活学。"哲学"时常被看作远离日常生活甚至与之背道而驰的东西,而"生活学"则易于被想象为如烹饪学或育儿学之类的东西。那么,"哲学—生活学"意味着什么呢? 它意味着一种与生活世界不离不弃、通同一体的哲学,或者,用费尔巴哈的话来说,一种"与生活水乳交融的"哲学。这一准确的提示对于我们的论题来说是非同寻常的,尽管作为宗教社会学家的韦伯并未就此在哲学上做出更进一步的分析。

---

① 韦伯:《儒教与道教》,第 259 页。并参看第 258 页。

② 同上书,第 241—242 页。并参看第 180 页。关于"哲学与生活学",梁漱溟先生在讲到"儒家哲学"时亦曾说过:"门人于孔子日常生活摹记不厌琐细(见《乡党》篇及其他),正为此学要不离乎此等处。——此学原可说是人的生活之学也。"(梁漱溟:《东方学术概观》,上海人民出版社 2014 年,第 64 页)

近代以来,我们的前辈学者对中国哲学与生活世界的关联也有许多就近的体会,只是同样缺少就哲学本身并在其根本立足点上做出决定性的阐明。对中国文化体会甚好的梁漱溟先生,很恰当地将文化把握为某一民族"生活的样法",同时又把生活理解为无尽的"意欲"(Will)。由此提出的问题是:"通是个民族通是个生活,何以他那表现出来的生活样法成了两异的采色?"①回答是:因为那作为生活样法之最初本因的意欲方向不同;若要去求一家文化的根本或源泉,便要去查看其文化的根源的意欲。这是一个正确的见地。应当从何处去探寻作为某一文化之根本或源泉的"根源的意欲"呢? 应当从作为这一文化之主干的哲学中(《东西文化及其哲学》的书名便提示了这一取向)去加以探寻。但梁漱溟先生却较少以哲学的方式深入中国哲学中去,尤其是很少以哲学的方式深入中西哲学的根本之处,而只是以某种笼统的设想来表象式地给出自己的答案:(1)西方文化是以意欲向前要求为其根本精神的;(2)中国文化是以意欲自为调和、持中为其根本精神的;(3)印度文化是以意欲反身向后要求为其根本精神的。②这样的概括虽说"不错",但实在是太过散宕也太少确定性了,以至于一方面如贺麟先生所说,缺失"文化哲学"的基地;另一方面则似乎只是疏阔地悬浮在不同文化现象的表面,并且由于滞留在这一表面而显得不会出错。然而,这样的"不错"在理论上却难以真正持立。举例来说,如果西方文化"是由意欲向前要求的精神产生'塞恩斯'与'德谟克拉西'两大异采的文化"③,那么,它当然更是由这一精神产生基督教"信仰"与

---

① 梁漱溟:《东西文化及其哲学》,第 32 页。
② 参看同上书,第 33、63 页。
③ 参看同上书,第 33 页。

"权威"两大异采的文化；如果说，基督教中世纪的精神毕竟非常不同于"塞恩斯"和"德谟克拉西"的精神（在一定意义上甚至截然相反），那么，当"意欲向前要求的精神"只是勉强地笼罩在例如信仰与权威、科学与民主等文化现象的表面时，它在思想上的把握力和理论上的阐释力也就变得极其有限了。

（三）

因此，中国哲学与生活世界的紧密关联，或者，中国哲学与"生活学"的通同一体，须得从这一哲学的根基处去加以阐明。而这里所谓的根基处——就像任何其他哲学一样——首先是这一哲学立足其上的基本建制。如果说，西方哲学立足于形而上学即柏拉图主义的建制之上，因而它对生活世界的贬黜和敌视正是由此发源的，那么，中国哲学对生活世界的切近与守护，恰恰植根于道器不割、体用不二的基本建制之中——这不仅是一种非形而上学的建制，而且是使任何一种形而上学成为不可能的哲学建制。形而上学的建制意味着什么呢？它意味着超感性世界和感性世界的分割—对立，意味着实在与非实在、真与不真在两个世界中的分别归属。正因为如此，"人世、尘世以及属于尘世的一切，是根本不应该存在的东西，根本上也不具有真正的存在。柏拉图早就称之为叫 μὴ ὄν，即非存在者"①。与之截然不同的是，道器不割、体用不二的建制意味着什么呢？它意味着：形而上者谓之道，形而下者谓之器；但道与器绝不许被分割开来，尤不许被对立起来。正因为如此，人世、尘世以及属于尘世

---

① 海德格尔：《演讲与论文集》，第 121 页。

的一切,绝非不真或不实在的东西,相反,形而上者无处不在地运行于形而下者之中,就像一切真的或实在的东西唯生存于通常所谓人世或尘世之中一样。由此看来,对生活世界的贬黜与敌视,或者相反,对生活世界的切近与守护,难道不是在两种全然不同的——形而上学的和非形而上学的——哲学建制中有其最确凿也最深刻的本质来历吗?

这里需要明确指出并特别强调的是:在道器不割、体用不二的建制中,"生活世界"的概念与前述的通常理解大相径庭——它必已发生决定性的和系统性的改变。通常的观点在把生活世界看作人世或尘世的同时,总已先行将其分离并对立于另一个世界(彼世),并且总已先行将其置放于另一个世界(超世)的"下面"。在任何一种形而上学或高等宗教的本质根据中,都深刻地开启并布局了两个世界(此世与彼世、尘世与超世)的基础架构,而这样的架构在把超世或彼世设定为神圣的因而是唯一真实的世界时,也把作为人世或尘世的生活世界设定为世俗的因而是虚假的、卑污的世界。在"形而上学的宿醉"(狄尔泰语)尚未苏醒过来或宗教势力仍占统治权的地方,"生活世界"就不可避免地被看作一个阴影的或堕落的领域,或至少被视为一个等而下之的领域。但是,在形而上学之内和在形而上学之外,"生活世界"的概念具有完全不同的结构,因而它所指示的意义是根本不同的。海德格尔试图在形而上学之外开展出他对意识(Bewusstsein)的本体论批判,这一批判的立足点叫作"此在在世",即此在(人)"在世界之中存在"。这一立足点立即就被囿于形而上学立场的流俗哲学指斥为卑下的和有失体统的:"因为说了人的存在在于'在世',人们就觉得人被贬低为一个全然是现世的东西,因而哲学也沉沦于实证主义中了。"①诚然,在形而上学已然规定了的视域中,若主张人的存在的在世性,难道不正意味着只承认尘世的东西而否认彼岸的和超绝的东西吗?但是,在形而上学的建制及其逻辑之外,事情就完全不是这样的,生活世界及其意义也完全不是这样来规定的。因为根本就没有两个世界的分割—对立,没有在此分割—对立中真实与虚假的分别归属,也没有在此分别归属中有以确立的诸等级乃至绝对等级。如海德格尔所说,此在生存于其中的那个"世界",绝不意味着"尘世的存在者"以别于"天国的存在者",也绝不意味着"世俗的东西"以别于"教会的东西"。②

为什么是这样呢?因为在形而上学的建制不起作用或无从起作用的地方,只有一个世界,只有一个我们生活于其中的那个世界,亦即未被形而上学的建制裁割过的"生活世界"。在这个世界的上面和下面,左面和右面,前面和后面,没有任何其他世界存在的余地;真正说来,这个世界压根就没有上面和下面,左面和右面,前面和后面——它就是整个的世界或整全的世界。那么,另一个高居于尘世之上的神圣的、彼岸的世界,在本质上又从何处而来呢?从我们生活于其中的那个唯一的和原初的世界而来,并且正是通过对这个整全世界的"分解"才构造出两个对立的世界。如此这般的构造从整全的生活世界中汰选择别出某些东西以赋予彼岸的、神圣的世界,而那残存下来的"剩余物"也就变成此岸的、世俗的世界了;它在多大程度上从生活世界中攫取超感性的东西并将之塑造为纯粹光明的神圣世界,原初的

① 《海德格尔选集》上卷,第389页。
② 参看同上书,第392页。

生活世界就在多大程度上丧失其神圣性并沦为仅只沉溺于感性的无限黝黯的卑下世界。如此这般的两个世界的构造难道不是最深刻地植根于形而上学的基本建制，并依此建制而将原初的生活世界本身瓜分剖判开来的吗？

如果说，依然局限于形而上学的流俗观念会认为超感性世界和感性世界的分割—对立乃是理所当然的，那么，西方哲学的自我批判则早已清晰地意识到：这样的分割—对立乃是一种虚构，并且在本质上是生活世界本身分裂的结果。例如，在尼采看来，一个与此岸世界不同的彼岸世界是完全虚构出来的——上帝和所有的神祇一样，是"人类的作品和人类的疯狂"；彼岸世界是人类生活中的某种东西创造出来的："那是痛苦和无能——它创造了全部的彼世；以及那种唯有最苦难者才能经验到的幸福的短暂疯狂。"①进而言之，在马克思的意识形态批判中，无论宗教、形而上学等构造出怎样的世界图景，它们本身只不过是人们的现实生活过程在观念形态上的反射与回声："如果在全部意识形态中，人们和他们的关系就像在照相机中一样是倒立显像的，那么这种现象也是从人们生活的历史过程中产生的，正如物体在视网膜上的倒影是直接从人们生活的生理过程中产生的一样。"②

我们曾多次强调，只有在西方哲学已能开展出自我批判的视域中，对于古代哲学（例如前苏格拉底哲学）或东方哲学（例如中国哲学）的"客观的理解"才是真正可能的。如果说在"世界历史"的基本态势下，中国哲学的自我理解不能不与西方哲学形成决定性的比较并一般地采用现代的阐说方式，那么，批判地把握形而上学的建制本身并由此深入于西方形而上学的历史，对于

① 《尼采著作全集》第4卷，商务印书馆2010年，第40页。
② 《马克思恩格斯选集》第1卷，第72页。

中国哲学的自我理解来说就不仅是必要的,而且是至关根本的。只有当西方哲学的形而上学本质能够被牢牢地把握住时,中国哲学立足其上的决定性建制——道器不割、体用不二——的非形而上学性质才能够被揭示着前来同我们照面。正是这一建制使中国哲学向来生存于并且运行于形而上学之外,就像这一建制也从根本上决定着中国哲学始终切近于并且守护着生活世界本身一样。从思想的客观性来说,对生活世界之非常不同甚至截然相反的态度并不取决于主观的喜爱、偏好、侧重、兴趣等等,而是取决于不同哲学的本质特征,取决于这种本质特征植根其中的基本建制。西方哲学对生活世界的贬黜与敌视根源于形而上学的基本建制,根源于超感性世界与感性世界的分割—对立,就像中国哲学对于生活世界的切近与守护根源于非形而上学的基本建制,根源于道器不割、体用不二的本质规定一样。

从前面的讨论中可以看到,只有在非形而上学的视域中,"生活世界"才有其本真的和完足的意义——它是原初的和唯一的世界,并且也是我们唯一地生活于其中的那个世界;它根本不是单纯感性的、世俗的、虚假的或卑下的世界,因为除非所有超感性的、神圣的、真实的或高贵的东西已从中全部被除并被遣送到另一个世界中去,生活世界才会被阉割为一个褫夺了全部神性的阴影领域并从此跌落到尘埃之中。在形而上学的建制尚未起作用或无从起作用的地方,在原初的和唯一的生活世界中,就像神圣的事物对人来说乃是切近的一样,这个世界也绝不是一个从神圣性中脱落下来的晦暗领域,因为根本就没有一个要通过"超越"此岸来抵达的神圣彼岸。如果说,海德格尔曾费尽移山气力试图通过哲学上的"返回步伐"来挑明并揭示出这样一种境域,那么,此种境域在中国哲学的历史性行程中却是无所不在并且随处可以体认的——只要我们的视域不再无批判地局限于形而上学的建制中。

三、中国哲学对生活世界的居有与守护

（一）

正是由于中国哲学始终立足于道器不割、体用不二的建制之中，所以这一哲学才依其本质而一向保持着它与生活世界最为紧密而稳固的内在联系。这样的联系是作为"开端之本性"来起作用的，并因而表现为整个中国哲学运行其上的基本轨道。如果说，中国哲学的决定性开端可以大体确定在孔孟老庄一线①，那么，由其"决断"来制定开端的大哲，就必令其学说充分刻画和展示这一开端之本性，并以多重方式将此种本性派送到中国哲学的整个历史性行程之中。

开端之本性最集中也最深刻地体现在支配某种哲学之整体的基本建制中。与西方哲学—形而上学的建制根本不同，中国哲学的基本建制是：形而上者，道也，形而下者，器也；然而道器有别而不得相割，体用可分而不能有二。中国哲学对于生活世界的居有与守护，本源地建基于道器不割、体用不二这个纯全是非形而上学的建制之中。儒家哲学同生活世界的密切关联看来是得到普遍承认的，所以只需一个简要的说明就够了。子曰："道不远人。人之为道而远人，不可以为道。"②《中庸》曰："致广

①　章太炎先生认为："诸子之起，孰先孰后，史公、刘、班都未论及，《淮南》所叙，先后倒置，亦不足以考时代。今但以战国诸家为次，则儒家宗师仲尼，道家传于老子，此为最先。"（章太炎：《国学讲演录》，第169—170页）
②　《中庸》第十三章。

大而尽精微,极高明而道中庸。"①故道也者,居于平常日用;极高明者,行于中庸而已——是二者相即相入,莫逆不违也。朱子说"中"为"不偏不倚、无过不及",解"庸"则"平常也",故"中庸"便是"日用道理"。儒者所谓父子之亲、君臣之义、夫妇之别、长幼之序、朋友之信,无非日用之事,平常之理。陈淳就此而言曰:"凡日用间人所常行而不可废者,便是平常道理。惟平常,故万古常行而不可易。如五谷之食,布帛之衣,万古常不可改易,可食可服而不可厌者,无他,只是平常耳。"②这样的哲学无疑与日常生活世界始终保持着最为深刻且不得相失的切近联系。在道器不割、体用不二——"大道不离人生日用"——的基本建制上,要将形而上者和形而下者(超感性之物和感性之物)作为两个世界分割开来并且对立起来,是绝对不可思议的。"道,犹路也。……道之大纲,只是日用间人伦事物所当行之理。众人所共由底方谓之道。大概须是就日用人事上说,方见得人所通行底意亲切。……其实道之得名,须就人所通行处说,只是日用人事所当然之理,古今所共由底路,所以名之曰道。"③质之以《中庸》,则曰"道也者,不可须臾离也,可离非道也"。又,"君子之道,造端乎夫妇,及其至也,察乎天地"④。

如果说,这一要义就儒家哲学来说几无争议,那么,对道家哲学(有别于道教)来说情形恐怕就非常不同了。时流的见解常以为道家哲学乃是特别高明的,而这种高明仿佛正是由于疏离(甚至弃绝)生活世界而来的。这样的见解或出自"效果历史"上

---

① 《中庸》第二十七章。
② 陈淳:《北溪字义》,第 49 页。
③ 同上书,第 38 页。
④ 《中庸》第一章、第十二章。

发展起来的派别倾向,但后来更多地来自西方形而上学的衡准尺度——西方学者就往往将道家学说理解为"更哲学的"(例如黑格尔等),应和者们似乎也从中看到更多可被称为"形而上学"的东西。然而,从根本上来说,从"开端之本性"来说,事情并非如此而且绝非如此。既然整个中国哲学生存于并且活动于道器不割、体用不二的基本建制之中,那么,在这里出现的就根本不是或高或低的"形而上学",也不是或多或少的"形而上学因素",而是形而上学的不可能性,是任何一种形而上学的不可能性——对于孔孟来说是如此,对于老庄来说同样如此。尽管他们的哲学有极大差别甚或颇相抵牾,但都决定性地立足于非形而上学的建制之中,并因而都最关本质地保持着与生活世界的紧密联系。在讲到中国哲学的基本精神或主要传统时,冯友兰先生的体会是颇得要领的:"……我们不能说它是入世的,固然也不能说它是出世的。它既入世而又出世。"他还引用了"不离日用常行内,直到先天未画前"一语,来描画宋代新儒家的基本特征①(新儒家从老、释二氏所得甚多而又力辟二氏)。

如果说,老庄的哲学同样运行于道器不割、体用不二的建制之中,那么,无论其思考的方式或取向与孔孟有多大差别,他们的哲学仍必最关本质地将开端之本性展现为对生活世界的居有和守护。近代以来的子学大家对此已有相当程度的发明,只是后来由于未及中西哲学的根本差别而仍使有关形而上学的种种想象或攀附大为盛行(对老庄的解说尤其如此)。《老》云"和光同尘""涤除玄览",《庄》说"每下愈况""曳尾于涂",则何来与生活世界相割相离而欲飞升到一个可以名之为"彼岸"的去处?傅

—————————

① 冯友兰:《中国哲学简史》,第7页。

斯年先生说："五千言之意，最洞彻世故人情，世当战国，人识古今，全无主观之论，皆成深刻之言。……其言若抽象，若怪谲，其实乃皆人事之归纳，处事之方策。《解老》以人间世释之，《喻老》以故事释之，皆最善释老者。王辅嗣敷衍旨要，固已不及，若后之侈为玄谈，蔓衍以成长论，乃真无当于《老子》用世之学者矣。"①此说与章太炎先生大体一致。王弼注《老》，乃老学一大转移；其意义若何，此处可以不论；然《老子》本旨及其立脚处，傅先生得之矣。是故黄老之学，文、景之世有以盛用大行，正因其"用世之学"也。"窦太后问辕固生《老子》何如，辕云：'此家人言耳。'可见汉人于《老子》以为处世之论而已，初与侈谈道体者大不同，尤于神仙不相涉也。"②

同样，日本东京文献学派的津田左右吉也突出地强调了《老子》的"处世术"，并指证这一学说的本旨乃是"人间的生活"。在他看来，《老子》与儒者的差别乃是在"实际的处世观"上有所不同罢了。《老子》说"虚"说"无"说"一"，不过是把一种处世术思维化了，其本意是在处世术上，而不是在思维上："盖人能寡欲而自贬损，以柔对世而不以智争，便自能成功而集事，而治国平天下，即都亦同此一理，这是《老子》中的处世术……"③荀子评老子"有见于诎无见于信"，便是将他的思想当作处世术去看的。因此，无论老子是说"天"还是说"自然"，其本意"总是在人间的生活上"。这便与印度思想中虚无断灭的想法全异其趣，根本不同。"如是，则《老子》的根本思想，是在处世术上，那么，则他所

———————
① 《傅斯年文集：战国子家叙论 史学方法导论 史记研究》，第48—49页。
② 同上书，第49页。
③ 津田左右吉：《儒道两家关系论》，山西人民出版社2015年，第30页。并参看第29页。

说的虚,所说的无欲,便都不是将世界和人生当作虚无去看……故《老子》中,不论是什么地方,都没有见出其想要否定人生的那样思想。"①津田此论,就《老子》的主旨及本质特征来说,无疑是得其大端和要领的。

即此以论《庄子》,则同一机杼:其书虽义理玄深,文辞瑰玮,然其立脚容身之处,犹在生活世界也。道行周遍,无逃乎蝼蚁稊稗;龟生水壤,惟存于泥涂江湖。立定于此,则何来人生之虚无断灭?船山解《庄子》首篇《逍遥游》云:"寓形于两间,游而已矣。"寓形两间之"游",无非生活也;若小大一致,休于天均,则逍遥之游也。故"物论可齐"(《齐物论》),"生主可养"(《养生主》),"形可忘而德充"(《德充符》);特别重要的是,"世可入而害远"(《人间世》),"帝王可应而天下治"(《应帝王》)。②《庄子》哲学的基本性质由此绽露,如《天下》自述云:"……独与天地精神往来,而不敖倪于万物;不谴是非,以与世俗处。"③在这样的意义上,《庄子》亦必为一种处世术,只不过与《老子》有异焉。故船山评之曰:"其高过于老氏,而不启天下险侧之机,故申韩孙吴皆不得窃,不至如老氏之流害于后世。于此[庄子之学]殿诸家,而为物论之归墟。"④

照此看来,《庄子》哲学立足其上的基本建制,同样是"大道不离人生日用";而其本质特征,则可用郭象一语以指示之:"故其长波之所荡,高风之所扇,畅乎物宜,适乎民愿。"⑤看来主要是由于庄学后兴(汉初黄老,魏晋庄老),又与佛教之传入流布相激相扇,遂使其在"效果历史"的意义上极大地转移本旨而入于

---

① 津田左右吉:《儒道两家关系论》,第33页。并参看第32页。
② 王夫之:《庄子解》卷一。
③ 《庄子·天下》。
④ 王夫之:《庄子解》卷三十三。
⑤ 郭象:《南华真经序》。

清谈玄解一途。如果说"魏晋人又以老释庄，而五千言用世之意，于以微焉"①，那么，《庄子》在本质上的用世之意，则同其微也（或又甚焉）。因为这个缘故，《庄子》哲学与生活世界的内在联系就隐遁到遥远的幽暗中去了，以至于卓识如章太炎先生那样的庄学大家，居然也用了 20 多年时间方才重新明了并揭示出这一本质："《庄子·齐物论》，则未有知为人事之枢者。由其理趣华深，未易比切。而横议之士，夸者之流，又心忌其害己，是以卒无知者。余向者诵其文辞，理其训诂，求其义旨，亦且二十余岁矣，卒如浮海不得祈向。涉历事变，乃使谉然理解，知其剀切物情。"②由于这一本质——"人事之枢"及"剀切物情"——的发覆，太炎先生乃断言曰："夫言兵莫如《孙子》，经国莫如《齐物论》。"③

（二）

由此可见，中国哲学的本质特征便是对生活世界的居有与守护；即使高深玄远如《老》《庄》（不必说《易》《庸》），亦以之为圭臬且持之不堕。若就此与西方哲学相比较，则大异其趣。前辈学者对此或有体会，太炎先生尝说之为"实行"与"清谈"之对待："要之九流之言，注重实行，在在与历史有关。墨子、庄子皆有论政治之言，不似西洋哲学家之纯谈哲学也。"④此种纯谈哲学，是清谈而又甚于清谈："今之哲学，与清谈何异？讲哲学者，又何其多也。清谈简略，哲学详密，比其贻害，且什百于清谈。"

---

① 参看《傅斯年文集：战国子家叙论　史学方法导论　史记研究》，第 52 页。
②③ 姜义华编：《近代中国思想家文库·章太炎卷》，第 208 页。
④ 同上书，第 386 页。关于西方哲学的基本性质，还可参看章氏的下述说法："欧西的哲学，都是纸片上的文章，全是思想，并未实验。他们讲唯心论，看着的确很精，却只有比量。没有现量，不能如各科学用实证地证明出来。这种只能说是精美的文章，并不是学问。禅宗说'猢狲离树，全无伎俩'，是欧西哲学绝佳比喻，他们离了名相，心便无可用了。"（章太炎：《国学概论》，第 47 页）

而挽回之法,"要自今日讲平易之道始"①。这里所谓的"平易之道"意味着什么呢? 它无非意味着不离于人生日用之道,意味着无逃乎生活世界之道。如果说九流之言在在皆是"政治—历史—哲学",那么,其"实行"之显著特征,乃出自对生活世界的居有与守护,而又生根于道器不割、体用不二的基本建制。

因此,"生活世界"对于中国哲学一贯而恒久的传统来说,不仅仅是一个概念,也不单纯是一个口号,而是它运行其中且不可须臾相失的整个活动空间和意义领域。"生活世界"意味着——用马克思的话来说——"人们的实际生活过程"(或可参考胡塞尔所谓"我们的日常生活世界")。对于这一过程的基本衡准有两个方面:(1)实际生活或日常生活;(2)与人们(民众或百姓)具有不可分割的联系。我们可以从这两个方面来更加完整地理解中国哲学对生活世界的居有与守护,并使之与西方形而上学对生活世界的贬黜与敌视形成鲜明的对照。就前者(1)来说,大程子有一常被引用的短语曰:"洒扫应对,便是形而上者。"形而上者,道也;洒扫应对,日常生活也。故此短语说的是:大道不离人生日用(实际生活或日常生活),道之学即"生活学"也。因此,"即父子而父子在所亲,即君臣而君臣在所严,以至为夫妇、为长幼、为朋友,无所为而非道,此道所以不可须臾离也。然则毁人伦、去四大者,其外于道也远矣"②。此论最后一句,是为攘斥释氏也。然而,真正说来,中国化的佛教却也不能不进入中国哲学建制的"常川决定"之中,以至于同样表现出对生活世界的居有与守护。义玄云:"道流佛法,无用功处。只是平常无事,屙屎送

---

① 姜义华编:《近代中国思想家文库·章太炎卷》,第387页。
② 《二程遗书》卷四。

尿,著衣吃饭,困来即卧。"①六祖慧能说得尤为分明:"佛法在世间,不离世间觉。离世觅菩提,恰如求兔角。"②如果说,担水砍柴无非妙道,吃饭睡觉无非妙道,那么,所谓妙道便同样不离人生日用,不离实际生活也。钱穆先生就此大发感慨说,这些禅师们的教诲是如此平实浅显,切近生活,"居然是孔子'下学上达'规模"③。

就后者(2)来说,那个未曾被分割开来并因而未曾与彼岸或天国对立起来的世界,乃是人们生活于其中的世界。对这个生活世界的肯定的理解,也就本源地包含着对生活"在世界之中"的人们的肯定的理解——他们在中国的文献中被称为人、众人、民、百姓,乃至于匹夫匹妇、愚夫愚妇,大体相当于现代术语中的"群众"或"民众"。如果我们在西方形而上学的历史中始终如一地见到哲学对"群众"的巨大蔑视,那么,这只不过是它脱离并贬黜生活世界的结果及其表现罢了。从已成本质的立场来说,自柏拉图直至布鲁诺·鲍威尔都是如此,而黑格尔则将这种贬抑的苗头追溯得更早:"我们知道赫拉克利特是远离群众的。在这个高贵的精神里其所以产生这种轻蔑,是由于他对于他的家乡人们的观念和日常生活之违反真理有着深刻的感觉……"④然而,令这种感觉成为定局的哲学基地则在于:"睡觉、生活、做官——都不是我们本质的存在,当然更不用说作奴隶了。只有自然存在才意味着那些东西。所以在西方我们业已进到真正哲

---

① 《古宿尊语录》卷四。
② 《六祖坛经·般若品》。
③ 钱穆:《中国思想史》,第166页。
④ 黑格尔:《哲学史讲演录》第1卷,第296页。

学的基地上了。"①在这里,"真正哲学的基地"是什么呢?它就是形而上学的基本建制。正是这一建制在使"日常生活"沦为在真理之外并且对立于真理的领域时,也使"群众"成为非本质的或疏离于本质的存在者了。

然而,在中国哲学中,情形却截然不同:就像它始终不渝地信赖并守护着生活世界一样,它也一以贯之地保持着对民众百姓的熟稔与敬畏。《尚书》云:"天视自我民视,天听自我民听。"②老子曰:"圣人无心,以百姓心为心。"③《论语》:"樊迟问仁。子曰:'爱人。'问知。子曰:'知人。'"④又,"子贡曰:'如有博施于民而能济众,何如?可谓仁乎?'子曰:'何事于仁,必也圣乎。尧舜其犹病诸!'"⑤《孟子》曰:"民为贵,社稷次之,君为轻。"⑥这些"命题",固然是政治命题,但它们难道不同样是哲学命题吗?运行于形而上学之外的中国哲学之所以直接通达于政治、历史,是因为它唯一地立足于生活世界,并置身于在世界中活动的人们中间。船山解《庄子·人间世》处世之"善术"云:"以此而游于人间世,岂徒合大国之交为然哉?邱里之间,田夫牧竖之事,相与者莫不然也。"⑦《庄子·天下》总说"古人之大体""内圣外王之道"曰:"以事为常,以衣食为主,藩息畜藏,老弱孤寡为意,皆有以养,民之理也。古之人其备乎!配神明,醇天地,育万物,和天下,泽及百姓。明于本数,系于末度,六通四辟,小大精

---

① 黑格尔:《哲学史讲演录》第 1 卷,第 99 页。
② 《尚书·泰誓》。
③ 《老子》四十九章。
④ 《论语·颜渊第十二》。
⑤ 《论语·雍也第六》。
⑥ 《孟子·尽心章句下》。
⑦ 王夫之:《庄子解》卷四。

粗,其运无乎不在。"①

在这里,本质地关联于大道的是什么呢?是人们的生活世界——在此世界中的"生活",不是被哲学—形而上学择别过的生活,而就是日常生活,即所谓衣食住行、人伦日用的生活;在此世界中的"人们",也不是由哲学—形而上学精选出来的特别之人,而就是平民百姓,所谓涂之人,邱里之人,匹夫匹妇也。其间虽或有若干分别,但其根本之点恰恰在于:就像神圣之物无不植根于日常生活一样,圣人至人尤近于俗子凡夫——所谓君子学于贤人,贤人学于圣人,圣人学于众人也。此处要义,阳明与弟子的一则对话最见生动:"一日,王汝止出游归,先生问曰:'游何见?'对曰:'见满街人都是圣人。'……又一日,董罗石出游而归,见先生曰:'今日见一异事。'先生曰:'何异?'对曰:'见满街人都是圣人。'先生曰:此亦常事耳,何足为异?'"②如此这般的基本见地,实根源于中国哲学的开端之本性中。故《孟子》曰:"人皆可以为尧舜。"③《荀子》曰:"涂之人可以为禹。"④

(三)

由此可见,中国哲学对于民众百姓的熟稔与敬畏,从哲学的性质与定向来说,出自它对生活世界的居有与守护,而这种对生活世界的居有与守护,又从本质上生根于道器不割、体用不二的基本建制之中。在依这一建制的本质所规定的视域中,生活世界也就是我们在其中展开全部生活的唯一的世界;在这一世界

---

① 《庄子·天下》。
② 王阳明:《传习录》第113条。
③ 《孟子·告子章句下》。
④ 《荀子·性恶》。

中的生活当然是——不能不是——日常的、实际的生活。但是，在中国哲学的基本建制中，事情还有至关重要的另一面：正是在日常的、实际的生活中，在满街行走、担水砍柴的匹夫匹妇中，随处绽开并显现那神性之物、圣哲之人。既然"大道不离人生日用"，那么，神性之光便只是在实际生活中发亮，圣哲之明亦正是在庸常凡近中闪现——因为并没有一个唯独是"神圣的生活"在其中展开的"神圣的世界"。就像海德格尔所指证的那样，在形而上学之外，当"自然"还不是一个从神圣性中脱落的存在者领域时，"自然"便寓于自身而存在，它在自身中有所"出神"（Entrueckung）①；同样，当"表象"与"存在"尚未被分割开来并且对立起来时，"现象"就绝不意味着阴影或摹本的出现，而是意味着"世界的显圣"，意味着"在一个世界的显圣这样伟大的意义上的现象"。②这是一个关乎根本的深湛主题，需要专门来加以探讨，这里则只能满足于给出就近的提示了。例如，辜鸿铭先生对此的体会就是不错的：他不仅把儒家的精深典籍《中庸》译作"人生指南"（Conduct of Life），而且时时在中国诗歌的质朴风格和生活叙事中识别出"深刻的思想"和"高贵的精神"（如杜甫的《赠卫八处士》）。③内在于并且贯穿于生活世界中的思想和精神，难道在哲学上就不是深刻的和高贵的吗？站在西方形而上学顶峰的黑格尔或许对此颇为不屑，但立于形而上学之外的海德格尔却能够理解并把握"思想的另一度"，并从中标识出某种"更伟大"和"更深刻"的东西。

　　中国哲学对于生活世界的居有与守护最深刻地植根于道器

---

① 参看《海德格尔选集》上卷，第331—333页。
② 参看海德格尔：《形而上学导论》，第62、109页。
③ 参看辜鸿铭：《中国人的精神》，第90—95页。

不割、体用不二的基本建制之中,因而便成为中国哲学之历史性行程的"常川决定"了。这绝不意味着其中诸家各派没有自己的一偏或偏胜(例如程朱有其一偏,陆王有其一偏),也绝不意味着这样的一偏在其末流中不会趋于极端(例如朱熹后学的末流趋于"向壁之学",而阳明之学不二传便流于"狂禅")。然而,所有的"一偏"及其"末流",也都只能在这一哲学之基本建制所规定的范围内活动;而所谓"极端",便意味着它再也不能越过的界限——只要这一界限被触动并在某种可能性上有陆沉之虞,其主流便立即开始"反拨",也就是说,立即向其固有的本质回返。举例来说,晚明以来对理学的批评性修正堪称激进且意义深远,批评所针对者往往指向程朱陆王的"一偏";不过批评的基本理由恰恰在于:此种一偏的"末流"在"效果历史"的行程中似乎面临着从中国哲学之固有的本质性中脱落的危险。这种固有的本质性是什么呢? 是大道不离人生日用,是对生活世界的居有与守护。因此,对这种本质性的捍卫就成为整个中国哲学展开过程中的必然性,成为这一展开过程之不可移易的中流砥柱。问题的关键并不在于种种批评是否在枝节上恰当妥实,而在于最坚决地祛除危险以回归本质。颜元对理学的批评就将孔子和二程做了图景上的对比:前者作礼、奏乐、作舞,与诸弟子论仁、孝、兵、商、农、政;后者则如老僧之禅定,与弟子沉思读书,论静论敬。①照此看来,二程的哲学难道不会因此而开出脱离民众百姓及其日常生活的风气吗?"阳明有云:'与愚夫愚妇同底便是同德,与愚夫愚妇异底便是异端。'今以朱子'半日静坐、半日读书'功课论之,是与愚夫愚妇同乎? 异乎?"②

---

① 颜元:《存学编》。
② 颜元:《习斋记余》卷九。

戴震对宋儒的抨击看来更加尖锐也更关根本,尝极言其弊为"以理杀人";也就是说,若将天理与人欲割裂开来并对立起来,必会导致对人生日用的压杀,对生活世界的弃绝。"六经、孔孟之书,岂尝以理为如有物焉,外乎人之性之发为情欲者,而强制之也哉?"①故戴氏据《孟子》而论理-欲曰:"天理者,节其欲而不穷人欲也。是故欲不可穷,非不可有;有而节之,使无过情,无不及情,可谓之非天理乎?"②在这样的意义上,"尽乎人之理非他,人伦日用尽乎其必然而已矣"③。因此,对于生活世界的居有与守护便在其源头上以这样一种方式表述出来:"《诗》曰:'民之质矣,日用饮食。'《记》曰:'饮食男女,人之大欲存焉。'圣人治天下,体民之情,遂民之欲,而王道备。"④就此而言,戴震的主张无疑是正确的,并且只要是在维护"大道不离人生日用"这一立场,它就尤其正确,因为这一立场出自整个中国哲学植根其中的基本建制。但戴氏的正确主张却并不意味着宋儒大哲就是在这种极端性上犯错的——后者从未真正弃绝生活世界并试图"以理杀人"。在这里发生着不可避免的历史性情形的改变,发生着由于这种改变而不可避免的"解释学误解"(而这种"误解"恰恰是解释一切过去者或陌生者的必要前提)。如果说,戴氏对宋儒的批评包含着这样的"误解",那么,宋儒对二氏的批评同样也包含着这样的"误解";而关键之处恰恰在于:无论解释学误解在此起什么作用,这两种批评的旨趣却同样都意味深长地坚持着——并且重申了——它们对生活世界之不可移易的居有与守护。

①②③④　戴震:《孟子字义疏证》卷上。

四、形而上学的历史性解体
与"生命哲学"的当代意义

（一）

如果说，中国哲学的本质特征乃是始终不渝地保持着对生活世界的居有与守护，那么，西方哲学（或任何一种哲学——形而上学）将这一世界"分解"为两个对立的世界并使彼岸世界具有无所不在的优先地位，则完全是在形而上学的基本建制中成其本质的。因为这个缘故，在西方哲学的自我批判中，柏拉图主义同前柏拉图哲学（或前苏格拉底哲学）的分别就具有本质重要的意义了。同样因为这个缘故，某些学者如尼采、韦伯等认为，中国思想与前苏格拉底的古希腊思想倒是颇为接近的。大概是在类似的意义上，海德格尔曾更加意味深长地表示：为了弄清楚我们西方人的历史存在之本源，必须借助与希腊思想家及其语言的对话，而这样的对话又是"我们与东亚世界不可避免的对话的前提"。这样的看法似乎不无道理，因为尽管两者间必定存在着许多不同，甚至是很大的不同，但在形而上学的建制尚未真正确立、轴心期的"分岔"尚未真正展开之时，初始的不同较之于后来的根本差别，实在是无关紧要的和微不足道的。

严格来说，西方哲学的自我批判是从"绝对精神的瓦解过程"开始的。黑格尔哲学的最终立足点是"绝对精神"，而绝对精神乃是西方形而上学历史之最高的——不可能更高的——立足点。在黑格尔哲学中，"先前的 metaphysica generalis（一般形而上学）现在变成了'真正的形而上学'（更确切地说，真正的形而上学之顶峰，变成了绝对的 metaphysica generalis［一般形而上学]),因为在《逻辑学》中,绝对精神或'神',全然就存在于自身"①。在这样的意义上,黑格尔哲学乃是西方形而上学的完成,并因此代表着西方哲学(从而西方历史)的根本原则;也是在这样的意义上,黑格尔哲学不只是西方形而上学之一种,而且是西方形而上学之一切。因此,当费尔巴哈将他的宗教人本学批判直接运用于哲学批判时,他对黑格尔哲学的批判也就成为对一般哲学—形而上学的批判了。正如马克思在《1844 年经济学哲学手稿》中所指出的那样:"费尔巴哈的伟大功绩在于:(1)证明了哲学不过是变成思想的并且通过思维加以阐明的宗教,不过是人的本质的异化的另一种形式和存在方式;因此哲学同样应当受到谴责。"②

对于本文的主题来说特别重要的是:当西方哲学—形而上学本身遭遇到它的历史性批判时,对于生活世界的积极辩护和权利索取也就决定性地开始了;甚至可以说,对于一般哲学—形而上学的批判在怎样的广度和深度上开展出来,对于生活及生活世界的肯定性诉求也就在怎样的广度和深度上得到积极的表达。之所以如此,恰恰是因为对生活世界的贬黜和敌视最关本质地扎根于形而上学的建制之中。于是我们看到,在对超感性世界的尖锐抨击中,费尔巴哈试图诉诸一种与"生活"水乳交融的哲学:世界之为我们拥有,并不是通过思想;世界是通过生活,通过直观和感觉为我们拥有的。对于一个"抽象的思维者"来说,光是不存在的,温暖是不存在的(因为他没有眼,没有感觉),一句话,世界就根本不存在——什么东西都不存在。费尔巴哈引人注目地将感性的自然、感性的世界称为"大地"——人之所

① 海德格尔:《黑格尔》,第 48 页。并参看第 3—4 页。
② 《马克思恩格斯全集》第 3 卷,第 314 页。

以成为他所是的,乃是依靠着并且凭借着作为大地的自然,"感谢自然！人离不了它"①。感性的观点又被叫作"生命直观"的观点,这种观点诉诸生活和实践:"把人分割为身体和灵魂,感性的和非感性的本质,只不过是一种理论上的分割;在实践中,在生活中,我们否定这种分割。"②

马克思对一般哲学—形而上学的批判,同样导向了生活—实践的观点,但比费尔巴哈要根本得多也深刻得多。这是一个从现代形而上学的基本立足点("意识"或"我思")上开展出来的本体论批判,亦即一个关于"意识"之存在特性的批判:"意识[das Bewusstsein]在任何时候都只能是被意识到了的存在[das bewusste Sein],而人们的存在就是他们的现实生活过程。"③一百多年后,当海德格尔在晚期讨论班上回顾他本人对意识之存在特性——所谓"主体性"(Subjektivitaet)——的批判时,同样将"意识"一词拆解开来(Bewusst-sein),以便指示出这一批判是在本体论的根基上进行的。④由于把意识的本质性导回到"人们的现实生活过程",马克思的历史理论就将以往的历史形而上学揭示为与现实的生活世界相分离、相对立的意识形态:"因此,历史总是遵照在它之外的某种尺度来编写的;现实的生活生产被看作某种非历史的东西,而历史的东西则被看成是某种脱离日常生活的东西,某种处于世界之外和超乎世界之上的东西。"⑤马克思由此清晰地表明:在形而上学的尺度决定性地起作用的地方,那被当作本质的东西(真的或实在的东西)就成为脱离日常

---

① 《费尔巴哈哲学著作选集》下卷,第 217 页。并参看第 457 页。
② 《费尔巴哈哲学著作选集》上卷,商务印书馆 1984 年,第 209 页。
③ 《马克思恩格斯选集》第 1 卷,第 72 页。
④ 参看《晚期海德格尔的三天讨论班纪要》,载《哲学译丛》2001 年第 3 期。
⑤ 《马克思恩格斯选集》第 1 卷,第 93 页。

生活的东西,就成为处于生活世界之外的东西。

如果说,这种处于生活世界之外的东西同时又是超乎生活世界之上的东西,那么,这无非意味着,人们原初地生活于其中的那个世界在形而上学或宗教的意识形态中被分裂为二了:超感性的世界和感性的世界,形而上的世界和形而下的世界,彼岸的世界和此岸的世界——而随着前一个世界的擢升也就意味着后一个世界的相应的跌落。因此,那种处于生活世界之外并且超乎生活世界之上的东西,是在作为意识形态"神话学"的形而上学或宗教中才被构造出来的,也就是说,是在超感性世界和感性世界之分割—对立的建制性安排中才成为可能的。不仅如此,当形而上学或宗教的建制性安排将本质性颠倒地置入超感性世界时,这种颠倒本身也是"从人们生活的历史过程中产生的"①。在马克思的意识形态批判中,那神圣的彼岸世界就其本身来说是非本质的和没有根据的,相反,它作为一种虚假观念的产物倒是根源于人们的现实生活过程,根源于这一生活过程本身在特定阶段上的自我分裂和自我矛盾。在《关于费尔巴哈的提纲》中,马克思就此写道:费尔巴哈的工作是试图将宗教世界归结于它的世俗基础。"但是,世俗基础使自己从自身中分离出去,并在云霄中固定为一个独立王国,这只能用这个世俗基础的自我分裂和自我矛盾来说明。"②这里所说的"世俗基础",也就是生活世界,即人们在其中生存与生活的那个世界;而"在云霄中固定为一个独立王国"的世界,即超感性的、彼岸的、神圣的世界,不过是生活世界从自身分离出去的某种东西在观念形态上的投射物,不过是生活世界本身的分裂与矛盾在观念形态上的反映罢了。

---

① 参看《马克思恩格斯选集》第 1 卷,第 72 页。
② 同上书,第 55 页。

（二）

由此可见,随着绝对精神已然开始的解体过程,随着一般哲学—形而上学遭遇到愈益深入的批判,哲学思想的总体趋势就表现为向着生活和生活世界的积极回转。既然对生活世界的贬黜与敌视从本质上来说根源于形而上学的基本建制,那么,与这一建制的批判性脱离,也就直接意味着生活和生活世界的意义对于哲学思想来说的重新开启与重新显现。在尼采所谓"上帝死了"这样一种不可避免的命运性的时代境况降临之际,所谓"生命哲学"的运动也就在哲学的圈子里应运而生了,就像尼采的"生命"或"生活"概念成为这一运动的哲学后盾一样。虽说这种生命哲学与胡塞尔的"生活世界"概念从起源上和性质上来说相当不同,但二者就其所思来说的距离却并未阻止它们在特定的时代立场上产生出类似的启示性和推动力。无论如何,这里的"生命"或"生活"概念总以不同的方式提示着与形而上学本质的批判性脱离以及向生活世界回返的种种尝试。正如舍勒在1913 年所说的那样:"'生命'一词用得极为宽泛,正因为如此,这个词有一种不确定性,恰是这种不确定性赋予这个词以支配着新一代思想者的力量,同时又赋予这个词一个时代要求的特征:即要求最高的欧洲知识阶层中新一代的思维方式与渴望的统一;因而,这一最普泛的词所意指的是与流俗哲学不同的东西:一种'生命哲学'……"①

此间的"生命"(life, Leben)之义,也就是"生活";"生命哲学"之所指,在大多数场合很恰当地就是"生活哲学"。这里没有

---

① 舍勒:《资本主义的未来》,生活·读书·新知三联书店 1997 年,第 125 页。

必要强分轩轾,梁漱溟先生的以下说法颇可采纳:"于体则曰生命,于用则曰生活;究其实则一,而体用可以分说。"①生命哲学的著名人物,我们知道的有狄尔泰、柏格森、斯宾格勒等等,不过这里不必专门去谈论他们;在这方面影响更为直接因而也更经常被提到的还有陀思妥耶夫斯基和托尔斯泰。在《地下室手记》中,陀思妥耶夫斯基直截了当地攻击了作为启蒙象征的"伟大的水晶宫"(理性构造出来的完美世界——它满载着将人类生活彻底理性化的幻想),而这部作品试图表明的是:"地下室人",也就是每一个人,或每一个人身上的地下层面(即生活本身的非理性),从根本上拒绝那座水晶宫以及 19 世纪的启蒙幻想所代表的一切。在托尔斯泰那里,不同的情形却提示着相同的关乎本质的东西。《安娜·卡列尼娜》中的卡列宁发现自己正面对着不合逻辑的、非理性的事情站着,对此他不知所措,无能为力;这个理性类型的知识分子事实上一向只是在和生活的"倒影"打交道,而在他看来是完全不合理性的东西恰恰就是如同"深渊"一般的生活本身。巴雷特就此评论道:"无论是作为小说家还是作为人,托尔斯泰的伟大目标就是这种'面对生活站着'。真理本身——相对于人的真理——恰正是这面对生活站着。……他追求的真理并不只是靠理性认知的东西,而是他以他的整个存在认知的东西。"②

关于生命哲学之一般意义的较为浅近的解说,我们可以从奥伊肯(Rudolf Eucken,旧译倭铿)的著作中了解到。在他看来,引人注目的是:当彼岸世界的真理消失之后,我们面对的乃是一个唯一的世界,即我们生活于其中的世界。这个世界的意义和

---

① 梁漱溟:《人心与人生》,学林出版社 1984 年,第 3 页。
② 巴雷特:《非理性的人》,第 148 页。参看第 141—147 页。

价值,不再可能从另一个世界中去索取并找到根据;人唯一能够信赖的,乃是"人的生活的自给自足",并全力以赴去推动和促进这种生活。因此,我们"……无须求助于另一个世界,我们不需要超越直接的生存范围,不需要假设一个在幕后的观念王国,也不需要到这个世界之外的任何地方去寻找我们所追求的善。这一论点的宗旨是把生存建立在一个始终如一的基础上"①。在这样的基础上,就像"启示"不可能来自外部而只能来自生活本身的经验和教导一样,先前试图通过宗教和形而上学才能够通达的精神内容便唯一地来源于作为"大全"的生活。这意味着生活与精神之间的直接勾连,意味着生活本身产生并发展出一种精神内容。因此,在奥伊肯看来,生活绝不是非神性的或没有精神性内容的;相反,除了大全的生活(包罗万象的生活)之外,神性没有任何别的居所,精神内容没有任何别的来源。"问题的真正本质即在于此——真正的精神性的展现,也即是世界的内在性的展现,这种内在性属于事物自身,而不是仅由某个毗邻的主体放到它们中间去的",于是,"一个新的世界,超越时间限制、起源于自身的生活的世界打开了"。②

然而,生命哲学的中坚思想——特别是以"生命"或"生活"的名义对形而上学本质的毁灭性批判——却主要是由尼采提供出来的。我们知道,尼采曾尖锐指责苏格拉底是"哲学史上最深刻的邪恶因素",并因而使哲学成为"一所诽谤成风的大学校"。两千多年来作为形而上学的哲学究竟诽谤什么呢?它诽谤生活和生活世界;它虚构出一个超感性的彼岸世界,以便为诋毁人们生

---

① 奥伊肯:《生活的意义与价值》,上海译文出版社 1997 年,第 17 页。并参看第 30 页。

② 同上书,第 95、96 页。

活于其中的那个世界提供把柄。正是在这种对生活世界的贬斥与敌视中,就像哲学—形而上学标志着生命力的衰败一样,哲学家乃是"颓废者"并且效力于"虚无主义的宗教"。①因此,就形而上学在本质上否定生命、否定生活世界、否定生命力的持续高涨而言,尼采声称:"我认为苏格拉底和柏拉图是衰败的症候,是希腊解体的工具,是伪希腊人,反希腊人(《悲剧的诞生》,1872年)。"②由此得到标志的是什么呢? 是一个命运性的转折点:在这个转折点上,由于形而上学的基本建制被牢固地建立起来,希腊哲学—形而上学才获得了一个决定性的开端,希腊思想的历史性行程才依此开端而得到根本上的划分。

根据这种划分,尼采试图表明:在苏格拉底之后,哲学家们便不再挚爱智慧而是热衷于知识,不再渴望生活而只是用无节制的——因而是下流的——知识冲动来掩饰生命的贫乏。与此相反,伟大的古代哲学家却是普通希腊生活的一部分,就像他们的哲学是从生活中生长起来的丰硕果实一样。"他们以一种丰富和复杂得多的方式描述生活,不像苏格拉底分子,只是简化事物和使它们庸俗化。"③这样的简化和庸俗化来源于知识的最后目标——"剿灭",即:"人们利用概念掳获印象,然后把它杀死、剥制、干化和作为概念保存起来。"④因此,如果说,形而上学在本质上敌视生活及生活世界,并将它们无法被简化到概念知识中去的活生生的东西阉割殆尽并且一笔勾销,那么,与形而上学的批判性脱离就意味着向生活和生活世界的再度敞开,意味着

① 参看《尼采著作全集》第 3 卷,第 380—382 页。
② 《尼采著作全集》第 6 卷,第 83 页。
③ 尼采:《哲学与真理》,第 163 页。
④ 同上书,第 77 页。并参看第 6、88 页。

生活世界中被褫夺的生命力的重新复元和再度充盈。尼采用酒神狄奥尼索斯的精神来指示这种生命本能中的永恒活力："酒神狂欢体现了一种泛滥的生命感和力感,其中,甚至痛苦也成了兴奋剂。……甚至在其最陌生、最艰难的问题上也肯定生命,生命意志在其最高类型的牺牲中感受到自己生生不息的乐趣——我把这叫做狄奥尼索斯式的……"①

很明显,这种精神并不代表生活世界的全部,而是代表着它的一部分;同样很明显,这种精神却正是被形而上学所贬黜、所拒斥、所压杀的那一部分,是生活世界保持其为生命过程的本质重要的和不可予夺的那个部分。这种本质重要性就像"身体"和"大地"一样,虽然柏拉图主义的哲学和宗教从根本上蔑视它们,但整全的生活世界却一刻也离不开身体和大地,甚至"天国和救赎的血滴"也还是从身体和大地中获取的。②在这样的意义上,如果说,形而上学从根本上对生活世界的贬黜和敌视表现为酒神精神的灭顶之灾,表现为身体和大地的全面陷落,那么,宣说酒神精神的福音,吁求身体和大地的权利,便成为哲学在特定的转折点上试图回归生活世界的开路先锋。

(三)

这确实是一种"回归",至少对西方哲学的自我批判来说乃是一种回归。由于形而上学的虚无主义本质终于不可避免地暴露出来("欧洲虚无主义的降临"),这种回归对于思想道路的重新开启来说就成为非常必要的了——尼采强调前苏格拉底哲学的重要性是如此,海德格尔所谓思想的"返回步伐"也是如此。

① 《尼采著作全集》第 6 卷,第 200 页。
② 参看《尼采著作全集》第 4 卷,第 41—42 页。

在晚期海德格尔的一个讨论班上,有学生将"从意识转向此在"称为"思想方式的革命";海德格尔纠正说,也许可以称为思想之居所(Ortshaft)的革命,或最好直接理解为原初意义上的"移居"(Ortsverlegung)。①移居的意思是:从一处迁移到另一处。如果说,哲学—形而上学曾经在其开端上以"分解"生活世界的方式迁移了一切,那么,西方哲学的自我批判所要求的"移居",便会要求回归早期希腊思想一度寓居其中并与之保持亲熟的生活世界,以便从中去识别和汲取摆脱时代困境的思想资源,并从中去探索和重启思想行程的可能性(这或许是轴心期文明方才具有的"特权")。至于这种回归式的探索将会走到哪一步并产生出怎样的结果,不是我们今天能够断言的。但可以肯定的是,那些已经批判地把握住形而上学之本质的思想家们,却已经步调一致地——尽管以各自的方式——转向了生活和生活世界,并且把观念及其产物的本质性——尽管在不同的程度上——导回到生活和生活世界之中。意识到并且深思这一情形,对于我们深刻地理解中国哲学的非形而上学性质来说,对于我们充分地把握中西哲学之"根本差别"来说,是尤为重要且极具启示意义的。

海德格尔似乎较少专门使用"生命""生活""生活世界"等术语(早年曾用过"现象学的生命"),或许他担心这些惯常用语已被形而上学的本质长期侵蚀并继续暗中把持(因此,例如他用"此在"来表示"人")。但就恰当理解的事情的实质来说,他的立场是与返回生活世界的总体趋势相一致的,至少在对形而上学的批判性脱离这一点上相一致。如果说,海德格尔以"此在在世"为他对意识所做的本体论批判找到了纲领性的口号,那么,

① 参看《晚期海德格尔的三天讨论班纪要》,载《哲学译丛》2001年第3期。

此在在世(即此在在世界之中生存地在)说的就是：生活及生活世界——在形而上学之外得到先行领会的生活及生活世界。此在的基本规定是"在世"，而"在世"本质上就是"烦"(Sorge)。①海德格尔通过一则古老的寓言来提示"烦"是作为"在世"的源头而起作用的。洛维特曾将"烦"解说为"劳动概念的一种等价物"②，但这个不错的解说看来总还是稍嫌狭窄了；毋宁说，"烦"(烦忙、烦神)就是在生活世界中生存地与事物打交道并且也与他人打交道。"Cura teneat, quamdiu vixerit：[只要他活着，烦就可以占有他]，只要这一存在者'在世'，他就离不开这一源头，而是由这一源头保持、确定和始终统治着的。"③如果说，"在世"总已生根于"烦"这一源头，那么，不在世(通常所谓"离世")就是从"烦"这一源头的脱落，也就是说，不烦了，不再烦了(可参照张载《西铭》的说法："没，吾宁也")。

我们在这里之所以要谈论生命哲学同形而上学的批判性脱离，谈论这一由时代立场之趋势而来的启示意义，是因为只有当西方哲学的自我批判能够进入我们的视野并被明确意识到时，中西哲学的根本差别才能够得到真正的分辨，而得到分辨的差别才能够从源头上被追究到不同哲学立足其上的基本建制中去。事实上，在"世界历史"的基本处境中，中国哲学的自我理解不可能避开与西方哲学的种种比较，而这样的比较又只有在批判地深入于西方哲学的决定性根基(形而上学的基本建制)时，才获得必要的基准和尺度，从而使中国哲学对于自身的"客观的理解"成为可能(而不至沦入种种比附和穿凿的胡作非为之中)。

---

① 参看海德格尔：《存在与时间》，第233页。
② 参看洛维特：《从黑格尔到尼采》，第382页注1。
③ 海德格尔：《存在与时间》，第240页。并参看第238—240页。

当这样的基准和尺度在中西哲学全然不同的基本建制中得到确定的理解时,我们便能从根本上弄清楚西方哲学对于生活世界的贬黜和敌视生根于形而上学的基本建制,就像中国哲学对于生活世界的居有与守护根源于道器不割、体用不二的基本建制一样。不仅如此,当这样的基准和尺度在及于根本的哲学比较中起定向作用时,那些时常被太过表面地当作理所当然的说法也就面临着被重新追究的考验了:朱熹哲学能够是一种"柏拉图学派"吗?中国哲学的"天"如何可能是一种"超越的、形而上学的实体"?中国哲学(或其一部)在怎样的情形下居然可以叫作"主体性哲学"?中国哲学(或其一部)在何种意义上可能去分享"穷智见德"的理论架构?

还不止于此,当已经获得的基准和尺度能够运用于更广泛的研究领域时,甚至中国传统哲学中纠缠已久的争辩也将得到前所未有的澄清。例如,宋儒对佛、老的抨击,清儒对宋儒的批评,说到底乃是同一建制性立场中的内部争辩——这种内部性质只是在与形而上学建制的比照中才开始变得昭彰显著。这样的争辩绝不意味着宋儒与佛、老了无干系且壁垒分明,也绝不意味着儒、老、释(只要是中国化的佛学)有可能真正脱离道器不割、体用不二的基本建制,就像戴震对宋儒的批评绝不意味着程朱果真离弃这一建制而流入"柏拉图主义"一样。正如我们已经说过的那样,攻击性的争辩总是针对着诸学派之不可避免的一偏,针对着此一偏在其末流的极端上出现危险的可能性;而试图纠偏的立脚点却终归是大道不离人生日用,是对生活世界不曾移易的忠诚与守护——宋儒对佛、老的攻击是如此,后儒对宋儒的批评也是如此。因此,在这里得到真正证明的是:对于中国哲学的整个传统来说,道器不割、体用不二的基本建制乃是其不可须臾相失的生命线,只要这一生命线在某种可能性上受到威胁,矫枉的运动便会义无反顾地开展出来,并使整个哲学的行程持续地运行于由其基本建制而来的"常川决定"中。在这样的意义上,亦即在深入于并且把握住中西哲学之根本差别的意义上,王国维先生的下述说法就不仅是正确的,而且是值得期待的:"……今即不论西洋哲学自己之价值,而欲完全知此土之哲学,势不可不研究彼土之哲学。异日发明光大我国之学术者,必在兼通世界学术之人,而不在一孔之陋儒,固可决也。"①

---

① 《王国维遗书(三)》,上海古籍出版社 1983 年,第 647 页。

附录：

由"实体"及"主体"论儒学存有论境域的通达 *

儒学之定位及其当代意义的阐发，首先在于明了其根本，而儒学的根本在其哲学、在其存有论（ontology，存在论或本体论）的核心。然而，儒学的存有论境域对于我们现在的理解来说，并不是直接可通达的。这不仅是因为一百多年来我们的经验和生活世界发生了极其深刻的变化，而且因为我们的意识伴随着"总问题"的转换而出现过一次巨大的"认识论断裂"（借用阿尔都塞的话来说），以至于我们在谈论自己先前的几乎全部哲学问题时，总不得不借助于或参照于近代西方的诸多观念。

我们的意思并不是说，儒学的存有论境域因此在今天乃是不可通达的。然而为了通达它，却必得做一番批判工作，做一番细致的检讨工作。我们认为，这样的工作目前为止仍做得不够充分，至少还做得不够精审。例如，对于存有论及道德哲学具有决定性意义的基本概念，如"实体""主体"等等，虽极其经常地被

---

* 本文写于 1998 年年初。彼时我在哈佛大学哲学系及麻省理工学院哲学与语言学系访学，亦参加由杜维明教授主持的哈佛燕京学社的讨论班。讨论班主要涉及中国传统文化及中西哲学比较，该文即为讨论班发言而作，也是我在这类主题上的首次尝试。虽然不成熟且在诸多方面留有缺憾，但它可以在某种程度上展示我后来探入"中西哲学之根本差别"的初始动机、思考背景和问题取向。此次作为附录刊出，并未修改内容，只是订正了几处讹误并调整了个别字句。

使用着,却同样经常地缺乏规定和检审,以至于在关于儒学之基本哲学问题的讨论中,它们每每是被当作不言而喻的前提来使用的。

本文尝试对这样的概念进行初步的检审,并尝试通过这一检审而在某种程度上绽露通达儒学存有论境域的可能性。在全部讨论中,我们将多方面地借重于牟宗三先生的著述,一则是因为牟先生精研近代西方哲学,于包括康德在内的德国观念论用力尤多;一则是因为牟先生对儒学之源流考察甚广,体悟颇丰——两相对照比验,往往于问题之发明提示,能够更为深入和切近。

一

牟宗三先生认为,孔子和孟子总有一客观而超越地言之之"天"。此天为"实体",为一"形而上的实体"(metaphysical reality)①,为一"超越的、形而上的实体"或"形而上的绝对实体"②。此处的"实体",乃 reality(或可译作"实在");另一与之密切相关的概念为"本体",即 substance(或可译作"实体")③。这两者是有区别而亦有联系的。牟先生有时也两者并用或连用,例如在讲到"性体"时说,性体"亦就是宇宙万物的本体、实体"④;又,性体心体不只是人的性,而为"宇宙万物底实体本体"⑤。在后者之连用场合,或为"实体—本体",或为"实在之本体"。准此,则儒学讨

① 参看《牟宗三集》,北京群言出版社 1993 年,第 344、322—323 页。
② 同上书,第 575 页。
③ 同上书,第 336 页。
④ 同上书,第 364 页。
⑤ 同上书,第 362 页。

论中所谓道体、心体、性体、诚体、敬体、仁体、神体等等之"体"，或可大致概括为"实体"或"本体"。为了讨论方便起见（主要是为了参引西方著作之方便），我们在后面一般把 reality 称作"实在"，把 substance 称作"实体"。

无论如何，就近代西方哲学而言，"实在"或"实体"的概念，与其存有论根基最多关碍，换言之，这两个概念乃构成此种存有论之隐秘的核心。然而，若论到儒学的存有论以及与之相连的道德哲学，却绝不可使"实在"或"实体"的提法局限于近代西方哲学的范围或规定之内，这仅仅是因为这样的范围和规定乃使儒学的存有论境域成为不可通达的。

我们先来看"实在"。什么是"实在问题"呢？在近代西方哲学中，它是"外部世界"的"实在性"问题，或者，是"外部世界是否现成以及可否证明"的问题。可归于实在的基本性质是自在和独立性，因而所涉及的问题便是自在和独立的"外部世界"。我们且以笛卡尔和康德的立场来说明之。笛卡尔由孤立的自我（我思）作为开端，并在这个无可怀疑的主体的基础上试图建立和论证一个自在和独立的"世界"（实在）。在这里出现的不能不是主体与实在的外在"拼接"（对待、并立），因为在这种情况下，自在和独立的世界必定是而且始终是自我的异己者。康德的学说略有不同，他要求证明的是"在我之外的物的定在"，而这个证明是从在经验上给定的、"在我之内"的变异出发的。时间只是在我之内被经验到的，但正是时间提供了一个基地，使证明由"我之内"跳跃到"我之外"去。本源地属于时间之本质的不仅是变异，而且同样是持久，因为时间的规定性亦把某种持久的东西设为前提。我的现成的存在，乃是现成的变异（在内在的意义上被给定的种种观念的现成存在）；由于我们在时间中的定在只有通过某个持久的东西才能得到规定,所以一方面必须认可一个持久的现成东西,另一方面这持久的现成东西不能在"我们里面"。这样一来,康德便就证明了:一旦在经验上设置了"在我之内"的现成变异,就必然同时在经验上设置一个"在我之外"的现成的持久的东西;而且,这个持久的东西还是我的现成变异之所以可能的条件。

海德格尔很正确地指出,在上述我们所谈论的"实在问题"中,即使康德已经放弃了孤立主体和内部经验在存在状态上的优先地位,但是在存有论上,笛卡尔的立场却几乎完全没有被触动。①现在我们要问,在这样的"实在"观念中,其基本的形而上学前提是怎样的? 就我们所涉及的问题范围而言,大体可以这样来回答:所谓"实在"问题及其所有的处置方式,无不先期预设了:(1)自我与世界的分离和对立;(2)内部与外部的分离和对立;(3)变异与持久的分离和对立。正是这样的前提,保证了"实在"作为外部世界、作为持久的东西的自在和独立性。此外,部分地由于这样的前提,使得在分离和对立中的双方都获得了"现成存在"的意义,从而"实在"便成为"纯粹的物之现成性那种意义上的存在"②。

近代西方哲学之实在概念的这种形而上学的根基,由于当代哲学的决定性转折(例如马克思、海德格尔等)而被揭示出来。"实在问题"的秘密是:把一个最初没有世界的或对自己是否有一个世界没有把握的主体设为前提;但这个主体最终又必须担保自己有一个世界,因此就需要来证明一个现成的"外部世界"。虽说各类唯心论和实在论(以及二者之间的混合形态)对实在问

---

① 海德格尔:《存在与时间》,第 247 页。
② 同上书,第 255 页。

题提出了各种各样的解决方案,但其总问题及其存有论的前提
却是非常一致的。

如若"实在"概念的前提是如上所述地那般被制定的,如若
"实在"的自在和独立性恰恰是因了这些前提并通过这些前提而
被树立起来并得到理解的,那么,海德格尔关于所谓"实在"而提
的两个问题便是本质重要的和性命攸关的。这两个问题是:第
一,实在的东西是否可能"独立于意识"? 第二,意识是否可能超
越而进入实在东西的"范围"。①不消说,这两个决定性的问题是
直接针对那些作为存有论前提的二元论的;同样不消说,若仍局
限于这样的前提来处置实在问题,将不可避免地陷入当时已被
揭示出来的悖谬之中。

儒学的存有论及道德哲学,根本不预设自我和世界、外部和
内部、变异和持久的分离及对立,甚至可以说,它所体现的乃是
这种分离和对立的反面,是这种二元论的"销蚀"——不,确切些
说,不是"销蚀",因为这种二元论在它那里从来就没有真正出现
过。为了尽快地提出问题,我们不在这里停留以提供证明,而只
想指出一点,即当我们用"实在"概念来梳理儒学思想的巨大财
富时,是绝不能使这一概念停留在晦暗之中的;因为若使之停留
于晦暗之中,就将默认它的那些隐蔽的前提,而这些前提对于儒
学思想的真正阐释来说,乃是阻断理解的巨大障碍。

"实体"(substance)概念同样广泛地(时常作为"本体"概念
而更广泛地)被运用于儒学的讨论中。因此,按其被运用的范围
以及按其重要性来讲,辨明这个概念对于儒学思想的梳理乃是
极有意义的,而我们也将就这一概念的运用更多地提出一些

---

① 海德格尔:《存在与时间》,第 244 页。

问题。

在一部分近代哲学家中,所谓"实在",往往与"实体"概念相联系,或是以实体为实在,或是认为事物之因了实体或通过实体而成为实在的。"实体"的最通常的含义,即属性的承载者,"托盘"。而其近代之较为严整的意义仍首先是由笛卡尔制定的。在笛卡尔看来,实体只能被领会为无须其他存在者即能存在的存在者,而这种完善者只能被设想为一个绝对独立的实体,即上帝。另一方面,除开上帝的一切存在者乃是最广义的受造物,我们亦可有某种道理把受造的存在者称为实体。"在受造物这种意义上的世界范围内部",不需要其他东西即能存在的实体有两种,也就是"思维"和"广延"。在这个范围内,笛卡尔所主张的乃是实体的二元论,这种二元论只是通过"神助说"而在表面上得到缓解。斯宾诺莎所实现的变革在于:仅只确认唯一的实体,即上帝;思维和广延乃是这一实体的两种不同的属性,从而以属性的二元论取代了实体的二元论。

这样的实体概念在原则上支配了整个近代哲学。之所以这么说,是因为即使在要求取消或撤除"实体"的近代哲学家那里,也依然保持着并且分享着这种实体概念的隐秘前提。事实上不难证明,实体概念的立足点与我们前面所涉及的实在概念的存有论前提是完全一致的,而与思维和广延的二元论——无论是实体的二元论还是属性的二元论——相联系的一系列概念可以是:灵魂/肉身;自我/非我;心理的东西/物理的东西……就总体而言,整个近代哲学在涉及灵魂、自我、心理的东西等等时,是依照"思维"来制定方向的,正像它在涉及肉身、非我、物理的东西等等时是依照"广延"来制定方向一样。而正是在这样的定向中,实体概念将一无遗漏地再现"实在问题"中的那些基本的存有论前提。

　　首先是主体与世界的分离和对立，只是在这里采取思维和广延、灵魂和肉身的二元论形式。在笛卡尔看来，主体是思维实体，正像世界是广延实体一样。"我思"，无非意味着有一实体之我在思（康德称之为"我在思"）。既然实体意味着无须其他存在者即能存在，因而它也同样展示如在"实在"概念中所包含的那种自在和独立性，正像思维无须广延就能存在一样，广延也无须思维就能存在。其次是变异与持久的分离和对立。实体，乃是始终存留的东西；本真地存在着的是持久存留的东西，即实体的存在。与之相反，变异则应指派给非实体——属性。亦即实体所承载的东西。在这里可进一步引申出来的是理智认识和感性知觉的二元劈分。例如就"世界"的存在而言，通达其实体的路径乃是理智认识，而且是数学意义上的认识，因为数学所把握的就是持久存留的东西；而实体的反面，则被划归感性知觉的活动领域。由于实体意味着存在自身，所以那个变异的领域真正说来在存有论上乃是无关宏旨的。

　　最后，我们要谈到的是"内"与"外"的分离和对立。一方面由于思维和广延的二元论，灵魂、自我、心理的东西等等乃是"内的"，是在主体之内的；而肉身、非我、物理的东西等等则是"外的"，是在真正的"我"之外的。另一方面，在稍有不同但亦联系着的意义上，内与外的分离和对立亦表现为本质与现象的二元论。正像实体是属性背后但本身与属性相分离的"托盘"一样，本质是现象背后但本身与现象相分离的东西；因为正像属性只是实体的反面一样，现象乃是本质的反面。本质，就其作为本质而言，是实体性的。

　　首先是由于巴克莱，而后是通过休谟的强有力的批判，唯理论的实体概念几乎遭遇了灭顶之灾。虽说这些颠覆行动在哲学的进展上是有重要意义的,但却并没有真正触动"实体"概念的基本存有论前提。就像在"实在"问题上粗陋的唯心论和实在论的对立乃依赖于一些共同的前提一样,那些激进的经验论者在推翻某个建筑物的同时却根本没有去理会(更不用说去清除)这楼下的地基了。或多或少是由于这个原因,后来的德国哲学又成功地复辟了 17 世纪的形而上学。

站在这个转折点上的是康德。这位伟大的哲学家同样是撤销实体的,确切些说,他不承认作为实体的实体,而仅指认"实体"为一知性范畴。因此,例如"自在之物"或"自我"都不可能是实体,它们乃是使经验对象得以成立的逻辑前提,本身不作对象,故不可将"实体"范畴运用其上。①然而,在康德拒绝作为实体的实体时,却并没有一并使这一概念的那些存有论前提失效,倒是同时彰显了这样的前提。我们在前面已提到过,当康德要求对"我们之外的物的定在"进行证明时,内与外、变异与持久的分离和对立是极其明显地得到表现的;至于主体与世界的分离和对立,不仅在前面表现为"我之内"的现成变异隔绝于"我之外"的现成持久,而且在这里还表现为"自在之物"和"自我意识"的疏离分割。此外,正如黑格尔所指出的那样,本质和现象的二元论乃是康德哲学的根本特征之一。②

然而,无论如何,只要"实体"预设并且保持主体与世界、持久与变异,内与外的分离隔绝,并且同时也造成理智认识与感性知觉、本质与现象的二元论,那么,它对于儒学思想的梳理和重建来说,就会是非常疏远隔膜的,除非对所谓"实体"及其预设进行相当不同的重新清理和重新规定。

---

① 康德:《纯粹理性批判》,商务印书馆 1960 年,第 108—111 页。
② 黑格尔:《小逻辑》,第 126—127 页。

二

事实上,牟宗三先生曾指出,此种"实在""实体"概念是存在不足的,至少对于儒学的"道德的形上学"是不足的。牟先生认为,西方哲学家无论是讲实体(reality),或是讲本体(substance),或是讲存有,"皆无一有'性体'观念,皆无一能扣紧儒者之作为道德实践之据、能起道德之创造之'性体'之观念而言的实体、存有、或本体。无论自何路入,皆非自道德的进路入,故其所讲之实体、存有、或本体皆只是一说明现象之哲学(形而上)概念,而不能与道德实践使人成为道德的存在生关系者。……其中唯一例外者是康德。彼自道德的进路接近本体界,建立'道德的神学'。意志自由、灵魂不灭、上帝存在,只有在实践理性上始有意义,始得其妥实性。然无'性体'一观念,视'意志自由'为设准,几使意志自由成为挂空者,几使实践理性自身成为不能落实者"①。

牟先生的这些说法是有体会、有洞见的,但仍有一些紧要的问题须得进一步讨论辨明。第一,这里的主要问题或根本问题并不是有无"性体"之观念,亦不是从何处入手的"进路"问题,而纯全在于一切观念及方法(即路径)之形上学的前提。牟先生曾力陈西方思想"见道不真",且都执着于客体方面并流于种种的外在性②,但所有这些问题并不是偶然的,亦不仅仅是表象上的缺点或差别。如若"性体"仅仅是一种近代意义上的实在或实体,或其变相,那么问题根本不会有什么实质上的改变;如若"性

_____

① 参看《牟宗三集》,第336页。
② 同上书,第142、169页。

体"果真是儒学思想的真正枢纽,那么它就能够而且理当打开一个全然不同的存有论境域。在这个境域中,所谓"实在""实体""主体"等等即便能够保留,其基本前提亦必从根本上加以全面的清理和修正。同样,在这个意义上,"进路"总体而言是无关宏旨的;在这里"进路"即便能造成差别,亦只能是形式上的差别。因为就作为形上学的哲学而论,"进路"对于原则来说可以是纯全偶然的。

第二,在中西比较的背景上,牟先生之提出实体、存有或本体不能仅限于一说明现象之形上学概念,而当与道德实践使人成一道德的存在发生关系,乃是意义深刻的。然而,这种关系,真正统一的和内在的关系,如何才成为可能呢?近代西方哲学,从根本上来说,没有使这种关系成为可能;至于康德,则可以说更深切地提示了这种不可能性。因为康德的"道德的进路",完全依赖于内容与形式、本体界和现象界、理论理性和实践理性的二元劈分;黑格尔之批评康德哲学的主观性和绝对命令的空疏性,主要便是因了这样的理由。对于儒学的阐释来说,"道德的进路"之所以不可能只是"进路",换言之,不只是形式的,正在于"道德"(在这个中国术语之本来的意义上)的唯一性,在于"道-德"首先在存有论意义上的唯一性;它可以类似于当代哲学所谓的"历史的唯一性"或"现象的唯一性",但唯独不能依赖于内容与形式、本体与现象、理论与实践的二元论。如若依循康德的方式来谈论儒学的道德哲学(或牟先生所说"道德的形上学"),则恰好把"道德"的含义弄狭窄了,使之在转而成为"本体宇宙论"等等时,遇到不可逾越的障碍(事实上,在这种情况下若不借助于空话和戏法,是根本不可能"转"的)。因此,我们不能同意牟先生关于认识主体和道德主体的那种区分(实则是解释)。"穷智见德"①,用于康德哲学,可谓准确,但若归于儒学之阐释②,则不伦矣。孔子学说,见仁见智,不是因为在其中仁智两立,倒是因为其即仁即智也。换言之,在其存有论上,是以不存在本体界和现象界、理论理性和实践理性的抽象分离为前提的。

第三,牟宗三先生引述海德格尔以称赞康德之变"本质道德"而为"方向道德"。然而此一改变,纯全以瓦解旧有的实体概念为枢机。换言之,只是由于取消作为实体的实体,"本质道德"的终止才是可能的。但是,另一方面,康德的道德哲学之受到牟先生的批评,决定性的一点,又在其未能把自身安顿在作为实体(即与变异分割对待的那种持久者)的"性体"之上。③此种矛盾状况,吾未知其可也。在康德那里,倘撤销实体,则"意志自由"必只能为"设准";基于此点,康德方消除了道德哲学中的诸多虚假观念,开"方向道德"之先河。但是,若以为或缺了实体,"几使意志自由成为挂空者,几使实践理性自身成为不能落实者",则不能不因此摆脱康德的功绩所在,不能不弃离"方向道德"的根据所在。倘如此,则康德先期之否定作为实体的主体,认先验主体只是一纯粹逻辑上的前提,似乎在第一批判中就已把主体弄成"散荡的"了。

与此点有关的是,牟宗三先生对海德格尔的全部批评,亦一本于"实在"与"实体"的立场:因为缺失了那"道德的实体""超越的实体"或"无限性的超越者",所以便把实有性弄成虚荡的、消极的,便变成为"无本之论"。④"海德格尔书中几乎每句都有'实

---

① 参看《牟宗三集》,第 83—84 页。
② 同上书,第 516 页。
③ 同上书,第 336 页。
④ 同上书,第 402—423、429 页以下、444 页以下诸页。

有’，但从未指出什么东西是实有。我乃恍然他根本不是分解地以什么东西为实有，实有根本不是一个可指目的东西……实有是虚说的实有，虚说的一种实有性。"①这样的说法完全可以移用过来批评康德。因为若论到可以问"什么东西"者，以及"可指目者"，则康德哲学中的一切决定性的东西，"自在之物""主体""自由意志"等等，亦皆为虚说的实有或虚说的实有性了。在这里，康德和海德格尔在哪一点上是共同的呢？曰：撤销实体。所不同的是，那些未被康德真正触动的实体概念之存有论的基本前提，被海德格尔全部颠覆了。因此，进一步的问题是：天、心、性、诚等等是否必为"体"、必为"实体"方可以是妥实的，方不至于散荡？而道体、心体、性体、诚体等等之"体"，是否可被真切地了解为"实体"？如若不是，又当做何理解？

<h2 style="text-align:center">三</h2>

从前面的讨论中已经显露出：近代西方哲学的立场是以孤立主体对世界的外在关系为前提的，因此，若论到主体，则有主体与客体、思维与存在的二元分立。黑格尔在《哲学史讲演录》中指出，近代哲学的基本问题是思维对存在、主体对客体的关系问题；中世纪发展起了二者的对立，而全部近代哲学则把握住了这种对立，并力图建立它们的统一。②

然而，从根本上来说，近代哲学并没有建立起二者的真正统一，我们的意思并不是说全部努力都只是虚掷；统一是曾被建立起来的，但由于其根基上的局限性，那些建立起来的东西很快就

---

① 参看《牟宗三集》，第 413 页。
② 黑格尔：《哲学史讲演录》第 4 卷，第 5—7 页。

从中间"爆裂"了。因此,在近代哲学的全部努力中,最重要的东西与其说是某种具有确定形式的"统一"本身,毋宁说是不断地呈现这种统一之所以可能的问题核心,即其存有论的基本前提。这一点在近代哲学之最后一轮(即德国唯心论)的发展中,可说是表现得最为充分也最为明显。

康德所建立的主体,既不是实体,也不是心理学上的主体;"先验主体"作为纯思乃是使经验对象得以构成的纯粹逻辑上的前提或条件。关于这个主体本身,这里无须多谈。重要的是,在这个主体的"对面",矗立着一个它所不能达到因而也是它所不能容纳和消化的"自在之物"。这是一种公开而直率的二元论。为了避开康德哲学中的那种引起矛盾的明显的二元论,费希特抛开了"自在之物",而直接从"自我"(主体)开始,以便从自我这一原则的统一性中推演出(构造出)整个世界。为此,费希特要求使"自我"成为"基本命题",成为"真正的先天综合命题"(黑格尔语)。但费希特的"推演"很快就遭遇到了决定性的挑战,挑战首先针对着他的第二个基本命题,即"自我设定一个非我与自我相对立"。

无论是谢林还是黑格尔,都清楚地意识到,费希特所引出的那个"非我"不是借助于"推理",而是借助于"拼命跃进"获得的,换言之,这个"非我"完全是从外部偷运进来的。因此,费希特之由第一个命题(自我＝自我)向第二个命题的过渡,或者根本不是思辨推理,或者乃是不正确或不合法的推理。为了方便说法,我们可以这样来概括上述的意思:由"自我"可以推演"自我",但由"自我"推演不出"非我";除非我们可以由"自我—非我"来推演"自我"和"非我",或者,从"主体—客体"来推演"主体"和"客体"。因此,费希特推理的不合法性乃意味着二元论的恢复,作为"无限阻力"的"非我"沉浸在一种坏的无限性中,而永远不可能为"自我"真正达到。在这个意义上,黑格尔就把费希特哲学称为"康德哲学的完成"。

由这一批判可以看出,在费希特力图建立主体和客体、自我和非我的统一之时,究竟是什么样的前提在本质重要地起作用。不仅如此,费希特的哲学因此也绽露出近代哲学一向立足其上的那些隐秘的前提。这样的前提不是别的,正就是以抽象知识、以逻辑形式为主干的理智形而上学,并且因而是主体和客体,自我和非我的疏离分隔或抽象对立。如果说,这种二元劈分和疏离分隔的近代形式在笛卡尔学说中展露端倪的话,那么,正像它在古希腊和中世纪的哲学中有其根苗一样,它在黑格尔的哲学中不是被真正消除了,而毋宁说是最终被完成了。

我们之所以说黑格尔乃是完成了的主体和客体之近代形式的二元论,是就其基本前提、就其立足点的实质而言。和谢林一样,黑格尔也返回到斯宾诺莎,返回到唯一的实体或绝对者;因此,在黑格尔那里由绝对者完全可以合乎逻辑地推演出主体和客体、自我和非我。这个变革无疑是十分重要的,但主客体二元劈分的那些基本前提却并没有被真正撤销,正像斯宾诺莎维持着属性的二元论一样,黑格尔把一切矛盾和对立都移到了绝对者—上帝,移到了绝对者的"内部自身";而在这个"内部自身",一切活动和紧张都依赖于并且也表现为主体和客体、自我和非我的二元对立。此外,由于黑格尔把绝对者的真正活动领域置放在客观的思维或概念式的思维中,亦即置放在思辨的逻辑中,所以费尔巴哈指责说,黑格尔从来就没有真正建立思维和存在、主体和客体的统一,它只是破坏这种统一,因为他只是以任意抹杀矛盾的一个方面来虚构统一(马克思和卢卡奇等也有类似的评论）。

海德格尔曾明确指出："直到如今人们还在这种不适当的解释的阴影下来认识此在的机制，非但如此，人们还把它当作某种自明的东西呢。……因为，一个'主体'同一个'客体'发生关系或者反过来，还有什么比这更不言自明的呢？必得把这个'主客体关系'设为前提。虽说这个前提的实际性是无可指摘的，但它仍旧是而且恰恰因此是一个不详的前提，因为人们一任这个前提的存在论必然性，尤其是它的存在论意义滞留在晦暗之中。"①确实，即使是在黑格尔博大精深的体系中，所谓主体和客体彼此对待的存有论意义亦没有得到真正的澄清，而只是在绝对者——上帝中被隐瞒起来。

若以这种"停滞在晦暗之中"的主体概念来阐释儒学，恐怕尤其是不合适的。主体和客体的分立，正如上述其他的种种分立一样，乃设定了两种全然不同的存在者。无论它们是不是两种全然不同的实体，总之是两种在原则上全然不同的东西，并且是以彼此对立的方式来制定方向的。也正因为如此，它们是两种现成的存在者，换言之，这两种东西的现成性正就意味着它们的分际和对立，从而主体对客体的"关系"以及其他的种种"关系"亦只是被理解为现成存在。在这种情况下，即使说强调关系、侧重于关系，或不断指证两者的相对性或相互作用，丝毫也不能改变问题的实质。即使是在近代西方哲学最多探究的那个领域——认识论领域中，主体和客体，或自我和世界这两种根本不同的现成存在者之如何可能发生关系的问题，仍然是要害的和决定性的问题（在"上帝"缺席或没有"神助"的情况下）。所以

---

① 海德格尔：《存在与时间》，第73页。

海德格尔对此追问道:"这个正在进行认识的主体怎么从它内在'范围'出来并进入一个'不同的外在的'范围,认识究竟怎么能有一个对象,必须怎样来设想这个对象才能使主体最终认识这个对象,而且不必冒跃入另一个范围之险? ……认识究竟如何能从这个'内在范围'出去,如何获得'超越'?"①不难看出,这里的问题和我们在讨论"实在"概念时所提到的海德格尔的那两个问题是同一性质的。

在对儒学进行阐释时,是否会面对同样的问题呢? 可能会,也可能不会。如果我们依照儒学最本己的方式(不管它在今天是否可能)来展开其存有论境域或道德哲学,我们也许不会遇到同样的问题,因为儒学从根本上来说并不分享西方哲学发展起来的那些形而上学前提。而如果我们实际地使用诸如实在、实体、主体、内在、超越等等概念时,则势必关涉它们所预设的种种前提,从而不可避免地面对着这些问题。事实上,就总体而言,我们今天的儒学阐释总是或多或少、这样那样地遭遇到这样的问题;而当我们真正面对这些问题时,则必须予以认真的、具有原则高度的检审。因为当涉及例如"内在的道德主体"如何有可能触动并关系到和统一于"超越的、绝对的、形而上的实体"(或反过来)这一重大问题时,是不可能仅仅通过"扩开去"或"宇宙的情怀"②这类说法来真正解决问题的。"扩开去"这个说法无论如何是过于轻易了(除非对这种轻易性在存有论上予以决定性的说明);而"宇宙的情怀"则似乎仅仅诉诸于一种过于主观或偶然的心态罢了。在这里,辞令上的辩证法或理智上的机巧是不可能于问题的实质性解决有所助益的。

---

① 海德格尔:《存在与时间》,第 75 页。
② 参看《牟宗三集》,第 356 页。

四

我们下面所要谈论到的问题是：已然得到很多特征描述的儒学思想，在怎样的存有论前提下才是可能的？或者，儒学的存有论境域，如何才是可通达的？由于篇幅的关系，我们只能就若干紧要的主题大略申说之。

牟宗三先生认为，孔子所说的"天""天命"或"天道"，乃承《诗》《书》中的帝、天、天命而来，此是中国历史文化中的超越意识的老传统。但孔子的绝大贡献是，暂时撇开客观面的帝、天、天命而不言（但不是否定），而是自主观面开启道德价值之源、德性生命之门以言仁。"孔子是由践仁以知天，在践仁中或'肫肫其仁'中知之，默识之，契接之或崇敬之。故其暂时撇开客观面的帝、天、天命而不言，并不是否定'天'或轻忽'天'，只是重在人之所以能契接天之主观根据（实践根据），重人之'真正的主体性'也。重'主体性'并非否定或轻忽帝、天之客观性（或客体性），而毋宁是更加重更真切于人之对于超越而客观的天、天命、天道之契接与崇敬。不然，何以说'五十而知天命'？又何以说'畏天命'？"①

在这里，重要的问题是，如果主观面和客观面是如同近代西方哲学所表现的那样分立着，则真正内在的主体性如何可能通达"自在的"和"独立的"外部世界，如何可能进入客观性或客体性，如何可能契接那超越的、"形而上的实体"（metaphysical reality）？这绝不是一个轻易的问题，因而也绝不是可以轻易跳过去的。在笛

---

① 《牟宗三集》，第321—322页。

卡尔那里，实体(substance)之为实体或实体的实体性(例如,作为实体的思维和广延),就其自身而言本就是无法通达的;而康德的说法"存在不是真实的谓词",在这一点上恰恰只是重复了笛卡尔的命题。若论到"实在"(reality)或形而上的实在,问题仍然是:内在的如何可能是超越的? 在笛卡尔的尝试之后,康德仍然把无人为"我们之外的物的定在"提供令人信服的证明这件事称为"哲学和一般人类理性的耻辱"。而在康德之后,黑格尔很明确地在费希特哲学中指证出内在的主体性(自我)如何无力真正通达那外在的客观性(非我)。现在我们要问,当孔子说"知天命"时,他是认天命为可通达的;而对于天或天命之知,或识,或契接,如何才是可能的呢?

我们或可先在形式上借用黑格尔的方式来做一说明。在黑格尔看来,要能超出并消解主观性和客观性的对立,必先使主观面和客观面不彼此对待,也就是说,必须以"绝对"为出发点。因为所谓绝对,就是"无对",即无对待也。准此,则作为上帝的绝对既不是主观面,也不是客观面,而是主观面和客观面的统一,即"主体—客体""自我—非我";换言之,绝对既不是单纯的自在,也不是单纯的自为,而是"自在自为"者。在这样的意义上,如果说孔子只是打开了主观面(虽不否定客观面),那么其哲学性质就如同近代西方的主观唯心论者了,因为他们正是在这种对待的(二元论的)意义上打开主观面的。进而言之,在这样的意义上,孔子之打开主观面,却并不能真正有助于主观面向客观面的通达(或反之),因为尽管亦可由此来谈论主观面与客观面之"关系",但那关系却仍必只能是外在的。

因此,即便从形式上来讲,由孔子所决定性开启的原则,绝不可能仅仅是单纯主观面的东西(所谓"侧重"云云,尤属遁词)。

孔子所称之知天或畏天,首先在于并且纯全在于主观面与客观面的通达。这种通达,在黑格尔那里依赖于"绝对"(自我活动)的设立,而在孔子那里,情形复又如何呢? 如果说"天"是一"形而上的绝对实体"(道体)①,似乎天为绝对;若又以天作为客观面而与"践仁"之主观面对待,则天又不能为绝对。牟先生说,"在孔子,践仁知天,虽似仁与天有距离,仁不必即是天,孔子亦未说人与天合一或为一,然(一)因仁心之感通乃原则上不能划定其界限者,此即函其向绝对普遍性趋之申展;(二)因践仁知天,仁与天必有其'内容的意义'之相同处,始可由践仁以知之,默识之,或契接之。依是二故,仁与天虽表面有距离,而实最后无距离,故终可合而一之也"②。这里的问题在于:第一个命题所称之趋向绝对普遍性乃沦入一种"坏的无限性",且由"不能划定其界限者"指人心之感通并非必然的和唯一的。而第二个命题,复又以应当证明的东西作为前提,因为践仁的主观面要与天这一客观面通达,当先指陈其"内容的意义"之相同处,而此种"相同处"究竟应当怎样来理解呢? 如果二者毕竟不是同一,则正像其"最后无距离"只能归诸坏的无限性一样,其"合而一之"至多只能依赖于"可分割性"概念(费希特)。总之,上面的这种证明最终不可能超出费希特的第三个命题。

如果我们同意(我们确实也同意),"孔子以践仁以知天,在践仁中或'肫肫其仁'中知之,默识之,契接之,或崇敬之",那么,所谓"践仁"就绝不是与客观面对待的主观面,不是二者之一或另一,而恰恰应当被理解为某种作为通达本身的"唯一者";不仅如此,它还应当被更切近地规定为"本源现象"(现象学意义上

---

① 参看《牟宗三集》,第 575 页。
② 同上书,第 323 页。

的)。约言之,我们认为孔子的"践仁"或"仁",首先应当被理解为本源现象,并就此来加以申说和发挥。

说到"现象",我们不得不停下来稍做解释。熊十力先生曾说,良知不是假设,而是"呈现"。就此话论此话,它可以是非常深刻的(熊十力:"本体现象不二"),但抑或有不同的理解。我们知道,在西方的传统中,有本质(或本体)与现象的公开的二元论,亦有消除了这种公开的二元论但依然在内部保持其分立前提的哲学;只是在现象学中,方才达到了现象的唯一性。例如海德格尔,正是以此颠覆了本质(或本体)与现象的二元论。用最为简便的方式来说:"在现象学的现象'背后',本质上就没有什么别的东西,但应得成为现象的东西仍可能隐藏不露。恰恰因为现象首先和通常是未给予的,所以才需要现象学。遮蔽状态是'现象'的对立概念。"①因此,若谈到良知,如果是作为本源现象,那么它直接就是作为自身的呈现或开展;但如果它仍依赖于传统形上学的现象概念,那么它就只能是作为实在或实体等等的本质之呈现,或作为在逻辑上被设定、被断言的原则之呈现。这样一来,它也就势必分享本质与现象的分立前提以及与之同源的那些基本的二元论。顺便说说,牟先生因了海德格尔使用现象学方法并突出地诉诸"现象",而把其存有论归诸"执的存有论"(执的存有论和无执的存有论纯全依照现象界和本体界的二元劈分),我们以为是完全不恰当的;这就像因了康德使用"统觉"来指示"自我意识"而使之归诸心理学的主体一样,吾又不知其可也。

只要"践仁"或"仁"是人与天契接的决定性根据,那它就必

---

① 海德格尔:《存在与时间》,第 45 页。

是天人通达的本身。在近代哲学的最后形式中,主观面和客观面的通达被建立在绝对者—上帝的基地上。由此出发,一则由客体彻底地引导到主体,一则由主体彻底地引导到客体,这种情情形在谢林哲学中表现得最为明显(自然哲学、先验哲学)。"践仁"能否是这种意义上的绝对呢? 即使是,它也绝不能局限于主观面,它也绝不能首肯"天"为形而上的绝对实体,而只能认自身为绝对,并把天与人视为同等有限的实体。如若不是,则这种通达本身如何才成为可能呢? 或许可以换一种提问方式:人能够赞天地之化育、与天地"参",或者,"天人本无二",这如何才是可能的呢?

这种可能性在于:践仁直接就是"天人现象"。换言之,人之所以可能赞天地之化育、与天地参,乃因为人本身即是"在天地之中",本源地和原始地"在天地之中";"天人本无二"所意指的正就是这种意义上的本源"现象"。关于这种"在天地之中"的含义,我们可以在一种提示的意义上参考海德格尔关于"在世"以及"在之中本身"的讨论。其否定的说法是:"在之中"本身绝不意味着现成的东西在空间上一个在一个之中,它也绝不意味着人与世界这两个不同的存在者"比肩并列",在这里,空间上的"在里面"根本没有真正的提示作用。其肯定的说法是:"若把存在领会为'我在'的不定式,也就是说,领会为生存论环节,那么存在就意味着:居而寓于……,同……相熟悉。因此,'在之中'是此在存在形式上的生存论术语,而这个此在具有在世界之中的本质性机制。"①海德格尔的这些见解,若用来启发当代的儒学存有论阐释,可以是很有价值的。

---

① 海德格尔:《存在与时间》,第67—68页。

正是在这种获得启发的意义上，我们可以说，"人与天地参"之所以可能，就在于人本身"先天"具有"在之中"这种存在方式，人的存在本身就是"在世"，即"在天地之中"。因此，在儒学的存有论境域中，从来就没有什么"孤立的主体"或"绝缘的主体"，也不存在与此相对待的客体或作为外部世界的"实在"；同样，作为实体的"实体"不是被消除掉的，而是根本就没有产生出来。诚然，"在天地之中"同"与天地参"还不是一回事，我们在这里只是提示有效的可能性，只是就某种启发来探索门径。"天人本无二，不必言合"，大程子的这个说法是很有深意的，"言合"很可能会（或已经）误入门径，所以要说"本无二"。在这里，真正重要的是绝不跳过"天人现象"，并在此基础上来引申发挥"与天地参"；而那些未经批判检审的"实在""实体"或"主体"概念的要害，恰恰就在于使人匆匆越过以及遮蔽"天人现象"，并且由于这一"跃进"而站到了抽象分立的基点上，从而陷入一系列不可克服的矛盾纠缠之中。

就心性问题而言，情形亦复如此。黄梨洲曰："心无本体，功夫所至即是本体。"牟先生就此解释说，"梨洲语是承中国儒学传统说，他是重在功夫之体证与体现，非真不承认有本体，只是不许单分解地空言本体以玩弄光景耳，故其所说之语只是加重语，非否定语，本体即在'功夫所至'中呈现"①。但这里的真正问题不在侧重点的差别，而犹在其存有论之前提。姑且不论此说直接针对海德格尔之瓦解"实体"（即此处之本体）提出，我们且问承认本体而又不许空言本体当如何说？或当说："心有本体，功夫所至即达到本体。"我们复可问，此说以什么为前提？单分解

———

① 《牟宗三集》，第 418 页。

地空言本体以什么为前提？两者皆以本体与功夫的分立为前提：本体为一事，功夫为一事，若二物焉。而"心无本体，功夫所至即是本体"的说法，正就是瓦解作为本体的本体，在撤销抽象本体及其前提的同时，显示出本源的"良知现象"。若以本体与功夫的分立为前提来解释良知，则又势必不恰当地匆匆越过了"良知现象"。对于儒学的阐释来讲，心性问题的真正枢轴在"良知现象"，因为它正是并且首先是心-性的通达本身。我们确实经常看到，若依了"本体"先行所设的那些二元论前提，心体与性体，无论是就其自身还是就其关系而言，都为重重叠叠的虚说和比附所包围；而且，尽管费尽移山气力，却仍变成了一些对于儒学本身来说无比隔膜的问题。

五

由"天人现象"和"良知现象"的充分发挥和解说，儒学的存有论境域乃成为可通达的。然而，此种发挥和解说乃是一项艰难繁重的工作，对于我们来说，还需时日假认真切近的思去开展。而在本文所提出的那个基点上，我们还有若干推论和感想，就近便以申说之。

其一，在时下的儒学阐释中，有不少混淆和争讼实出自存有论前提之不明。举例来说，在论到"天"时，或举出一则经典语录，一、二句中"天"字凡三见，乃指其一为"形而上的实体"，指其二为"气化之天"，指其三为形上实体又带着气化而言。然而此般解说，穷智竭力，点点滴滴，却支离甚矣，裂画甚矣。古人言语，终不至如此佶屈诡异，令后人读之，直如字谜然。又如论到"性命"，时而谓"以理言的性命"，时而谓"以气言的性命"；或又为某一处"性命"是以理言抑或以其气言聚讼纷纭。然而,若于儒学的一贯原理中,并不存在形上实体与形下气化的僵硬分立,并不依赖于理气二元论的基本前提,则上述那种分辨,实为不伦,且先已误入歧途。这里的重点不在是否要做分辨(它往往是不可或缺的),而在确定其作为原理主干的存有论框架;因为一切言语用词皆是由此一框架来做主定向的。同样,我们也一点都不想做术语词句之争,因为这从根本上来说可以是无关紧要的;像"实体""本体""主体"等概念在儒学的阐释中固然仍可沿用,但其前提是经过批判性的检讨,我们所反对的仅仅是在使用这些概念的同时却耽搁了对它们的澄清。

其二,由于儒学的传统是直截"本源现象",所以在那里,像天人、理气、心性等等,是既不凭借亦不导致二者之间的抽象分立的。例如在理气问题上,即使由于某种原因在宋儒中稍稍出现了偏离迹象(分立化)时,便立即遭遇了激烈的批评,其中最极端的说法莫过于戴东原的所谓"以理杀人"。然而,即便是那些最受攻击的理学家,亦深知理气之截然分割为不可,其或多或少的分立化意图或趋向甚至可以说是从自身内部得到抑制的。在这个意义上,确实可说本源现象乃为"浑沦"。陆象山云:"夫子以仁发明斯道,其言浑无罅缝。孟子十字打开,更无隐遁。"此处的"浑无罅缝",正不止于言语的特征、表象的特征,而是直透其存有论架构的总体特征。然则此种"浑沦",又绝不是停留于晦暗中的了无规定者,也不是无能为"思"所贯彻和把握的,所以能够"十字打开,更无隐遁"。这里所提示的那种可能性,正是本源现象为真切的思所透彻把握的可能性。只是这里所涉及的规定,断不是近代西方哲学(包括康德)可能给出的那种规定。人们可以有足够的理由支持各式各样粗陋肤浅淹没一切规定的

"混然",但本源现象的"浑沦"却绝不是阻断思想,毋宁说乃是诉诸"更深刻的思想"(海德格尔语)。这不是诉诸单纯的"直接知识",因为直接知识恰恰由于和间接知识在外部保持对立,所以黑格尔乃以"思辨推理"抨击谢林的"理智直观",以为此等直接知识只是佯言皈依了上帝,实际却是把自己的任意和武断强加给上帝。

其三,因为如上的那些缘故,"内在而超越"对于儒学来说,非但不是不可能的,相反倒是其存有论的不可移易的基本格局。或有人以为"内在"与"超越"是不可能并提的,因为内在的东西正就是非超越的,正如超越的东西不可能是内在的一样。然而此种驳难,只是在近代西方哲学的范围内方可成立,因为这一范围正是被框定在内与外、主体与客体的二元论前提下。诚然,我们在这里所说的"内在而超越",绝不意指所谓道德主体(与认识主体相区别)所依据或所同一的那种"本体"或本体关系,也不意指此种主体或本体具备实现"内在的超越"这种不可思议的能力;此外,"内在"与"超越"这两个词令可能具有的道德感召力或崇高性与我们所说的东西毫无关系,我们也绝不因了此种联想而把两者"破天荒地"和"奇迹般地"强捏在一起。我们所说的"内在而超越",仅仅指陈有关儒学传统的一个存有论的基本点,即在不认内外分立的那种存有论前提下,"超越"的东西如何必然地属于"内在"的此岸性。海德格尔曾一再提到"此在存在的超越性",而这种超越性恰恰只是在瓦解了"内在"与"超越"的对立之后才是可能的:"在指向某某东西之际,在把握之际,此在并非要从它早先被囚闭于其中的内在范围出去,相反倒是,按照它本来的存在方式,此在一向已经'在外',一向滞留于属于已被揭示的世界的照面着的存在者。……此在的这种依寓于对象的

'外在存在'就是真正意义上的'在内'。这就是说,此在本身就是作为认识着的'在世界之中'。"①在这样的前提下,不可思议的绝不是"内在而超越",倒恰恰是相反的东西。正像马克思的"感性活动"或"对象性活动"(作为自我活动)在德国古典哲学的范围内看来的是古怪的和矛盾的,甚至是不通的,但恰恰是这一原则决定性地终结了"理性批判",在存有论的根基上实现了全面的变革,从而开启了全新的哲学境域。

最后,由以上的全部论述可得一推论,即真正说来,儒家哲学乃是"道德的哲学"。牟宗三先生早先便有类似之说,但我们不认为这种"道德的哲学"属于伦理学,并可由康德的"道德的神学"模拟开出,原因纯全在于儒学所深切把握的"本源现象"是不可能通过(比如说)认识主体和道德主体的割裂,理论理性和实践理性的分离等方式而得到真正理解的,正像它不可能通过哲学的近代性所包含的种种前提而得到切近的表现和重建一样。我们所说的"道德的哲学",正当由中国语"道-德"一词的本来意义去领会,正当由其基本的存有论去领会;而只要"道德"仅仅属于伦理学的主题,并被局限在认识论、本体宇宙论或诸如此类的其他东西之外,那么,它在儒学中作为存有论的根基一事,就始终是晦暗的,甚至是可疑的。就像在哲学的近代性范围中,"内在的"与"超越的"是不可通融的一样,已有明确分任的、由狭义的"道德意识"而来的"道德哲学",如何可能觊觎本体宇宙论的领域,并且凭借什么去实现真正的"跳跃"(它只能是僭越)呢?

然而,作为儒家哲学的"道德的哲学",在它那种获得真切理解的基地上,首先就是并且历来一直是"基本的存有论"。这里

———————

① 海德格尔:《存在与时间》,第 77 页。

所说的基本的存有论，乃与海德格尔使用该词的含义相近；而这里所说的"相近"，目前仍只局限于一种否定性的意义，即它在前提上或根基上就与近代西方的存有论原则全然不同——根本不同。如果这种"道德的哲学"在今天也要求引申涵括诸如狭义的认识理论或道德理论的话，则它本身必先得到充分的理解与把握，因为只有在基本前提得以澄明的情况下，儒学的存有论境遇才是真正可通达的。

后　记

　　本书汇集了我2021—2023年的七篇论文，主题是论述中西哲学的根本差别。虽说这些论文是分别写成的，但它们从一开始就被置入一个整体的计划中，并且事先已经历了多年的学术积累。编入本书第一部分的三篇论文可以说是准备性质的，牵涉基本概念的澄清、对象的性质规定和研究的前提反思，以便为后续的专题探讨廓清地基。编入第二部分的四篇论文是主题的专门研究，这一研究试图以形而上学的基本建制为引导性的应答线索，以便对中西哲学之根本差别做出决定性的分辨，并依此线索在理论上和历史上开展出必要的具体化。因此，如果有些读者特别关注主题本身的思考内容，那么径直从第二部分开始就是更为便捷的。至于作为附录呈现的那篇论文，则是20多年前的习作，它可以在某种程度上提示我最初的问题意识。

　　由于本书力图以更新了的理论动力重新探入中西哲学之根本差别的思考领域，所以它在对主题做出多重阐述的同时，就会或多或少地——附带地——提出一些批评性的问题，但这样的问题完全是在历史地推进主题的意义上被提出来的。不消说，这样的推进努力完全是建立在前辈学者辛勤探索的基础之上的；同样不消说，如果这样的推进乃是真实的和有效准的，那么，这无疑意味着对前辈贡献的深切敬意和高度肯定。

本书的出版要感谢商务印书馆的青眼相加，要感谢上海分馆总编辑鲍静静女士和学术顾问贺圣遂的鼎力支持。特别要感谢我的系友李彦岑博士和责任编辑孟祥颖，他们为此付出了辛勤的劳动和令人难以忘怀的努力。最后，我还要感谢复旦大学哲学学院的林晖教授，正是他的一力推荐和积极筹划成就了此书的出版。

我很清楚地意识到：本书所做的探索真正说来还只是一个任务性的开端。对于中西哲学之根本差别的重新把握与其说是最终结论，毋宁说首先意味着敞开出一种理解性的视域：就像相关的内容或议题在这一视域中将获得不同的光照并呈现出不同的面貌一样，对于这些内容与议题的愈加透彻的理解，又会反过来调整、深化和完善这一视域本身。

吴晓明

2023 年 11 月 19 日